本书受到江苏省高校"青蓝工程"人才、江苏省教育科学规划重点课题（B/2023/01/77）经费资助。

5G 时代
体育热点事件中
网络情绪传播研究

徐 磊 著

中国社会科学出版社

图书在版编目（CIP）数据

5G时代体育热点事件中网络情绪传播研究／徐磊著.—北京：中国社会科学出版社，2024.3
 ISBN 978-7-5227-3458-3

Ⅰ.①5… Ⅱ.①徐… Ⅲ.①体育—突发事件—互联网络—舆论—传播—研究—中国 Ⅳ.①G808.22②G219.2

中国国家版本馆CIP数据核字（2024）第079502号

出 版 人	赵剑英
责任编辑	王丽媛
责任校对	杜　威
责任印制	王　超

出　　版	中国社会科学出版社
社　　址	北京鼓楼西大街甲158号
邮　　编	100720
网　　址	http://www.csspw.cn
发 行 部	010-84083685
门 市 部	010-84029450
经　　销	新华书店及其他书店
印　　刷	北京君升印刷有限公司
装　　订	廊坊市广阳区广增装订厂
版　　次	2024年3月第1版
印　　次	2024年3月第1次印刷
开　　本	710×1000　1/16
印　　张	16.75
字　　数	258千字
定　　价	88.00元

凡购买中国社会科学出版社图书，如有质量问题请与本社营销中心联系调换
电话：010-84083683
版权所有　侵权必究

序 一

人类社会发展进程有一个特点，就是每每遇到社会变迁或是转型总会陷人们于多重不安与困惑之中，人们对它或是冀求，或是迷茫，或是紧张，或是担忧，但总少不了有人会尝试赋予它以某种意义的想象与定位。而为了能够赋予充满不确定性的社会变迁以一定的意义向度，敏于思考的智者们总是试图搜索或是创造一些新的概念来概括和锚定自己所面临的复杂社会现实。当然，这些高度抽象的概念不但反映出理论对现实的追问与反思，而且也折射出思想者所体悟到的社会变化之本质及其驱动。

不过，当下急速发展的传播科技正以一元二次方的加速度方式，将我们每一个人裹挟其中，以致与人类诞生之初同在的传播行为，正在从一个古老的社会现象抑或人类活动，历经开天辟地的蜕变和重构，大大突破狭隘的地域屏障和时间约束。不过，人们也逐渐意识到，这场革命性历史进程不会仅仅囿于技术，它可能触发的改变必然与一些最为基础的社会结构性因素息息相关，包括所谓人际沟通的方式、文化传播的方式、人类生存的方式，以及社会管理及其治理的方式等，不一而足。这一由"比特"组成的符号化空间及其信息化世界重构并开启了一个全新的、永久性动态发展的"数字化生存"空间。因此，随着技术的日新月异及其全球化进程的推进，世界无疑已成为一个多元化的"地球村"，该村落里任何局部的微小变动都有可能引发某种异动甚至全局的持久震荡，而且这一切都会因数字技术的突破性进步而变得与过往迥然不同。

徐磊是我指导的 2019 级博士研究生，研究方向是体育舆论传播与网络治理。他有文体交叉的学科背景和学术优势，又有长期在高校一线体育教学与训练的实践经验与理论造诣。他结合自身的体育教育教学实践经历以及体育文化传播学的研究积累，选择了一个具有较强时代意义的议题——5G时代体育热点事件中网络情绪传播，并进行相关学术探索。在他的研究视域里，人类将进入一个把移动互联、智能感应、智能学习、大数据整合起来的智能互联网时代，即5G时代——在5G技术赋能下，将物联网、大数据、云计算、边缘计算、人工智能、区块链等技术进行深度融合的万物互联、万物皆媒的数字化、网络化和智能化的互联网时代，即后"互联网+"时代。而当前，5G技术正以势如破竹之势横扫整个人类社会的各个方面，并正深刻改变着社会的传播方式与形态，其不仅为大众表达和分享心中观点与情感提供了便捷的通道，而且也让网络情绪成为洞察国家安全及社会治安的"瞭望塔"。因此，他指出网络情绪是伴随互联网技术的不断普及和发展，在人们的现实生活中所生发的经由微博、微信、微视等网络新媒体途径，聚集、产生的一种个体抑或集体的情感反应。

而就现代体育运动而言，由于其强烈的竞技性与观赏性往往能给观众带来刺激的视觉快感体验，从而弥补了现代人缺乏游戏机会及精神的社会现实文化生态。人们往往通过直接参与、间接观看或者线上评论体育赛事来满足他们在公共场合体验强烈情绪的需要，并通过或利用某种外化表现释放在观看过程中（或生活中）逐渐累积的不便抑或无法宣泄的紧张情绪，而且这种体验会进一步激发观众的情感体验，使观众将自身的情绪发泄出来，且这种发泄会对有类似生活经历或同一阵营的其他成员产生情绪传染，从而影响更多"内部"成员的话语体验与意义建构形成趋同……针对5G时代体育热点事件中网络情绪传播，徐磊可没少费思量，且下了大量功夫。他在入学不久就不止一次地就这一议题征求过我的一些看法和意见，在得到我的肯定后，对此一直念念不忘，不断积累并积极深挖。

本书在理论体系上，从新媒体话语多元复杂的现状出发，以5G技术为语境，并结合与此相关的情绪感染理论、互动仪式链理论、网络治理理论、微观话语权理论及新媒体理论等多学科知识，将各种理论灵活运用于解决当下体育热点事件中网络情绪生成与治理的实践问题之中——如何认知体育热点事件中网络情绪风险，从而建立必要的风险思维，并能科学认知这一风险是本书研究的基础，"未雨绸缪，防患于未然"是本书讨论的核心问题，感知和预警、规避和利用、协同和高效地应对这一风险是本书要讨论的方法论及工具维度层面的重要问题。具言之，他对5G时代体育热点事件中网络情绪生成机理、演进规律、影响因素及其文化归因进行了深入思考，并进一步对体育热点事件中网络情绪传播治理的机遇与挑战给予了较为全面而客观地分析。最后，对5G时代体育热点事件中网络情绪的引导与化解提出了诸多建设性的解决思路与措施。在其研究的进程中，不乏智慧的火花迸发，譬如：体育热点事件中作为互联网加持的社会情绪体验与表达的网络情绪，是一个一个可导致网络情绪扩散的"导火索"；技术许可与社会需求是5G时代体育热点事件中网络情绪可监控的时代红利等……，都体现了其已具备较好的理论素养和解决实践问题的能力。事实上，他的研究成果具有较强的前瞻性和创新性，具有一定的实际参考价值，当然也可以为相关议题的进一步开拓提供些许参照、借鉴乃至批评的"靶子"。

无论如何，撰写博士学位论文都是一个脱胎换骨、凤凰涅槃的过程，其间不乏自我否定与继续完善的反复。徐磊在攻读博士学位期间，常与我及他的师兄弟姐妹们在不同场合分享其在研究上所取得的寸进与喜悦，以及突破瓶颈打破思维困局后的成就与快感。不过，他所关注的这一领域注定会因技术更新而变化迅速，因此研究务须与时俱进并广泛涉猎。诚然，兴趣是最好的老师，正因为喜欢他才乐在其中，如此也方能利用好碎片化的时间集中精力于一点之上并不断推动研究的循序渐进，从而将一段苦行僧般的修行转变为一场"痛并快乐着"的生命旅程。当然，由于时间上的仓促以及精力上的有限，本书仍存在许多不足之处。譬如，在网络情绪引导与化解路径等相关章节里，对于具体实践的建构还存在较大的思维性跳跃，误将话语技术当着话语本身来看待，以致分析与表达不够准确与明晰。还有，书中所借用的大量传播学、舆论学、仪式学及管理学等诸学科的学术理论及其话语体系，未能很好地将它们纳入某一学科，从而"一根红线贯穿到底"。当然，所有这些，都是《5G时代体育热点事件中网络情绪传播研究》付梓后，值得徐磊进一步完善的地方和继续深化的方向。

是为序。

王庆军

2023 年 12 月 19 日

紫金山北麓育红斋

序　　二

　　我很少为同行的著作作序，因为我自身学识有限，不足以对他人的大作品评，这种自知之明还是有的，但在徐磊副教授的博士论文《5G时代体育热点事件中网络情绪传播研究》出版前夕，他邀请我为这本著作写个序言，我欣然应允了，原因有二：一是基于对其导师王庆军教授的熟络；二是基于对徐磊博士的了解。

　　徐磊的导师——南京师范大学体育科学学院王庆军教授是个奇才，也是个怪才。说到"奇"与"怪"，是因为王庆军教授的本职工作是体育教育教学与研究，其曾任南师大体育学院分管教学工作的副院长多年，具有丰富体育教学管理经验，也是教育部体育教育专业国家级认证专家，是名副其实的体育教育专家，但他所获得的博士学位是文学博士，所读的学科是新闻传播学，博士阶段师从南师大新闻传播学院前院长、著名学者方晓红教授。

　　正因为体育科班出身，同时又深谙新闻传播规律，故王庆军教授是真正的复合型人才，体育教育只是他的职业饭碗，而体育媒介化研究则是他的研究专长。这不，他还担任了中国体育科学学会体育新闻传播分会的委员，跟我是学术同行，因为我也在该分会担任委员兼副秘书长，而我的博士论文与王庆军教授的研究如出一辙，也是研究媒体体育。如此说来，王庆军教授一点都不"奇"与"怪"，只是比我们普通人更加全面而已。说到全面，王庆军教授还是不为人知的书法家，至于其他方面的爱好与专长就更多了，恕不能扯远，否则就跑偏太多，离题万里了。

　　俗话说，名师出高徒。徐磊是一位青年才俊。在我的印象中，他还主持承担了 2021 年度国家社科基金青年项目"5G 时代体育热点事件中网络危机传播与主流舆论引导研究"。作为王庆军教授的博士生，徐磊也是地地道道的体育人，学的是体育，教的也是体育，吃的是"体育饭"，但其学术研究则完全继承了其导师的衣钵。这不，他的博士学位论文以"5G 时代体育热点事件中网络情绪传播"为研究对象，这是一个十分前卫、具有较高难度系数的研究选题。单看"5G 时代"与"网络情绪传播"这两个关键词，就知道写这篇论文的人一定要挑战自我，因为数字媒体时代通信技术更新迭代太快，包括我在内的大部分人是"科技盲"和"数字盲"，根本搞不清各种"G"背后的玄机；而"网络情绪传播"不是一件容易说清楚的事情。

不过，在我通读完徐磊博士的大作之后，我的顾虑基本都消除了。这部著作以 5G 时代背景下体育网络情绪引导问题为导向，以体育热点事件为切入点，采用多种研究方法，研究在 5G 技术赋能下，体育网络情绪对于体育网络舆情的影响，揭示 5G 时代体育热点事件中网络情绪传播规律及其对社会、文化、体育等方面的经验认同与建构，进而探析当下体育网络情绪传播理论和现实引导路径。

应该说，这部著作在学术思想、学术观点和研究方法上均有较大创新。比如，该研究创造性地提出了"体育网络情绪"的概念，从传播学、社会学、符号学等视角审视了体育热点事件中网络情绪演化规律，跳出了传统的网络情绪研究模式的窠臼，构建出 5G 时代体育热点事件中网络情绪引导的理论模型，这些都是难能可贵的，起码为后续学人研究这一领域奠定了一个学术基础。

如果说有什么不足的话，就是对于体育网络情绪的向度分类及其论述观照不够。依我浅见，只要说到网络上的集体情绪，要么就是正向，要么就是负向，至于说不偏不倚的中性情绪，没有必要上网表达了。因为在网络这个虚拟空间，基于网友的海量性和匿名性，对于一个体育热点事件，要么肯定，要么否定，极少有人发表不痛不痒的言论，只有领导开会喜欢讲"凡事要一分为二"。根据我的观察，作者在很多时候默认了网络情绪是一种负面情绪，个体负面化的情绪一般都是碎片化的，但累积到一定规模，就容易造成集体极化，就有可能成为集体舆情事件，那自然就需要引导和治理，不知我这样理解对不对？

总体来说，这是一部研究 5G 时代体育网络传播的前沿论著，难得一见，值得一读。

是为序。

张德胜

（作者系武汉体育学院新闻传播学院名誉院长、

二级教授、博士生导师）

CONTENTS 目　录

第一章 绪论	第一节	研究背景与问题的提出　/1
	第二节	研究的意义　/6
	第三节	与本书相关的文献综述　/10
	第四节	核心概念和相关理论概述　/33
	第五节	研究思路、方法、创新与不足　/49
第二章 5G时代的来临与网络情绪传播的内爆倾向	第一节	5G时代：智能互动媒体为王的社会传播新时期　/55
	第二节	网络情绪：互联网加持的社会情绪体验与表达　/65
	第三节	技术许可与社会需求：5G时代体育网络情绪可监控的时代红利　/73
第三章 5G时代体育热点事件中网络情绪生成机理探究	第一节	5G时代体育热点事件中网络情绪生成的现实基础　/94
	第二节	5G时代体育热点事件中网络情绪生成的实践动力　/98
	第三节	5G时代体育热点事件中网络情绪生成的理论渊源　/104

第四章
5G时代体育热点事件中网络情绪表达与演进规律

- 第一节　5G时代体育热点事件中网络情绪的表达特色　/114
- 第二节　5G时代体育热点事件中网络情绪的演进特征　/126
- 第三节　体育热点事件中网络情绪表达与演进的实证分析　/137

第五章
5G时代体育热点事件中网络情绪传播的影响因素与归因

- 第一节　5G时代体育热点事件中网络情绪传播的影响因素追踪　/156
- 第二节　5G时代体育热点事件中网络情绪传播的归因分析　/164

第六章
5G时代治理体育热点事件中网络情绪传播的机遇与挑战

- 第一节　5G时代体育热点事件中网络情绪传播的时代特质　/175
- 第二节　5G时代治理体育热点事件中网络情绪传播的显在机遇　/186
- 第三节　5G时代治理体育热点事件中网络情绪传播的潜在挑战　/195

第七章
5G时代体育热点事件中网络情绪引导与化解路径

- 第一节　体育热点事件中网络情绪引导的理论模型构建　/204
- 第二节　体育热点事件中网络情绪引导的域外经验借鉴　/216
- 第三节　体育热点事件中网络情绪引导的化解路径　/221

第八章
主要结论与未来研究展望

- 第一节　研究结论　/234
- 第二节　研究展望　/235

参考文献　/236

第一章
绪　　论

第一节　研究背景与问题的提出

一　研究背景

（一）媒介环境的变革

伴随着 Web 2.0 时代不断向 Web 3.0 时代迈进，网络裂变式的发展不仅引发了媒介格局的巨大变革，也对网络情绪传播的生态产生了重要的影响。尤其是随着 5G 时代的到来，在 5G 技术赋能下，以微博、微信、微视为代表的新媒体依托互联网凭借其具有的及时性、互动性、便捷性等优势，现已成为网络情绪产生和传播的主要平台。正如传播学者马歇尔·麦克卢汉所言"媒介即人的延伸"，在 5G 技术赋能下的新媒体重新定义了时间和空间，延伸了人的视觉器官和听觉器官，其在改变人的认知方式和沟通模式的同时，也在一定程度上加剧了人对于媒介的依赖。5G 技术赋能下的新媒体传播不仅为大众提供了参与新闻讨论、情绪表达和引导的自由空间和便利通道，同时也极大地改变着网络情绪存储、表达和引导的格局。

毋庸置疑，媒介与体育的联姻铸就了现代竞技体育的神话，把奥运会和世界杯拉入了千家万户的荧屏。诸如 NBA、网球大满贯赛事、孙某兴奋剂判罚、张某家暴等体育热点事件，在传播媒介的助力下已成为人们茶余饭后闲聊的共同话题。在 5G 技术赋能新媒体的驱动下，社会大众获得了更加便捷的发声渠道，其获取信息和传播信息的方式也发生了巨大的改变。无疑，由 5G 技术引发的媒介环境的变革，给社会大众提供了参与和交流体育热点事件的渠道。然而，随着5G时代和消费社会的到来，伴随着5G技术赋能的体育网络移动化传播的狂飙突进，现代媒体所引发的"后真相"时代使得受众并不过多关注体育热点事件本身，而是越来越多的关注体育热点事件背后的八卦新闻以及受众的情绪反应，如痛责体育明星出轨，批评体育赛事中赌球、"黑裁"，等等。值得关注的是，公众在网络上表达关于体育热点事件的态度和情绪极易造成网络舆论极化传播现象，有时甚至会衍化成线下打架斗殴、集会游行等实际行动，这在一定程度上会影响到人们对于体育本身、体育行政部门及运动员等形象的认知。由此，媒介环境的变革给体育热点事件中网络情绪传播带来了一定的便利，同时也给社会的发展造成了一定的困扰。因此，在当下5G技术引发媒介环境的巨大变革下，研究体育热点事件中网络情绪的生成机制和传播规律等显得弥足重要。

（二）情绪社会的转向

情绪作为一种常见的心理现象，无时无刻不在影响人们的生活。从社会学的角度看，情绪不仅是一种个体心理现象，更是一种社会文化建构。[①] 个体借助语言和文化在社会网络中传播情绪，并从中享受到社会生活的多彩五味。然而，随着社会进入一个以互联网为主要特征的群体传播时代，现实中情绪借助移动互联网迅速形成一种集体的情感反应。可见，网络情绪是伴随着移动互联网的出现而逐渐产生的概念，从一定意义上可以说是后现代科技电子媒体发展的产物。网络情绪作为一个渗透在当代人日常生活中的典型情感分享和交流工具，其显而易见的传播效应和广泛影响力，以及它背后所蕴含的复杂社会文化表征和象征性内涵，足见其传播的重要性。当前，随着5G技术赋能的互联网技术与传播媒介的不断融合，在网上晒心情、求关注、盼点赞已成为大众日常生活不可或缺的一部分。网络传播手段的日益丰富极大地促进了人与人之间情绪的分享与互动，使得互联网逐渐演变为"情绪的互联网"。在互联网的推波助澜下，个人的情绪也逐渐走向公共领域，个人情绪所隐含的社会信息也日益得以明确彰显，[②] 进而促使人类社会由后现代社会逐

---

① 尹弘飚：《情绪的社会学解读》，《当代教育与文化》2013年第4期。
② 隋岩、李燕：《论网络语言对个体情绪社会化传播的作用》，《国际新闻界》2020年第1期。

渐步入"后情绪社会"①。正如有学者所言:"后情绪社会是一个情绪过剩的社会,人们被大规模生产的情绪洪流所包围。"②

与此同时,我国体育热点事件也进入高发阶段,其产生和发展在很大程度上影响着人们的社会生活。公众借助体育热点事件在网上随时随地宣泄和表达心中的情绪已司空见惯,体育热点事件的发展走向也常因公众的网络情绪表达而发生改变,有时甚至会影响到体育网络舆情的健康发展,从而给国家体育改革和治理带来干扰。因此,这要求我们必须对体育热点事件中网络情绪传播为何会产生如此影响做出理论上的回应和解释,即有必要开展体育网络情绪研究,建立一套卓有成效的体育网络情绪的解释范式,以分析这一新的情绪传播样态及其发展的趋向。

(三)网络情绪引导复杂性的提升

5G 技术商用的落地,极大地推动了互联网的普及和网络媒体的发展,致使我国网民数量急遽增长,据中国互联网络信息中心(CNNIC)发布的《第 48 次中国互联网络发展状况统计报告》数据,截至 2021 年 6 月,我国网民规模达 10.11 亿,互联网普及率达 71.6%,其中手机网民 10.07 亿,网民使用手机上网比例达 99.6%,网络购物用户规模达 8.12 亿,在线政务服务用户规模达 8.43 亿。③ 在 5G 技术赋能的互联网和社交媒体的推动下,网络媒体正以摧枯拉朽之势全面渗透到我国政治、经济、文化的各个领域。当前,我国正处于经济转轨和社会转型的关键时期,各种突发事件时有发生,并且舆论传播越来越表现出情绪化特征。尤其是传播范围广、大众知晓率高、娱乐效果强的体育热点事件,经常成为媒体竞相报道的焦点和公众宣泄情绪的载体。而伴随体育热点事件而产生的网络情绪在很大程度上影响着公众的认知、态度和行动。更值得关注的是,体育热点事件中的个体化、碎片化的网络情绪在互联网"把关人"缺失以及"圈层文化"的影响下,可能会迅速转变

---

① 尹弘飚:《情绪的社会学解读》,《当代教育与文化》2013 年第 4 期。
② Véronique Christophe, Bernard Rimé, "Exposure to the Social Sharing of Emotion: Emotional Impact, Listener Responses and Secondary Social Sharing", *European Journal of Social Psychology*, Vol. 27, No. 1, February 1997, pp. 37-54.
③ 《中国互联网络发展状况统计报告》,2021 年,中国互联网络信息中心。

为群体情绪和心态，从而给体育热点事件的健康发展带来影响。在此背景下，网络情绪引导已逐渐成为体育热点事件中网络舆论管理和网络舆情治理的重要议题。

然而，5G时代背景下，网络的匿名性和新媒体的便捷性使得网络情绪在传播过程中参与主体的互动性不断增强，涉及利益相关者的规模不断扩大，情绪传播的不确定性日益凸显，这些因素的叠加极大地提升了网络情绪引导的复杂性程度。同时由于当前在体育热点事件的信息传播研究中，网络情绪都是作为网络舆论和网络舆情研究的组成部分，缺乏独立和系统的研究体系。基于网络情绪引导复杂性的现状以及对其研究独立性地位的缺失，亟须将体育热点事件中的网络情绪从网络舆论和网络舆情中剥离出来，对其生成逻辑、传播规律及其演进机理进行研究，希冀从源头上来把脉和监管体育热点事件的发展。

二 问题的提出

有人说4G改变生活，5G改变社会。随着社会进入一个万物互联、万物皆媒的5G时代，在5G技术所赋能的网络媒体推动下，体育热点事件已迅速渗透到现代人的日常生活当中。无疑，信息技术与媒介的联姻铸就了现代竞技体育的神话，以奥运会、世界杯等为代表的体育热点事件已成为人们茶余饭后讨论的热点话题。当前，5G技术的不断发展引发了媒介格局的巨大变革，以微博、微信等为代表的新媒体媒介，依托强大的互联网平台及自身所具有的便捷性、高效性、互动性等传播优势正在逐步瓦解传统的信息传播模式，现已成为体育热点事件传播的重要载体。

自20世纪90年代以来，中国的体育在互联网技术的助推下开始进入了快速传播的时期。尤其最近几年，在5G技术的驱动下，体育热点事件不仅成为各种网络媒体的宠儿，更是以其特有的娱乐文化魅力和符号体系记录、传承和体现当下中国社会文化的时代变迁。体育热点事件已成为当下社会文化的表征之一，不仅传播了体育的奇观，而且给人们创造了别样的视觉文化体验。以至于在当今社会，我们被各种各样的体育热点事件包围，一场精彩的足球比赛、一位著名的篮球明星科比的意外离世、一条网球明星莎拉波娃的绯闻等，体育热点事件无时无刻不在牵动着我们的视觉和听觉神经,其俨然已成为我们生活空间的重要组成部分。与此同时,在互联网和社交媒体的推动下,人们的沟通交流越来越多地从线下交流转移到网络在线沟通,特别是在体育热点事件中,公众的情绪以更为激烈而集中的方式表现出来,在微信朋友圈分享精彩的篮球比赛,在微博中发表评论为中国女排加油,在BBS(电子公告牌)上批评运动员的暴力倾向,在微视中宣泄对于足球比赛判罚的不满,在网络直播体育比赛中利用弹幕为喜爱的运动员摇旗呐喊,等等。社会公众的情绪以体育热点事件为载体,借助新媒体平台在互联网不断聚集,形成一种集体的情感反应,使得互联网在某种程度上变成了"情绪的互联网",由此产生了网络情绪。

毋庸置疑,当下人们的需求已由过去的生物性的温饱需求上升到安全、尊重、友爱和自我价值实现的高层次的社会性需求,人的物质性需求出现了边际递减的发展趋势,而社会性、精神性需求不断上升,并且呈现出社会需求日益多元化的趋势。这些多元化的社会需求往往会叠加出现,如果在制度层面和公共政策层面没有解决好社会公平、社会成果共享等问题,就可能导致大众心中的负面社会情绪急遽升温。这些情绪如果没有相应的渠道去表达和解决,就会形成潜在的"火药桶",一旦有刺激源出现,就可能引爆。加之当前我国社会正处于转型期,社会矛盾凸显,当前社会快节奏的现代生活使人们充满了学习的压力、工作的困扰、感情的迷失等诸多无奈,使得个体在无形之中产生越来越大的心理压力并逐渐催生出焦虑、烦躁等心理情绪。尤其是5G时代的来临,在5G技术赋能的互联网助推下,各种新媒体平台如雨后春笋般蜂拥而至,由此大众不仅拥有了自由、便利的表达渠道和空间,而且也让个体长期压抑的情绪找到集体宣泄的窗口。当前,体育作为人们休闲娱乐的重要方式之一,是人们精神性需求的重要载体。在互联网创设的"拟态环境"空间内,大众可以以体育热点事件为载体在网络上随心所欲地利用搞笑、幽默、反讽等话语和图像的表达方式,在娱乐中宣泄心中隐藏的情绪。值得关注的是,虽然体育热点事件中网络情绪表达已成为当前人们缓解心中压力和社会矛盾、分享体验的重要方式,但如果一些负面的社会情绪通过体育热点事件在网络上不断传染和蔓延,极易造成公共体育危机事件,给社会舆论造成不良影响。

有鉴于此，我们不得不思考在5G技术赋能的时代背景下该如何科学、有效地引导体育热点事件中的网络情绪，以促进体育网络舆情的健康发展。当然，我们得首先理解体育热点事件、网络情绪与5G时代之间的逻辑关系是什么？体育热点事件中的网络情绪是如何生成和传播的，其又会表征出哪些社会文化？体育热点事件中的网络情绪传播的危害效应有哪些？在当前5G时代背景下该如何把控体育热点事件中的网络情绪？这都是体育热点事件健康发展必须要回答的问题。然而想要解决体育网络情绪的问题并非易事，其难度在于体育网络情绪不仅仅是简单的互联网技术的介入，更是与当前人们的生活方式、社会文化、政治生态、媒介格局等方面紧密相连。换言之，体育网络情绪已经渗入社会各构成要素，其生成和发展都离不开所在的社会生态环境。因此，为了能够系统、全面地对体育网络情绪进行探究，本书立足于党的十九大报告中提出的"加强互联网内容建设，建立网络综合治理体系，营造清朗的网络空间"[①]，在5G时代背景下，综合运用传播学、心理学、社会学、文化学等学科知识，采用文献研读、文本分析、深度访谈、个案研究、理论分析等方法，以体育热点事件作为网络情绪传播研究的切入点，在对体育热点事件中网络情绪的生成背景和形成机制探析的基础上，剖析其演化的规律，同时结合案例，基于大数据，利用量化的方法，对体育网络情绪进行提取和分析，然后探析体育网络情绪传播的影响因素及其归因，最后构建体育网络情绪引导的理论模型并提出具体的引导化解路径。

第二节 研究的意义

毋庸置疑，信息技术的快速迭代升级，极大地增强了体育热点事件传播的广度和深度。尤其是随着5G技术商用的落地，公众在"拟态狂欢"的互联网空间内，以多媒体为平台，尽情地参与和谈论体育

---

① 习近平：《决胜全面建成小康社会 夺取新时代中国特色社会主义伟大胜利——在中国共产党第十九次全国代表大会上的报告》，人民出版社2017年版，第42页。

热点事件。伴随体育热点事件而产生的网络情绪实则是公众现实中的情绪在网络上的再现，是网民通过多种网络互动和传播途径形成的相对稳定的普遍情绪体验。它为人们提供了一个新的情感宣泄途径和窗口，同时也表征了当下社会压力、社会矛盾、注意力经济等诸多社会问题，现已逐渐成为大众缓解心理压力、分享情感的重要方式。然而，本书不是要创造出"5G技术+体育网络情绪"的传播范式，而是要将体育网络情绪放置于5G时代背景下来把脉体育网络情绪的社会文化现象及其生成和演化逻辑，并从社会建构论、互动仪式链论、"拟态狂欢"等理论来审视和反思体育网络情绪在5G时代浪潮中如何引导和发展的问题，希冀为丰富体育网络舆情相关理论，提升体育热点事件的舆情管理和应急处置效率提供帮助。故而，本书具有一定的理论意义和实践意义。

一　理论意义

（一）有助于丰富体育网络情绪的概念、内涵和构成机制的研究

网络情绪的研究肇端于20世纪80年代的欧美，经过四十多年的发展，现已形成了较为成熟的研究范式。美国传播学者兰德尔·科林斯（Randall Collins）于1986年在其著作《互动仪式链》中最先涉及网络情绪的研究，他认为网络情绪是在社会仪式互动过程中产生的。法国社会心理学家古斯塔夫·勒庞在《乌合之众：大众心理研究》一书中指出网络情绪极易在群体中感染并影响大众的具体行为。而我国的网络情绪研究在陈力丹、喻国明、史安斌等学者对国外著作译介和本土化创新之后，现已成为传播学重要的研究方向。信息技术和传播媒体的快速发展，在为体育热点事件传播提供便利平台的同时，也为大众参与和分享体育网络情绪提供了多元的表达渠道。然而，近二十多年的研究中，国内外对于网络情绪中却鲜见关于体育网络情绪的系统文献分析。因此，本书通过更加系统、全面、深入地对体育热点事件中的网络情绪的特征、表达方式等方面进行探析，有助于丰富体育网络情绪的概念、内涵和构成机制等相关理论的研究。

（二）有助于拓展当下体育网络舆情的研究视域

毋庸讳言，体育热点事件在互联网和社交媒体的助推下，已经成为

上至国家首脑下至普通大众共同关注的热点话题。随着5G时代的来临，大众参与和讨论体育热点事件的频率更高、范围更加广泛、平台更加多元、传播更加便捷，尤其是伴随体育热点事件而发表的个人观点和态度越来越倾向于个性化、情绪化的表达，在网络上往往会由单个网民碎片化的情绪聚合成为较为一致的社会情绪体验，从而给体育热点健康发展造成一定的影响。当前，对于体育网络舆情主要从网络体育舆论、体育事件网络危机传播、体育网络媒体等视角进行探究，而对于从体育网络情绪视角来引导和把控当下体育网络舆情的研究较少。基于此，本书在5G时代背景下，对体育热点事件中网络情绪的生成逻辑和演化机理进行系统分析，在此基础上提出当下体育网络情绪引导的具体化解路径，对于进一步拓宽当下体育网络舆情的研究视域具有一定的理论参考价值。

（三）有助于构建5G时代体育网络情绪传播机制和引导的理论模型

当今世界，以互联网和通信为代表的信息技术已逐渐成为人类社会发展的重要力量。伴随5G技术的狂飙突进，人类正从信息时代跨入"万物互联、万物皆媒"的智能互动传播新时代。大众借力各种新媒体平台，以体育热点事件为载体，肆意在网络上宣泄心中情绪，如在微信朋友圈支持喜欢的球队，在微博上发表关于一场网球比赛判罚的态度，在BBS上和网友交流某个体育明星的八卦新闻，等等，从而使得网络上的情绪表达愈演愈烈。一旦大众对于体育热点事件的负面化、情绪化表达在网络上不断聚集，可能会造成网络体育舆论极化传播，进而酿成公共体育危机事件，影响社会和谐与稳定。由此，本书通过社会学、传播学、管理学、心理学等学科视角来审视5G时代体育热点事件中网络情绪传播的危机效应并廓清其内在机理，从宏观、中观、微观三个层面来探析当下体育网络情绪的引导机制，其不仅有助于构建5G时代体育热点事件中网络情绪传播机制和引导的理论模型，而且有助于完善我国体育舆情管理相关理论体系，为助力网络强国和体育强国战略目标的实现提供理论支持。

二　实践意义

（一）从媒体角度看，有利于提高媒体议程设置能力

5G时代的来临不仅引发了媒介格局的巨大变革，也为体育网络情

绪表达创设了自由的"拟态狂欢"空间。媒体作为体育网络情绪传播的重要载体,是连接体育热点事件和大众的"桥梁",是大众体育网络情绪生成的集散地,其对于两者的影响无疑是巨大的。当前5G技术赋能下的新媒体,为大众提供了沉浸化、虚拟化的全新环境体验业态,并使其逐渐深陷其中而欲罢不能。体育网络情绪作为观察社情民意的重要窗口之一,其背后可以折射出诸多社会文化表征,如社会压力、社会矛盾、文化习俗、政治生态等,对于社会的稳定与发展具有重要的影响。在此背景下,通过考察体育网络情绪的影响因素及其文化表征,有利于媒体及时、准确洞悉大众的需求,从而制定出符合受众需要的内容生产方式,进而提高媒体议程设置能力,增强媒体的公信力、传播力、影响力和引导力。

(二) 从网民角度看,有利于提高网民理性审视体育热点事件的能力

当今时代,人们的生活已经因为互联网的发展发生了实质性的改变,而信息技术的不断创新和发展无疑是其背后重要的推动力。5G技术赋能下的互联网极大地提高了网民参与和分享体育热点事件的高效性和积极性。据艾媒咨询发布的《2018—2019中国体育产业发展及新兴业态融合分析报告》数据,2018年中国互联网体育用户规模已超过5亿,预计2020年互联网体育用户规模将达到6.3亿。[①] 另据艾瑞咨询发布的《2016年中国互联网体育用户洞察报告》数据,2016年3月,主流互联网体育平台的月度覆盖人数已达1.36亿,有80%以上的用户选择新浪体育、央视体育等新媒体平台获取体育赛事信息,参与和讨论体育热点事件。[②] 毋庸讳言,新媒体平台精心打造出丰富多彩的体育热点事件供网民观看、点赞、转发、评论和交流,现已成为当前体育网络情绪传播的重要载体。然而,对于体育热点事件中网络情绪表达和传播背后所隐藏的"眼球经济"、价值观危机等却不为大众所知。由此,本书通过剖析体育热点事件中网络情绪的社会文化表征及其传播规律,并挖掘其产生的根源,从而让网民能够深刻了解体育网络情绪传播背后的文

---

① 《2018—2019中国体育产业发展及新兴业态融合分析报告》,2020年,艾媒咨询中心。
② 《2016年中国互联网体育用户洞察报告》,2016年,艾瑞咨询。

化、经济和政治表征，进而提高网民理性、客观地审视体育热点事件的能力。

（三）从政府角度看，有利于提高政府体育舆情监管能力

作为当前大众休闲娱乐的重要方式之一，参与、讨论和分享体育热点事件在 5G 赋能的移动互联技术和新媒体的助推下，由于网络匿名性和"把关人"的缺失，致使大众借力体育热点发表的观点日益情绪化、狂欢化。在网络所构建的"拟态环境"中，大众对于体育明星妄加指责、对体育赛事判罚妄加评论、对体育工作人员肆意谩骂等负面网络情绪屡见不鲜。然而，此类负面情绪一旦在网络上不断聚集，极易产生网络体育舆论极化传播现象，甚至可能造成公共体育危机事件。因此，本书通过对 5G 时代体育热点事件中的网络情绪传播规律和危害效应进行探析，并提出行之有效的解决路径，对提高政府管理和应急处置体育舆情能力、推进体育热点事件健康发展无疑具有一定的实践价值。

第三节　与本书相关的文献综述

网络情绪作为后现代电子科技的产物，其不仅是观察社情民意的窗口，而且是社会文化的重要表征，在当下国内外学术界已是一个备受关注的热点话题。这首先是信息技术的快速变革的助推所致，其次则是经济水平的提高所带来的社会文化需求和精神需求的结果。然而，网络情绪的研究滥觞于 20 世纪 80 年代的欧美，相对于西方发达国家而言，我国对于网络情绪的研究相对较晚，尤其是对体育网络情绪的研究目前还处于起步的阶段。伴随着我国由体育大国不断向体育强国迈进，诸如奥运会、世界杯、NBA、网球大满贯等体育热点事件备受大众关注。尤其是 5G 时代的来临，5G 技术赋能下的新媒体，不仅为大众提供了"短平快"的了解体育热点事件信息的平台，而且为大众提供了体育网络情绪表达的便捷通道。然而，在当前社会文化和消费文化的影响下，体育热点事件中的网络情绪极化传播现象频频发生，而我们当前对于其理论的探索还须进一步与时代的发展步伐适配，从而与我国制定的体育强国、网络强国战略目标要求匹配。

一 国外相关文献综述

20世纪80年代，随着互联网技术的不断发展和应用，欧美国家的一些心理学家、社会学家、传播学家开始将情绪研究的触角伸向网络情绪。尤其是在90年代，随着BBS、MSN（门户网站）等移动社交软件的兴起，以兰德尔·柯林斯、罗姆·哈瑞（Rom Harré）等为代表的学者正式将"网路情绪"作为一个独特的研究方向，由此也正式拉开了"网络情绪"研究的序幕。而后，随着信息技术的发展加速了体育全球化的传播进程，体育网络情绪也逐渐进入学者的研究视野。总体而言，国外对于网络情绪的概念、结构、模型、传播理论等方面积累了丰硕的成果。通过运用Cite Space（可视化文献分析软件）对在Web of Science上搜集的关于网络情绪的主题关键词进行整理（如图1-1所示）。研究发现，国外学者对网络情绪（Emotion）的研究在实践领域主要集中于计算机科学和应用心理学，且主要以定量分析为主；在理论领域主要集中于网络情绪传播理论。研究的议题主要聚焦在网络情绪分析、网络使用与情绪表达、负面情绪引导、情绪传播等方面。由于网络情绪具有强烈的交叉学科特色，因此在研究方法、内容和范式上会呈现出多元化的融合特点。基于此，本书尝试将国外网络情绪的相关研究视域归纳为以下几个方面。

（一）基于分类取向和维度取向视角的网络情绪结构类型与模型研究

在传统的情绪研究领域，一直存在分类取向和维度取向两种不同的情绪结构取向，这两种取向在网络情绪中仍然存在。分类取向下的情绪研究认为，通过某一标准可以对情绪进行静态的、稳定的分类，各类别之间相互独立。对于网络情绪而言，公众网络情绪表达通常是多种情绪的复合，分类取向中的网络情绪主要描述某一网络环境下的主导情绪。如Sobkowicz等认为极端政治论坛中的网络情绪包括同意、反对、谩骂、中立、挑衅、离题、摇摆不定7种基本类型。[1]

与分类取向不同，维度取向下的情绪研究重视情绪的方向性和关联

---

[1] Pawel Sobkowicz, Antoni Sobkowicz, "Two-year Study of Emotion and Communication Patterns in a Highly Polarized Political Discussion Forum", *Social Science Computer Review*, Vol. 30, No. 4, August 2012, pp. 448–469.

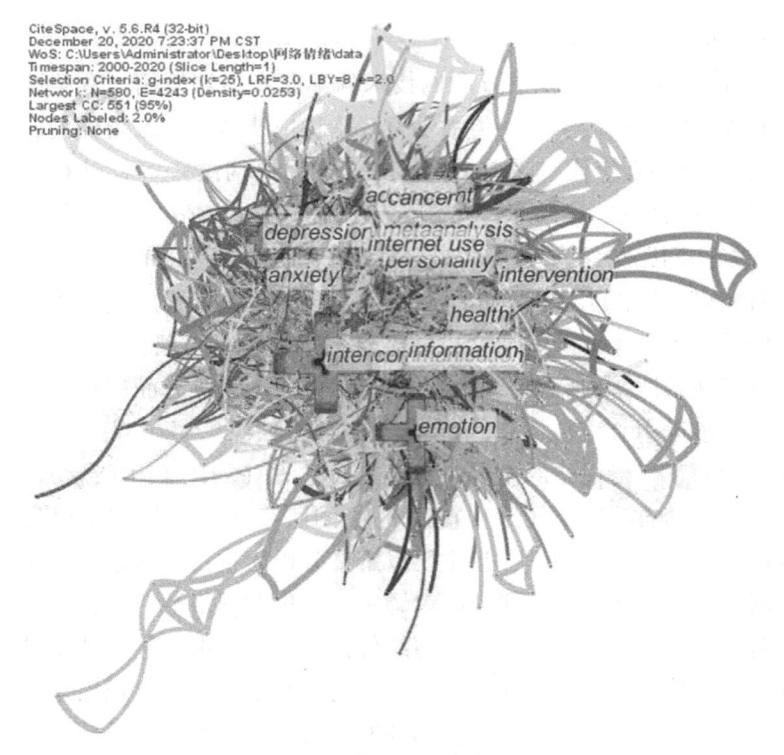

图 1-1　国外网络情绪论文发表的主题词分析

性，通过构建情绪模型形成完整的情绪分析系统。Russell 等学者在情感词汇的语义以及分类的基础之上，把情绪分为情绪的效价和情绪的唤醒两个维度，其中情绪效价主要用来衡量情绪主体是愉悦还是悲伤，情绪的唤醒主要用来衡量情绪主体所体验到的情绪强度。① 德国学者 Wundt 把情绪分为愉快—不愉快、激动—平静、紧张—松弛三个维度。② Schloberg 也认为情绪具有愉快—不愉快，注意—拒绝和激活水平三个维度，并建立了相应的三维情绪模型。③ 而美国学者 Izard 在 1977 年提出把情绪分为

---

① James Russell, et al., "Core Affect, Prototypical Emotional Episodes, And Other Things Called Emotion: Dissecting the Elephant", *Journal of Personality & Social Psychology*, Vol. 76, No. 5, October 1999, pp. 805-819.
② 参见傅小兰主编《情绪心理学》，华东师范大学出版社 2015 年版，第 8 页。
③ 参见齐港主编《社会科学理论模型图典》，经济管理出版社 2012 年版，第 205 页。

愉快度、紧张度、激动度和确信度四个维度。① 此外，学者 Tsni 提出的情绪评估理论中将情绪根据效价和唤醒度分为高唤醒积极情绪、积极情绪、低唤醒积极情绪、低唤醒情绪、低唤醒消极情绪、消极情绪、高唤醒消极情绪、高唤醒情绪八个维度。② Loewenstein 等在 2001 年提出"风险情绪"维度模型，该模型认为在风险情境下，预期结果对决策各可能结果发生的概率判断，以及决策主体所处环境的背景情绪、决策的紧急性等都会影响到决策主体的情绪。③

虽然维度取向下的情绪研究对于情绪的结构界定更加全面有效，但是基于网络情绪的社会性和复杂性，传统情绪维度理论并不完全适用于网络情绪研究。于是，学者们将维度取向与分类取向相结合，在积极—消极情感模型的基础上对网络情绪进行更加细致的划分，例如，学者 Savolainen 在对信息分享中的网络情绪表达进行研究时将网络情绪分为积极（包括感恩、希望、快乐、释放、赞同）和消极（包括蔑视、嫉妒、害怕、愤怒、内疚、无助、伤心）两类。④ 当前，对于热点事件中的网络情绪分类，主要运用基于积极—消极情感模型的正向—负向情绪分类。在此分类的架构下，学者 Fredrickson 提出正向情绪在社会中的传递和拓展，有利于增强个体的幸福感、社会责任感和社会凝聚力。⑤ Rino 等学者认为网络负面情绪的表达比较激烈，比积极网络情绪可以更快吸引人们的注意力，且在大脑中的存在时间更长，但其影响并不完全是负面的，消极情绪影响下，人们更易采用系统信息加工策略，并对手头上的细节问题给予更多的关注。⑥ Vakali 等学者提出"社交媒体文本资源的挖掘可以探索更加深层次的信息，而且对这些资源的准确理解

---

① Carroll E. Izard, *Human Emotions*, New York: Plenum Press, 1977, p. 78.

② Jeanne L. Tsai, "Ideal Affect Cultural Causes and Behavioral Consequences", *Perspectives on Psychological Science*, Vol. 2, No. 3, June 2010, pp. 242-259.

③ George F. Loewenstein, et al., "Risk as Feelings", *Psychological Bulletin*, Vol. 127, No. 2, April 2001, pp. 267-286.

④ Reijo Savolainen, "Expressing Emotions in Information Sharing: A Study of Online Discussion about Immigration", *Information Research*, Vol. 20, No. 1, March 2015, p. 662.

⑤ Barbara L. Fredrickson, "What Good are Positive Emotions?", *Review of General Psychology*, Vol. 2, No. 3, June 1998, pp. 300-319.

⑥ Rumiati Rino, Rubaltelli Enrico, Mistri Maurizio, "Cognizione, Emozionee Neuroeconomia", *Sistemi Intelligenti*, No. 1, April 2002, pp. 7-22.

是把握网络情感的关键"。① Iyer 和 Leac 使用群级情绪（group-level emotion）来描述网络情绪,并沿着情感的主体、客体的维度描述了网络情绪的五种类型。②

一言以蔽之,当前国外对于网络情绪分类的研究都是借鉴传统情绪划分的两种结构取向成果,针对网络情绪的复杂化和多元化的特征,将维度取向与分类取向相结合对网络情绪进行分类和建构模型,进而来探讨网络情绪变化的趋势。

（二）基于量化分析视角的网络情绪表达研究

网络情绪作为人对客观事物的态度体验以及相应的行为反应在网络上的呈现,其不仅是心理学研究的重要对象,也是传播学、社会学等多学科研究的热点问题。随着网络情绪给社会、经济、文化和政治带来的影响不断提升,对于网络情绪如何量化已成为学者们研究的重要议题。学者 Tova Benski 在其著作《互联网与情感》中从社会学的视域下探讨了从爱到哀悼、愤怒、怨恨和悲伤的各种行为和情感如何被内化到网络实践之中,以及网络情绪的社会表现形式。而当前关于网络情绪的量化分析主要是对于社交媒体文本资源的挖掘,而后再利用统计学语义分析、情感词分析去探索更加深层次的信息和意义。如学者 Molla 等基于网络可视化对 Twitter 用户进行了意见挖掘和用户情绪分析;③ 学者 Lin 和 Qiu 通过收集 185 位 Facebook 用户的网络数据,分析用户的积极情绪与消极情绪呈现状态,发现用户在 Facebook 平台分享情绪的意愿下降;④ Savolainen 基于移民话题探究了网民在信息分享中表达情绪,并得出不同的网络评论平台存在不同网络情绪表达

---

① 参见 Athena Vakali, Despoina Chatzakou, et al., "Harvesting Opinions and Emotions from Social Media Textual Resources", *IEEE Internet Computing*, Vol. 19, No. 4, August 2015, pp. 46-50。

② Aarti Iyer, Colin Wayne Leac, "Emotion in Inter-group Relation", *European Review of Social Psychology*, Vol. 19, No. 1, February 2008, p. 90.

③ Alemu Molla, Yenewondim Biadgie, Kyung-Ah Sohn, "Network-based Visualization of Opinion Mining and Sentiment Analysis on Twitter", International Conference on It Convergence and Security, IEEE, October 28-30, 2014.

④ Han Lin, Lin Qiu, "Sharing Emotion on Facebook: Network Size, Density, And Individual Motivation", CHI'12 Extended Abstracts on Human Factors in Computing Systems, ACM, May 5-10, 2012.

的倾向性；① Park 等学者基于消费记录数据分析了中国网上商城用户消费情绪和态度对顾客满意度和冲动购买的影响；② Robertson 等基于社交网站的网民评论数据探讨了网民在表达政治观点时的倾向，发现网民的认知性评论普遍多于情感性评论。③ Marik 等利用观察法设置情绪量表对个体情绪进行研究，其中涉及音乐心理治疗的临床试验；④ Karabulut 利用 Facebook 平台的数据，将由积极情绪与消极情绪差值构成的国民幸福指数作为情绪指标，检验了其与 2007 年 9 月至 2010 年 9 月美国股市之间的关系；⑤ Han 分析了关于移民妇女的互联网门户网站（韩国的 Aogra 互联网社区）上的帖子和评论叙事中包含的愤怒、厌恶情绪传播的特征。⑥

由此可见，国外关于网络情绪表达的量化分析研究基本都是将网络情绪表达主体作为研究对象，将网络情绪文本放置于特定的情境中综合认知，进而分析不同主体的表达特点和规律。

（三）基于先进技术建模视角的网络情绪演化和引导研究

网络情绪演化和引导一直是国外学者研究的热点问题。网络情绪作为大众现实情绪在网络上的再现，其并非个体情绪的单独存在，而是受到社会政治、经济、文化环境的制约和影响，在社会交流和互动中不断演化而形成的。换言之，网络情绪演化的研究离不开社会互动的大体系的逻辑框架，因而有部分学者基于社会学的视角对其进行了探究并形成

---

① Reijo Savolainen, "Expressing Emotions in Information Sharing: A Study of Online Discussion about Immigration", *Information Research*, Vol. 20, No. 1, March 2015, p. 662.

② Byung ki Park, Sang-Taek Jeun, Sung-Soo Eun, "The Effects of Consumption Emotion and Attitude of Internet Shopping Mall Users on Customer Satisfaction and Impulse Buying in China", *The Journal of International Trade & Commerce*, Vol. 12, No. 1, February 2016, pp. 337-359.

③ Scott P. Robertson, Sara Douglas, et al., "Political Discourse Onsocial Networking Sites: Sentiment, In-group/out-group or Ientation and Rationality", *Information Polity*, Vol. 18, No. 2, April 2013, pp. 107-126.

④ Monika Marik, Thomas Stegemann, "Introducing a New Model of Emotion Dysregulation with Implications for Everyday use of Music and Music Therapy", *Musicae Scientiae*, Vol. 20, No. 1, February 2016, pp. 53-67.

⑤ Yigitcan Karabulut, "Can Facebook Predict Stock Market Activity?", *Social Science Electronic Publishing*, No. 2, March 2012, pp. 1-28.

⑥ Hee Jeong Han, "Narratives and Emotions on Immigrant Women Analyzing Comments from the Agora Internet Community (Daum Portal Site)", *Korean Journal of Communication & Information*, Vol. 45, No. 1, February 2016, pp. 43-79.

了诸多理论。如海德的结构平衡理论、柯林斯的情感互动仪式理论、勒庞的情绪感染理论、罗姆·哈瑞的情绪社会建构论等,这些理论为网络情绪演化的研究奠定了一定的基础。然而,随着科学技术的不断进步,为了更好地分析和呈现网络情绪的演化进程,国外学者又将研究的视角转移到利用先进的技术对网络情绪的演进过程进行建模,以进一步厘清网络情绪演变的动态性、历时性等特征。例如,学者 Chmiel 等对网络情绪感染与传播的指数模型进行验证;[1] 学者 Davis 在对青年人的网络情绪表达进行研究时设置了包括个人经验、人际关系规范、网络社会规范、社会价值规范的四个限制性框架,并借此建立了一个包含着位代码和非位代码的分析体系以拓展情绪分析层面;[2] 学者 Dionne 等运用 3R（Ret-rospective、Relatedness、Reconstruction）为核心的网络情绪实时采集模型来分析不断变化的社交网络及其相关的社会情绪;[3] 学者 Holyst 等以时间间隔变量为基础提出的二维网络情绪演化模型。[4]

在网络情绪演化研究的基础上,不同学者基于差异化的视角对网络情绪的引导进行了探析。Lottridge 等深入研究个体情绪的演进过程以及对情绪主体心理和行为的影响机制,依据"不同效价的情绪表达会引发不同的群体意识和行为"而提出从情境修复着手来加强个体网络情绪的引导。[5] Savolainen 以有争议性的移民话题为例,探究网民如何在信息分享中表达情绪,并针对不同的评论平台存在不同情绪表达的倾向性提

---

[1] Anna Chmiel, et al., "Collective Emotions and Their Influence Commu-nity Life", Plos One, Vol. 6, No. 7, July 2011, pp. 1–8.

[2] Katie Davis, "Tensions of Identity in a Networked Era: Young People's Perspec-tives on the Risks and Rewards of Onlineself-expression", New Media & Society, Vol. 14, No. 14, July 2012, pp. 634–651.

[3] Shelley D. Dionne, Jin Akaishi, et al., "Retrospective Relatedness Reconstruc-ion: Applications to Adaptive Social Networks and Social Sentiment", Organizational Research Methods, Vol. 15, No. 4, August 2012, pp. 114–118.

[4] Janusz A. Holyst, Agnieszka Czaplicka, "Modeling of Internet Influence on Groupemotion", International Journal of Modern Physics C, Vol. 23, No. 3, March 2012, pp. 95–403.

[5] Danielle M. Lottridge, Mark Chignell, Aleksandra Jovicic, "Affective Interaction Under-standing, Evaluating, And Designing for Human Emotion", Reviews of Human Factors & Er-gonomics, Vol. 7, No. 1, January 2011, pp. 197–217.

出了差异化的引导策略。① Hidalgo 等将网络上的情绪表达分为初始阶段、分享阶段和反馈阶段三个阶段,发现网络情绪的反馈促使情绪的增强或恢复,而网络上的情绪,理性的认知相对较少,进而提出提高网民的认知能力和素养来引导网络情绪理性发展。② Jessup 等认为,在网络匿名状态下,在网络上采取控制群体的批判性言论的方式有利于规范和引导网民的情绪表达。③ Spears 等提出采取减少网络上负面的、敌对的情绪表达的方式来弱化个体的社会身份认同,从而促进网络情绪的健康发展。④ Hidalgo 等讨论了网络虚拟环境中的情绪演变机制,从公民生活视角提出了网络集体情绪不同演化阶段的引导对策。⑤ Javier 发现网络不仅会引起用户的情绪还会充当情感表达的渠道,以此提出加强网络用户情感的调制和显示方式以及用户的个人身份配置来引导网络整体情绪。⑥

总体而言,国外关于网络情绪演化和引导的研究既有从社会宏观层面去探讨网络情绪演化和引导的相关理论,也有从技术微观层面去探究网络情绪演化和引导的实践策略,整体上呈现出社会学、心理学、统计学、传播学等多学科交叉融合的研究趋势。

(四) 基于体育视角的网络情绪研究

体育作为大众宣泄情绪和表达认同的重要载体,对于增进民族责任感具有重要的作用。尤其是随着电视、互联网等媒介的介入,体育现已

---

① Reijo Savolainen, "Expressing Emotions in Information Sharing: A Study of Online Discussion about Immigration", 2nd International Conference on Modern Publishing Trends and Contexts, Focus - Digital Authors and Electronic Books, Pula, CROATIA, December 08-09, 2014.

② Carmina Rodriguez Hidalgo, Ed S. Tan, Peeter Verlegh, "The Social Sharing of Emotion (SSE) in Online Social Networks: A Case Study in Live Journal", *Compu-ters in Human Behavior*, Vol. 52, No. 11, September 2015, pp. 364-372.

③ Leonard M. Jessup, Terry Connolly, David Tansik, et al., "Toward Atheory of Automated Group Work", *Small Group Research*, Vol. 21, No. 3, June 2016, pp. 333-348.

④ Russell Spears, Martin Lea, et al., "Computer-mediated Commu-nication as A Channel for Social Resistance: The Strategic Side of Side", *Small Group Research*, Vol. 33, No. 5, May 2002, pp. 555-574.

⑤ Carmina Rodriguez Hidalgo, Ed S. Tan, Peeter Verlegh, "The Social Sharing of Emotion (SSE) in Online Social Networks: A Case Study in Live Journal", *Compu-ters in Human Behavior*, Vol. 52, No. 11, September 2015, pp. 364-372.

⑥ Serrano-Puche Javier, "Internet and Emotions: New Trends in an Emerging Field of Research", *Comunicar*, Vol. 24, No. 46, January 2016, pp. 19-26.

成为大众休闲娱乐的重要方式之一。对大众或体育迷在互联网上发表的与体育相关的评论数据进行分析,有助于正确把握大众或体育迷对于体育比赛、体育运动员、体育管理部门的情绪和态度,对推进体育改革具有重要的意义。基于此,国外学者以体育(体育赛事、运动员等)为视角对网络情绪进行了探析。如学者 Fabian 和 Daniel 基于词典的情感分析工具在网络平台 Twitter 上对涉及十场顶级足球比赛的 1000 条推文的文本数据的可行性进行了分析。[1] Marina 和 Vedran 在 "A Sentiment Analysis of Who Participates, How and Why, at Social Media Sport Websites How Differently Men and Women Write about Football" 一文中分析了第 1 周和第 19 周在 2015—2016 英超联赛前五名俱乐部的 Facebook 页面上发布的用户评论,发现男性和女性同样表达出愤怒或恐惧之类的硬性情绪,而表达喜悦或悲伤之类的软性情绪则存在显著差异。[2] Santos 等从互联网用户的角度分析残奥会,发现在残奥会开幕式和闭幕式期间,Twitter 上的帖子透露出一种对运动员技术能力认可,以及对运动员本人批评的情感。[3] Fan 等在 "Twitter-based BIRGing: Big Data Analysis of English National Team Fans During the 2018 FIFA World Cup" 一文中发现体育粉丝倾向于将自己与成功的团队(BIRGing)相关联,而将自己与失败的团队(CORFing)分离。此观点已应用于 2018 年国际足球联合会世界杯期间英格兰对克罗地亚和哥伦比亚的比赛中的社交媒体评论,Fan 等发现英格兰球迷倾向于在英格兰领先或胜利时表现出高兴的情绪,而当英格兰落后或被击败时表现出沮丧的情绪。[4] Iliycheva 通过话

---

[1] Wunderlich Fabian, Memmert Daniel, "Innovative Approaches in Sports Science—Lexicon-based Sentiment Analysis as a Tool to Analyze Sports-Related Twitter Communication", *Applied Sciences*, Vol. 10, No. 2, February 2020, pp. 1-12.

[2] Bagic Babac Marina, Podobnik Vedran, "A Sentiment Analysis of Who Participates, How and Why, at Social Media Sport Websites How Differently Men and Women Write about Football", *Online information Review*, Vol. 40, No. 6, June 2016, pp. 814-833.

[3] Silvan Menezesdos Santos, et al., "'Tweeting' on the Paralympic Games Rio/2016: An Analysis of the Paralympic Sense from the Point of View of Internet Users", *Brazilian Journal of Education, Technology and Society*, Vol. 11, No. 1, January 2018, pp. 117-135.

[4] Minghui Fan, Andrew C. Billings, et al., "Twitter-based BIRGing: Big Data Analysis of English National Team Fans During the 2018 FIFA World Cup", *Communication & Sport*, Vol. 8, No. 3, March 2020, pp. 317-345.

语分析和互联网研究方法探索保加利亚体育论坛上体育迷的语言、态度和反应，目的是揭示论坛参与者使用的主观解释和心理图像的具体形式，以表达保加利亚式的意义。其发现体育迷把互联网论坛当作表达自身情绪、陈述和体验国家归属和隶属关系的特殊空间。[1]

可见，当前国外对于体育热点事件中网络情绪的研究主要是针对某一场比赛中球迷在 Twitter 等相关的社交软件上所发表的评论抑或在体育论坛上表达对运动员的态度，等等，总体上主要以微观实践研究为主，而对于体育网络情绪的表达机制和演化规律等宏观方面的研究还较为欠缺。

（五）基于 5G 时代视角的体育相关研究

随着第五代移动通信技术（5G, 5th generation wireless systems）的迅猛发展和普及，无论是一般的草根民众还是社会精英，都不约而同地步入了 5G 时代。当前，5G 已不再是未来技术，也不是没有实体存在的潮词（噱头词）。[2] 在当今世界，美国和韩国已于 2018 年率先开始了 5G 的商用服务。随后，卡塔尔、日本等国家也相继提供了 5G 服务，并开展了诸多关于 5G 技术的研究。例如，日本学者龟井卓也在其《5G 时代——生活方式和商业模式的大变革》中对 5G 技术的革新及其给当前的商务、医疗、娱乐、工业等领域带来的新变化进行了剖析，而后对 5G 带来的隐私安全、数字鸿沟变大等风险及其应对之策给予了一定的阐释。美国学者 Jefferson Wang 在《5G 时代的未来之家：超链接生活的下一代策略》一书中，着眼于新的超链接家庭环境，对借助 5G、人工智能、边缘计算等技术建立未来家庭强大的服务生态系统进行了全面的分析。巴基斯坦电信政策专家 Saad Asif 在其所著的《5G 移动通信：概念和技术》中，对于 5G 的技术构成、概念、标准以及 5G 在未来移动金融服务、移动健康服务和物联网中的运用提供了详细的解释和说明。此外，国外关于 5G 时代的相关研究散见在各类学术期刊上。

然而，目前国外关于 5G 在体育领域的研究还处于起步阶段，对于

---

[1] Maria Iliycheva, "'Faithful Until Death': Sports Fans and Nationalist Discourse in Bulgarian Internet Forums", *Polish Sociological Review*, No. 151, January 2005, pp. 251-270.

[2] ［日］龟井卓也：《5G 时代——生活方式和商业模式的大变革》，田中景译，浙江人民出版社 2019 年版，第 23 页。

研究的主题主要聚焦在以下几个方面。（1）体育赛事直/转播运用方面。如学者金圣恩等的《平昌冬奥会与运动危机：机器人、5G和虚拟现实技术如何挑战人类运动的真实性》[①]等。（2）体育运动穿戴设备方面。如Olli的《5G测试网络：测试运动可穿戴设备和媒体广播的移动通信》[②]等。（3）体育媒体的传播影响方面。如Axel的《"电晕？5G？还是两者兼而有之？"：Facebook上COVID-19/5G阴谋论的动态》[③]等。（4）体育课教学方面。

由此可见，虽然国外对于5G技术的研究开展较早，并在医疗、工业等多个领域成功应用，其中，在体育领域的研究视角多样、方法多元，也取得了一定成效；但是，当前国外学者关于5G时代与体育相关的研究中，却鲜见有基于5G时代下体育网络情绪的系统文献分析，这也为本书的开展提供了一个逻辑基点。

二 国内相关文献综述

我国自20世纪80年代末接入国际互联网以来，各种大型体育赛事借助互联网平台得到了快速的普及和发展。进入21世纪后，移动互联网技术和各种社交媒体平台的勃兴，为大众参与和了解体育热点事件提供了便利的平台，进而引发了大众的沟通交流越来越多地从线下交流转移到网络在线沟通，特别是在体育热点事件中，公众的情绪以更为激烈而集中的方式表现出来，互联网在某种程度上变成了"情绪的互联网"[④]。相较于西方，我国对网络情绪的研究较晚，传播学者陈力丹于1999年在其著作《舆论学：舆论导向研究》中提出网民的情绪往往蕴

[①] 김성은，신희선，전치형，"The PyeongChang Winter Olympics and the Crisis of Movement: How Robots, 5G, And Virtual Reality Technologies Challenge the Authenticity of Human Movement"，*Philosophy of Movement: Journal of the Korean Society for the Philosophy of Sport, Dance & Martial Arts*，Vol. 26，No. 4，December 2018，pp. 67-85.

[②] Apilo Olli, Uitto Mikko, et al., "5G Test Network: Testing the Mobile Communications for Sports Wearables and Media Broadcasting"，*Ercim News*，Vol. 117，No. 5，May 2019，pp. 12-13.

[③] Bruns Axel, Harrington Stephen, et al., "'Corona? 5G? or both?': the dynamics of COVID-19/5G conspiracy theories on Facebook"，*Media International Australia*，Vol. 177，No. 1，August 2020，pp. 12-29.

[④] 孙立明：《对网络情绪及情绪极化问题的思考》，《中央社会主义学院学报》2016年第1期。

含着其对于事件的态度。① 由此，也正式开启了我国网络情绪和体育网络情绪研究，经过 20 多年的发展，研究逐渐走向系统化和体系化的成熟时期。近年来，我国的网络情绪研究主要聚焦在网络情绪的概念、网络情绪的表达、网络情绪的传播机制、网络情绪的引导、网络情绪的挖掘和测量等方面。

公开发表的网络情绪论文的数量和主题在一定程度上能够反映其热度和研究概况。在中国知网上分别以"篇名"和"关键词"为检索项，以"网络情绪"为检索词，对 2000 年以来论文进行检索和统计梳理（如图 1-2 所示）。通过图 1-2 可以发现，自 21 世纪以来，国内关于网络情绪研究的论文共有 177 篇，每年的发文量均呈平稳上升趋势，可见这一主题已经成为专门的研究方向。而最早的关于网络情绪研究的论文则以学者彭鹏在 2004 年发表在《军事记者》上的《网络情绪型舆论的调控》一文为开端，由此正式拉开了中国网络情绪研究的序幕。

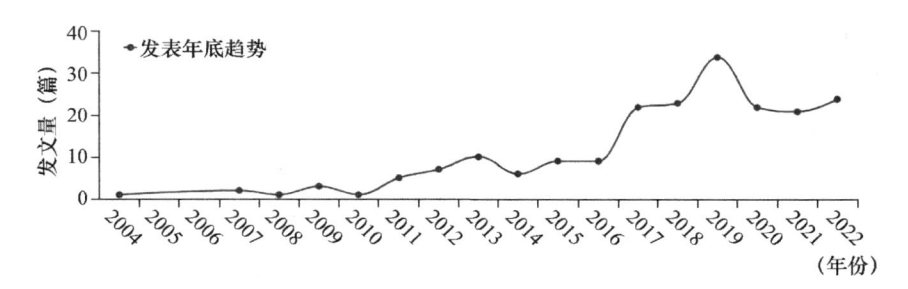

图 1-2 网络情绪论文发表量总体趋势分析

通过运用中国知网的计量可视化方法对搜集的网络情绪文献的主题和次要主题进行整理（如图 1-3 和图 1-4 所示）。研究发现，关于网络情绪研究的主题和次要主题主要涉及网络情绪表达、情绪传播、情绪引导、情绪分析、网络舆论、社会情绪、群体情绪、突发事件等方面。这表明学者们较多地将网络情绪置于传播学、心理学、社会学、管理学等学科领域来探讨，内容丰富、议题多样。基于此，本书尝试将我国网络情绪的相关研究归纳为以下几个方面。

---

① 陈力丹：《舆论学：舆论导向研究》，中国广播电视出版社 1999 年版，第 96 页。

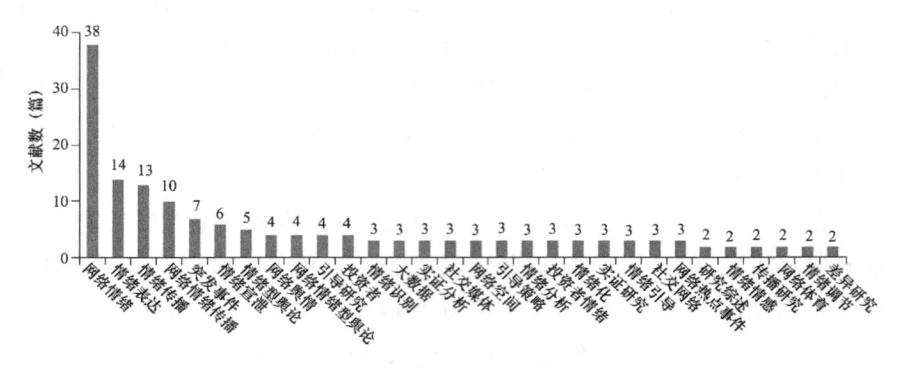

图 1-3　网络情绪论文发表的主题分析

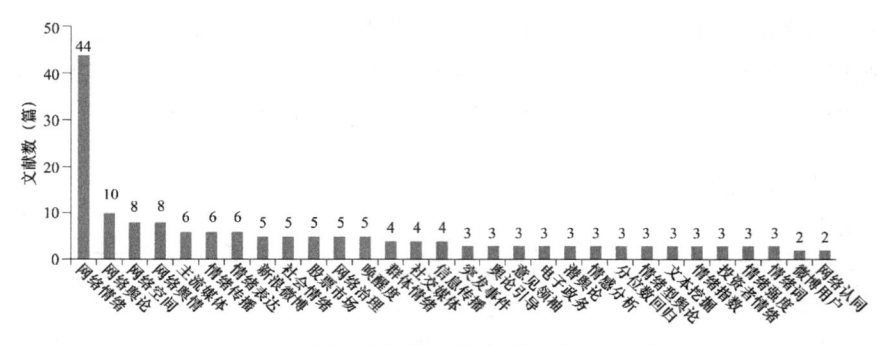

图 1-4　网络情绪论文发表的次要主题分析

(一) 关于网络情绪表达方面的研究

随着互联网和社交媒体的普及和发展，公众拥有了更加便捷的发声渠道，其获取信息和传递信息的方式也发生了巨大的变革。公众作为网络情绪表达的主体，其在互联网平台上发表的各种言论、观点都渗透着情绪，且不同的网络情绪表达方式能够反映出公众的不同态度，对于事件的发展也具有重要的影响。学者喻国明在《新媒体环境下的危机传播及舆论引导研究》[①] 一书中，分析了网络情绪表达对于新媒体环境下网络危机的影响，并在此基础上提出在新媒体环境下要加强大众的正面网络情绪引导以促进舆论的理性传播。学者刘行芳等

---

① 喻国明：《新媒体环境下的危机传播及舆论引导研究》，经济科学出版社 2017 年版。

在《社会情绪的网络扩散及其治理》①一书中，全面地分析了社会情绪网络表达的常态化现状，并从网络技术、社会环境、不信任心态等方面剖析了社会情绪的生成和网络扩散。学者周莉在《突发事件中的网络情绪研究》②一书中，对突发事件中网络情绪的表达机制（包括网络情绪类型、载体、特征等方面）进行了深入的阐述和分析。另外，在一些心理学、管理学综合性研究的著作中也涉及了网络情绪表达的研究。例如，郑希付和沈家宏等著的《网络成瘾的心理学研究：认知和情绪加工》③中，专门辟出一节对大学生网络成瘾和情绪表达的关系进行了探究。徐小阳等三人合著的《基于网络文本挖掘的投资者情绪对股票市场风险的预警研究》④中，对网络媒体视角下投资者情绪的表达和传播机制进行了全面的分析。

此外，有关网络情绪表达的学位论文以及在各类学术期刊上发表的论文也有很多。例如，黄慧玲在其硕士学位论文《网络情绪词的心理功能研究》中提出网络语言是伴随着网络的发展而新兴的一种有别于传统平面媒介的语言形式，网络热词反映了网民对现实生活的某些情感、态度和看法，通过网络语言表达自己的看法、观点，是网民宣泄情绪的一种重要方式，且具有娱乐、减压的效果。⑤还有时宏的《青年网络情绪表达研究——基于网络集群行为的分析》⑥、何雨轩的《网络舆论中的公众情绪表达研究——以重庆公交坠江事件为例》⑦、田刘琪的《涉案报道中的网络情绪表达研究——以"江歌案"

---

① 刘行芳、刘修兵、卢小波：《社会情绪的网络扩散及其治理》，武汉大学出版社 2017 年版。
② 周莉：《突发事件中的网络情绪研究》，武汉大学出版社 2018 年版。
③ 郑希付、沈家宏：《网络成瘾的心理学研究：认知和情绪加工》，暨南大学出版社 2009 年版。
④ 徐小阳、杨峥嵘、路明慧：《基于网络文本挖掘的投资者情绪对股票市场风险的预警研究》，江苏大学出版社 2019 年版。
⑤ 黄慧玲：《网络情绪词的心理功能研究》，硕士学位论文，华中师范大学，2013 年。
⑥ 时宏：《青年网络情绪表达研究——基于网络集群行为的分析》，硕士学位论文，河南师范大学，2017 年。
⑦ 何雨轩：《网络舆论中的公众情绪表达研究——以重庆公交坠江事件为例》，《中国新通信》2019 年第 4 期。

相关报道为例》① 等。总体来说，这些论文的网络情绪表达主要涉及教育、反腐、民生、环境等社会热点事件，并大多以某一具体的个案为例对网络情绪表达的内涵、特点、影响等方面进行分析，且主要聚焦于负面网络情绪表达。

以上论及的研究成果显示出当前我国在网络情绪表达的特征、形式、影响等方面都取得了丰硕的成果，而且涉及的领域也较为广泛，但从研究的层面上来看，大多研究都集中在微观实践层面，对于网络情绪表达的机制及理论建构等中、宏观层面的研究还不多见。

（二）关于网络情绪测量方面的研究

同西方相似的是，网络情绪测量也一直是我国学者研究网络情绪的一个重要方向。因为网络情绪测量与挖掘一直是影响网络情绪传播的关键节点，通过对其分析和测量能够有效提高网络情绪传播的发展趋势的预测效率，对于推进事件的发展具有重要的作用。徐小阳等三人合著的《基于网络文本挖掘的投资者情绪对股票市场风险的预警研究》② 中，专门辟出一章详细分析了利用大数据通过对投资者在网络上文本（如文字、图片、动画等）的挖掘，进而找出投资者网络情绪与股票市场风险之间的内在关联。林政和靳小龙合著的《文本情感分析》③ 中，通过建立情感词典、语料库、词向量模型等方法，对网络情绪进行量化和分类。

与此类似的研究还散见在各类学术期刊论文和学位论文中，例如，初晨在其博士学位论文《投资者网络信息传播与情绪扩散的理论模型和实证分析》中基于投资者网络信息流量，提出了投资者网络情绪模型，给出了投资者网络情绪构建的一般方法。之后在此模型的指导下，通过文本分析技术从社交网络中提取出投资者情绪倾向，构建出投资者网络情绪指数。④ 谭博在《突发事件下基于 SIRS 模型的网络情感传播研究》

---

① 田刘琪：《涉案报道中的网络情绪表达研究——以"江歌案"相关报道为例》，硕士学位论文，中国政法大学，2020年。
② 徐小阳、杨峥嵘、路明慧：《基于网络文本挖掘的投资者情绪对股票市场风险的预警研究》，江苏大学出版社 2019 年版。
③ 林政、靳小龙：《文本情感分析》，清华大学出版社 2019 年版。
④ 初晨：《投资者网络信息传播与情绪扩散的理论模型和实证分析》，博士学位论文，东北财经大学，2015 年。

硕士学位论文中基于 SIRS 模型，以 2016 年的"魏则西网络事件"为例对情感传播的关键影响因素进行分析，以此来把握网民的情感走向。①此外，还有学者马秉楠等的《基于表情符的社交网络情绪词典构造》②、熊熙等的《基于时空特征的社交网络情绪传播分析与预测模型》③、申晨等的《网络大数据中情绪指数的构建及应用分析——以证券市场为例》④ 等。以上研究主要从两个视角对网络情绪测量进行探析。其中一个是从模型构建视角，来探究网络情绪的影响性因素及其情感走向；而另一个则是从网络情绪指标数据库的构建视角（如网络情绪词典构造、网络情绪语料库建构等）来具体测量网络情绪的表达倾向。虽然二者视角不同，但基本都要借助统计学、计算机科学等相关学科优势对网络情绪进行建模或对网络情绪文本数据建库，进而达到对网络情绪进行测量的目的，且这种学科融合的研究趋势日益明显。

（三）关于网络情绪传播方面的研究

随着改革开放的不断推进，社会经济取得快速的发展，处于社会转型期的我国社会结构调整和利益格局的变化持续不断，使得过去积累的一些问题尚未彻底解决，新的社会矛盾又接踵而至。这就会造成部分社会大众心中存在的落差感、不公平感和不信任感很难在短时间内消除，从而为社会负面情绪、负面心理提供了滋生的"土壤"。然而伴随着大众传播时代不断向网络群体传播时代的转向，大众获得了利用网络媒体表达和宣泄情绪的便利渠道和窗口。一旦某个突发事件或公共事件，抑或某个社会现象触及了大众社会心理的痛点，大众会第一时间在网络平台中表达看法，对新闻、事件或现象进行自我式解读。很多网友愿意在多个社交平台上发表意见，如在微信朋友圈、微博，晒出内心的时刻情绪。对网络情绪传播机制、过程、特点等方面

---

① 谭博：《突发事件下基于 SIRS 模型的网络情感传播研究》，硕士学位论文，杭州电子科技大学，2017 年。

② 马秉楠、黄永峰、邓北星：《基于表情符的社交网络情绪词典构造》，《计算机工程与设计》2016 年第 5 期。

③ 熊熙、乔少杰等：《基于时空特征的社交网络情绪传播分析与预测模型》，《自动化学报》2018 年第 8 期。

④ 申晨、姜志旺等：《网络大数据中情绪指数的构建及应用分析——以证券市场为例》，《无线互联科技》2019 年第 15 期。

的探究，有助于我们准确剖析其演化规律，对促进事件的健康发展具有重要的意义。

基于此，不同学者基于差异化的视角对网络情绪传播进行了探究。第一种是基于网络情绪传播过程演化视角，例如，唐超的《网络情绪演进的实证研究》[1]、吴培杰的《中学生网络极端情绪形成的扎根理论研究》[2]、都彦霏的《基于微信公众号发布主体的网络舆论情绪呈现研究》[3] 等。第二种是基于网络情绪传播的影响视角。例如，金云波和许远理的《网络异化对网络情绪传播的影响》[4]、周莉等的《刺激与调节：公共政策对网络情绪的影响——股指震荡中的微博情绪分析》[5]、李奥的《新媒体视觉修辞对网络情绪的影响与干预》[6] 等。第三种是基于网络情绪传播的机制视角。例如，赵卫东等的《突发事件的网络情绪传播机制及仿真研究》[7]、吴培杰的《中学生网络极端情绪形成的扎根理论研究》[8]、刘奥衍的《重大灾害事件中网络情绪传播的特点研究》[9] 等。

综上，当前国内对于网络情绪传播研究的三个视角，虽然涵盖了网络情绪传播的特点、演化过程、机制以及影响等方面，且取得了可喜的研究成果，但大多研究都集中在对负面或者极端网络情绪的探讨，而对于网络情绪传播中的正面情绪探讨较少，而且对网络情绪传播规律背后

---

[1] 唐超：《网络情绪演进的实证研究》，《情报杂志》2012 年第 10 期。

[2] 吴培杰：《中学生网络极端情绪形成的扎根理论研究》，硕士学位论文，云南师范大学，2017 年。

[3] 都彦霏：《基于微信公众号发布主体的网络舆论情绪呈现研究》：硕士学位论文，华东师范大学，2018 年。

[4] 金云波、许远理：《网络异化对网络情绪传播的影响》，《重庆文理学院学报（社会科学版）》2011 年第 2 期。

[5] 周莉、王子宇、谭天：《刺激与调节：公共政策对网络情绪的影响——股指震荡中的微博情绪分析》，《东南传播》2016 年第 12 期。

[6] 李奥：《新媒体视觉修辞对网络情绪的影响与干预》，硕士学位论文，南昌大学，2019 年。

[7] 赵卫东、赵旭东等：《突发事件的网络情绪传播机制及仿真研究》，《系统工程理论与实践》2015 年第 10 期。

[8] 吴培杰：《中学生网络极端情绪形成的扎根理论研究》，硕士学位论文，云南师范大学，2017 年。

[9] 刘奥衍：《重大灾害事件中网络情绪传播的特点研究》，《西部广播电视》2019 年第 7 期。

所隐藏的社会文化表征及机理缺乏深入分析。

（四）关于网络情绪引导方面的研究

网络舆情事件的健康发展离不开网络情绪的科学、有效地引导，面对当前网络环境的复杂化、动态化等特征以及网络情绪传播形式的多样化和情绪化的特点，构建科学、高效的网络情绪引导机制，对于营造清朗的网络传播环境、有效控制网络舆情、推进网络强国建设目标的实现具有重要意义。近年来，随着新媒体时代的狂飙突进，网络情绪引导进入了许多学者的研究视域。（1）有部分学者从媒体视角出发来探析网络情绪引导策略。例如，郑宛莹的《从李天一事件谈媒体对于网络情绪型舆论的引导》[①]、胡倩的《网络社会负面情绪中的媒体疏导功能研究》[②]、赵富丽等的《新媒体视域下暴力袭医事件微博情绪特征与应对策略研究——以7·12天津暴力袭医事件为例》[③] 等。（2）有部分学者从大学生群体视角来剖析网络情绪引导对策。例如，贾银兰的《大学生网络情绪宣泄分析与引导研究》[④]、张兴华的《大学生网络情绪宣泄分析与安全阀机制构建》[⑤]、彭傲雪：《新网络时代大学生网络舆情的引导策略——"学生网络情绪化言论"引发的思考》[⑥] 等。（3）有部分学者基于热点事件或突发事件视角而提出针对性的网络情绪引导路径。例如，周明的《基于网络热点事件的情绪型舆论引导》[⑦]、周莉和郝敏的《网络情绪引导：突发事件舆情管理的新路径》[⑧]、计璐的《突发事件中

---

① 郑宛莹：《从李天一事件谈媒体对于网络情绪型舆论的引导》，《现代传播（中国传媒大学学报）》2013年第12期。

② 胡倩：《网络社会负面情绪中的媒体疏导功能研究》，硕士学位论文，湖南大学，2015年。

③ 赵富丽、段桂敏等：《新媒体视域下暴力袭医事件微博情绪特征与应对策略研究——以7·12天津暴力袭医事件为例》，《中国卫生事业管理》2020年第6期。

④ 贾银兰：《大学生网络情绪宣泄分析与引导研究》，硕士学位论文，华中师范大学，2013年。

⑤ 张兴华：《大学生网络情绪宣泄分析与安全阀机制构建》，《科技资讯》2019年第11期。

⑥ 彭傲雪：《新网络时代大学生网络舆情的引导策略——"学生网络情绪化言论"引发的思考》，《记者摇篮》2020年第11期。

⑦ 周明：《基于网络热点事件的情绪型舆论引导》，《知识经济》2015年第16期。

⑧ 周莉、郝敏：《网络情绪引导：突发事件舆情管理的新路径》，《今传媒》2017年第6期。

网络情绪的引导研究》[①] 等。（4）还有部分学者从意见领袖视角来探析网络情绪引导对策。例如，彭鹏的《网络情绪型舆论的调控》[②]、郑小萍的《"情绪"视角下"网络红人"传播策略研究》[③] 等。

毋庸讳言，当前网络情绪引导这一研究方向融合了心理学、传播学、社会学、管理学等学科视域，且在引导对策上呈现出多元化的路径，并取得了丰富的研究成果，但缺乏从社会文化视角、互动仪式等视角去作更深层次的问题把脉。不过，他们针对某一群体的网络情绪引导方法和手段等的确值得我们借鉴和学习。

（五）关于体育网络情绪方面的研究

伴随着移动互联技术和社交媒体的快速发展，体育全球化的步伐不断加快。体育作为一种社会活动和一种文化现象，其本身所具有的交流、传承、娱乐等功能对于大众的生活和价值观念有着重要的影响。现阶段，体育不仅成为大众休闲娱乐的重要方式，而且也逐渐成为大众宣泄心中情绪的重要载体。大众借力体育热点事件传播的广泛性和娱乐性，通过网络媒体平台参与和讨论体育活动，在互联网创设的"拟态狂欢"空间内尽情地进行情绪表达与宣泄。尤其是伴随着北京奥运会等大型体育赛事的成功举办，网民对于体育热点事件及其背后的大众情绪的关注度不断提高，这也引发了众多学者参与体育网络情绪的探究。当前，我国学者对于体育网络情绪的研究主要涉及两个方面。一方面，是通过大型体育赛事（如奥运会、世界杯、世锦赛等）探讨体育网络情绪的影响。例如，学者王智慧通过对大型体育赛事举办过程中群体性事件的触发机制研究发现，网络的便捷可以在短时间内使众多网民形成对某一事件的普遍认同趋势，尤其是谣言在群体性事件中经过众人的渲染能够迅速放大并产生"蝴蝶效应"，进而吸引群体性事件的参与者（或契约者）的加入，在互联网和"谣言"的蛊惑下迅速升级为群体效应，最终导致事件的蔓延和群体性事件的发生。[④] 学者刘连发和王东也提出

[①] 计璐：《突发事件中网络情绪的引导研究》，硕士学位论文，黑龙江大学，2019年。
[②] 彭鹏：《网络情绪型舆论的调控》，《军事记者》2004年第7期。
[③] 郑小萍：《"情绪"视角下"网络红人"传播策略研究》，硕士学位论文，江西师范大学，2019年。
[④] 王智慧：《大型体育赛事举办过程中群体性事件触发机制与应对策略研究》，《西安体育学院学报》2013年第5期。

网民情绪对于大型体育赛事中群体性事件的触发具有重要推动作用，且极易造成危害性公共体育事件。① 学者蒲毕文以 2012 年广州马拉松舆情事件为研究对象，发现网民的情绪在体育赛事舆情传播过程中对于赛事舆情的发展、传播结构、传播广度和深度都有重要的影响。② 还有学者王晓晨等基于 2019 年女排世界杯的文本情感分析后发现，体育赛事作为社会热点事件，是全民围观的公共话题，极易形成网络舆情，并且体育赛事网络舆情具有明显的阶段性情感演化特征，易形成极性观点。③

另一方面，则是通过微博、微信等社交媒体探析体育网络情绪传播的特征。例如，学者卢兴基于微博传播关键节点对体育热点事件的微传播特质进行了实证分析，提出在体育热点事件的微博传播过程中，微博发布者类型、关键节点文本话语表达类型的类别、文本呈现形式等对微博的转发量产生一定的影响。④ 学者冯长春基于俄罗斯世界杯微博用户情绪挖掘的分析对体育赛事用户情绪传播特征进行了探析，得出用户情绪越强烈，传播距离越广泛，被转发频次越高的结论；高频情绪词虽然能够反映事件总体性质，但是低频情绪词更能反映用户真实情绪，更具倾向性。⑤ 学者曾越分析了新浪微博体育热点事件报道的方式对用户情感黏性的影响，提出新浪 NBA 报道的形式和手段多样，丰富的多媒体报道（如文字符号、动态和静态图片、比赛视频和专题片视频等）有助于激起受众对于体育明星科比的崇敬情感，进而促进该事件的进一步升温。⑥

总体而言，当前国内对于体育网络情绪的研究大多是基于某一具体

---

① 刘连发、王东：《大型体育赛事中群体性事件的触发成因与风险研究》，《体育与科学》2013 年第 6 期。
② 蒲毕文：《基于社会网络分析的体育赛事舆情传播实证研究》，《山东体育学院学报》2014 年第 6 期。
③ 王晓晨、关硕、于文博、李芳：《体育赛事网络舆情的传播特征研究——基于 2019 年女排世界杯的文本情感分析》，《成都体育学院学报》2020 年第 5 期。
④ 卢兴：《体育热点事件微传播特质研究——基于微博传播关键节点的实证分析》，《上海体育学院学报》2016 年第 4 期。
⑤ 冯长春：《体育赛事用户情绪传播特征初探——基于俄罗斯世界杯微博用户情绪挖掘的分析》，硕士学位论文，武汉体育学院，2019 年。
⑥ 曾越：《新浪微博体育热点事件报道的方式和互动技巧研究》，硕士学位论文，南京师范大学，2017 年。

的热点事件而分析网民在网络媒体中的文本表达，抑或是采用宏大叙事的视角，并没有将体育网络情绪放置到特定的社会文化、政治经济脉络中展开讨论，而且对于体育网络情绪的内涵、独特性、传播机制与效应、生成机理等方面也未进行详细的剖析，尤其是在5G时代背景下，体育网络情绪所呈现出的新变化、新趋势、新挑战、引导策略等方面更为缺乏。

（六）关于5G时代与体育的相关研究

5G技术作为最新一代蜂窝移动通信技术，也是继4G系统之后的延伸。随着2019年我国5G的商用落地，国内学者迅速将研究的视角从"4G改变生活"转向"5G改变社会"，而且也取得了丰富的研究成果。例如，学者项立刚在其《5G时代：什么是5G，它将如何改变世界》[①]一书中，首先，对5G技术的三大应用场景、六大基本特点、核心技术进行了系统的分析；其次，对5G给工业、交通、农业、电子商务等传统产业带来的革新进行了把脉；最后，对5G加速万物互联的落地进行了阐述。与之相类似的研究还有李正茂等合著的《5G+：5G如何改变社会》[②]、刘耕等合著的《5G赋能：行业应用与创新》[③]、孙松林的《5G时代：经济增长新引擎》[④] 等。与此同时，国内关于5G时代相关研究的期刊论文一时间也风起云涌。诚如，学者喻国明的《5G时代的传播发展：拐点、挑战、机遇与使命》[⑤]、曹素贞和张金桐的《5G技术赋能：媒介生态变迁与传播图景重塑》[⑥] 等。

由此可见，当前国内对于5G时代方面的理论和实践已取得可喜的成绩，并在通信、新闻、工业等多个领域获得了较好的运用成效。其中，国内关于5G时代在体育领域的研究主要聚焦在以下三个方面。

---

① 项立刚：《5G时代：什么是5G，它将如何改变世界》，中国人民大学出版社2019年版。
② 李正茂、王晓云等：《5G+：5G如何改变社会》，中信出版集团2019年版。
③ 刘耕、苏郁等：《5G赋能：行业应用与创新》，人民邮电出版社2020年版。
④ 孙松林：《5G时代：经济增长新引擎》，中信出版集团2019年版。
⑤ 喻国明：《5G时代的传播发展：拐点，挑战，机遇与使命》，《传媒观察》2019年第7期。
⑥ 曹素贞、张金桐：《5G技术赋能：媒介生态变迁与传播图景重塑》，《当代传播》2020年第2期。

（1）体育赛事直播方面。如田香凝和刘沫潇的《美国体育赛事直播中5G应用的经验与启示——以福克斯体育台为例》①、黄河等的《5G时代体育赛事移动传播的技术变革与内容创新——兼论对北京2022年冬奥会的启示》② 等。（2）体育短视频传播方面。如王福秋的《5G时代体育短视频生产传播的媒介趋向与引导机制研究》③、杨永立的《5G时代体育短视频对体育生活方式培育的价值及优化策略》④ 等。（3）体育文化传播方面。如王华和邹佳辰的《沉浸体验与全时空"泛在"：5G时代体育文化传播的新趋向》⑤、竺大力和赵晓琳的《5G智能时代体育文化的媒介传播与数字审美新特质》⑥ 等。

毋庸置疑，随着5G时代的来临，国内学者已经将研究的触角延伸至"5G+"政治、经济、教育、体育等领域，且大多采用跨学科的研究方法和视角对5G时代进行解读，成果丰富、研究范式多元。然而，虽然5G时代为体育领域的发展带来了诸多机遇，但目前国内的研究鲜见关于5G时代与体育网络情绪的系统文献分析，这也给本书提供了良好的切入点。

三　国内外文献研究简要述评及其对本书的启示

通过对以上国内外关于网络情绪传播相关研究的文献梳理发现，中西方近年来不同路径和视角下的网络情绪研究积累了丰富的研究成果，无论是在网络情绪的理论、机制上，还是在网络情绪的测量、引导上都获得了许多宝贵的经验。虽然网络情绪的研究肇端晚于西方，但经过

---

① 田香凝、刘沫潇：《美国体育赛事直播中5G应用的经验与启示——以福克斯体育台为例》，《电视研究》2019年第4期。
② 黄河、刘琳琳、李政：《5G时代体育赛事移动传播的技术变革与内容创新——兼论对北京2022年冬奥会的启示》，《上海体育学院学报》2020年第5期。
③ 王福秋：《5G时代体育短视频生产传播的媒介趋向与引导机制研究》，《体育与科学》2020年第6期。
④ 杨永立：《5G时代体育短视频对体育生活方式培育的价值及优化策略》，《体育科技》2020年第10期。
⑤ 王华、邹佳辰：《沉浸体验与全时空"泛在"：5G时代体育文化传播的新趋向》，《体育与科学》2020年第5期。
⑥ 竺大力、赵晓琳：《5G智能时代体育文化的媒介传播与数字审美新特质》，《体育与科学》2021年第1期。

20 年的中国本土化语境的发展,当前在研究上已逐渐呈现出中西方研究交融的趋势。因此,国内外在网络情绪的研究上既有相似之处也有差异性的表现。通过对国内外关于网络情绪相关文献的梳理,有助于我们从整体上审视其发展脉络及趋势,希冀为本书研究的开展提供借鉴和帮助。

(一) 在相似性方面

(1) 网络情绪的概念和内涵:在定义上,国内外学者都尝试运用传播学、心理学、社会学等学科视角去分析网络与情绪的关系,都认为网络情绪是伴随着互联网的发展而逐渐产生的概念,其既源于个体心理情绪又超越于现实社会情绪,具有独立呈现方式和表达特征;此外,对于体育网络情绪的概念基本没有相关的文献分析。

(2) 网络情绪的研究视角:受到全球化和互联网技术的不断发展的影响,国内外网络情绪的研究都或多或少地受到信息技术和消费主义的驱动,网络情绪的传播在一定程度上都反映了网络舆论的态度,同时也是观察社情民意的窗口;目前,国内外学者都尝试从心理学、传播学以及计算机科学视角对网络情绪的表达、测量、传播过程等进行探讨,学科交叉融合的趋势日趋凸显,研究的视域也日益多元化;其中体育事件中的网络情绪传播也开始得到中外学者的关注。

(3) 网络情绪的研究领域:当前,国内外学者对于网络情绪研究所涉及的领域基本上涵盖了政治、教育、经济、文化等,并对其在这些领域所形成的影响进行了探析,在具体的实践应用中也取得了较好的成效,但从当前看,国内外学者对于体育网络情绪都较少涉及。

(二) 在差异性方面

(1) 网络情绪的定义不同:国内外学者对网络情绪的概念众说纷纭,没有统一标准的定义;但是在国内外学者的理解上,西方学者多将网络情绪置于心理学的理论框架下进行探析,也有学者认为网络情绪是网络文化与情绪的复合体等;而我国学者观念比较一致地认为网络情绪的属性应是心理学、传播学和社会学交叉融合范畴,是公众通过各类网络平台,基于个体的心理反应和自我认知,针对某一刺激源做出的情感和意见的表达。

(2) 研究视角的不同:由于国内外对于网络情绪在定义上的差异,

国内外学者在探析网络情绪的视角上也有所不同；国内学者聚焦在网络情绪的表达特征和传播过程演化方面，以及网络情绪如何引导，主要侧重质性研究；而国外学者研究聚焦在网络情绪的分析模型、测量与应用方面，强调网络情绪的实践性和应用性，其以量性研究为主。

（3）研究领域的侧重不同：当前，国外学者对于网络情绪的研究由于以量性研究为主，其主要集中在计算机科学和应用心理学领域；而国内学者以质性研究为主，其主要集中在社会学、传播学和管理学领域。

（三）对本书的启示

（1）研究视角上的启示：结合国外心理学对于网络情绪的研究定义和内涵以及对国内社会学、管理学和传播学等交叉学科融合的理解，有助于从多元学科视角来深入把脉体育网络情绪的独特性，尤其是在5G技术赋能下所引发的"万物互联、万物皆媒"的传播图景时代背景下，其更有助于从宏观层面审视体育网络情绪传播所带来的新变化、新特点和新趋势。

（2）研究内容上的启示：结合国内外对网络情绪的分析，进一步加深对其在体育领域的探究，并在此基础上结合5G时代背景，剖析体育热点事件中网络情绪的传播和演化规律，对其产生的传播效应的归因和影响因素进行挖掘，并提出切实有效的引导策略和化解路径。

（3）研究方法上的启示：结合国外学者的量性研究和国内学者的质性研究的优势，通过文本分析、过程—事件分析、案例分析等方法来探析体育网络情绪的表达和演进特征，进而利用相关理论对其进行原因和对策的诠释；在此基础上，结合典型的体育热点事件中网络情绪传播案例进行理论和实践的阐释。

第四节　核心概念和相关理论概述

一　作为研究对象的体育网络情绪的概念和类型

无论是作为现实体育情绪的延伸，还是作为独立的体育网络情绪文化空间，体育网络情绪可视为一个在相对独立的"拟态狂欢"环境中的体育情感宣泄，其所具有的意义也是在社会文化建构中不断形成和发展的。同时，体育网络情绪作为大众发表体育意见、监督体育工作和社会软治理的重要方式和手段，同样也对体育文化、大众文化等社会文化内涵的发展具有建构功用。当前，体育网络情绪已经成为体育文化和大众文化的一个独特的呈现方式，大众文化和体育文化建构体育网络情绪的同时也是"再结构化"的过程，它能促进人们对体育的理解，甚至能推动现实体育舆情治理的现代化进程。因此，当今，人们无论是分析体育网络舆情，还是解读体育文化和大众文化，体育网络情绪俨然一个很好的切入点，其不仅是洞察社情民意的重要窗口，而且又表征着体育文化和社会文化的诸多现象。然而，当前理论界对体育网络情绪相关的概念（如网络体育舆论、网络体育舆情等）进行了相应的界定，但迄今为止还未对体育网络情绪的定义和内涵进行界定和阐释。不过，在对体育网络情绪相关的概念界定前，亦需要先对作为体育网络情绪表达载体的体育热点事件和网络情绪二者的概念进行梳理和总结，以期为准确探析体育网络情绪概念提供支点。

（一）"体育热点事件"概念爬梳

热点事件的概念是伴随着社会政治、经济和文化的不断变迁而逐渐产生的概念。有学者认为热点事件通常起源于某一核心的社会事件，当这个事件的发生引发了足够多的相关话题，话题在信息传播和新闻报道的过程中逐步升温，受到社会较为深入广泛的关注时，便会将事件本身推向热点，在网络上成为热门话题。[①] 也有学者认为热点事件是社会生活中引起人们广泛关注和普遍议论的事件。[②] 还有学者认为热点事件是引起社会上的广泛讨论和关注并进入公共领域之中的事件。[③] 此外，对于热点事件的划分，不同学者也基于差异化的视角对其进行了探析。例如，学者丁晓蔚依据事件的主体或事件涉及的社会领域将热点事件分为突发事故灾难类热点事件、政治类热点事件、经济金融类热点事件、文

[①] 薛可、许桂苹、赵袁军：《热点事件中的网络舆论：缘起、产生、内涵与层次研究》，《情报杂志》2018年第8期。

[②] 丁晓蔚：《网民情绪分析及相应舆情风险管理研究——基于大数据热点事件》，《当代传播》2019年第6期。

[③] 孙慧英、明超琼：《公共领域中热点事件的社会情感价值分析》，《现代传播（中国传媒大学学报）》2020年第7期。

化类热点事件、民生类热点事件、体育类热点事件等多种类型。①还有学者闫东利依据网络热点事件发生、发展的演进特点和强度,将热点事件划分为递进型事件、逆转型事件、涟漪型事件、串联型事件四种类型。②

随着互联网技术的不断变革和发展,热点事件的传播也逐渐从现实领域走向更加广阔的网络虚拟领域。在此背景下,有学者结合以上学者对于"热点事件"的界定,提出"网络热点事件"的定义,即通过网络渠道传播在社会中引起民众广泛关注和热烈讨论、激起大众情绪、引发强烈反响的事件。③学者赵万里和王菲也将网络热点事件分为管理制度、外交和国际重大事件、医疗问题、教育问题、民生经济问题、文化时尚、打击犯罪、官员腐败、权力滥用、学术腐败十类。④虽然,近年来,在新媒体媒介技术的助推下,体育的全球化趋势不断凸显,各种体育热点事件也进入了频发的阶段,现已全面渗透到人们的工作、学习、生活之中。可以说,体育热点事件的快速传播,主要归功于经济的发展和人们生活水平的提高,得益于媒介技术的变革与发展,顺应了体育全球化的发展趋势。然而,当前对于"体育热点事件"定义的界定还较少,大多学者都把其当作一个体育事件,比如奥运会开幕、刘某退赛、围棋选手柯某完败阿尔法狗、女排夺冠、姚明当选篮协主席、国足无缘世界杯等。目前,只有学者卢兴在其论文《体育热点事件微传播特质研究——基于微博传播关键节点的实证分析》中,对体育热点事件进行了量化的定义,他基于微博转发量,将转发数量超过100条的新浪微博作为一个关键节点,并依据一个事件的关键节点数量将关键节点数达到100及以上的体育事件拟定为体育热点事件。⑤此外,学者曾越在其硕

---

① 丁晓蔚:《网民情绪分析及相应舆情风险管理研究——基于大数据热点事件》,《当代传播》2019年第6期。
② 闫东利:《网络热点事件的类别特征及其应对策略》,《河北学刊》2016年第3期。
③ 黄楠楠、周庆山:《网络热点事件应急科普传播用户利用效果实证分析》,《出版广角》2020年第14期。
④ 赵万里、王菲:《网络事件、网络话语与公共领域的重建》,《兰州大学学报(社会科学版)》2009年第5期。
⑤ 卢兴:《体育热点事件微传播特质研究——基于微博传播关键节点的实证分析》,《上海体育学院学报》2016年第4期。

士学位论文《新浪微博体育热点事件报道的方式和互动技巧研究》中提出，让一个体育事件变成传播热点，不仅取决于赛事的重要程度，还取决于媒体的传播效果。[1]

基于此，综合以上学者的研究成果，并结合当前公共体育事件频发的现状以及体育全球化的快速发展，本书将体育热点事件界定为通过线上和线下渠道传播，在社会中引起民众广泛关注、参与讨论，激起民众情绪，引发强烈反响的体育事件。同时借鉴以上学者对于"热点事件"和"网络热点事件"类型的划分，本书将从以下两种视角对体育热点事件进行划分。（1）从事件发展的横向视角出发，按事件性质可以分为正面体育热点事件和负面体育热点事件；按事件内容主题可分为政治类体育热点事件、经济类体育热点事件、文化类体育热点事件、民生类体育热点事件；按事件的属性可分为公共体育热点事件、突发体育热点事件。（2）从事件发展的纵向视角出发，将体育热点事件划分为递进型体育热点事件、逆转型体育热点事件、涟漪型体育热点事件、串联型体育热点事件。

（二）"网络情绪"的概念阐释

情绪是心理学研究的常用术语，是一种常见的心理现象，是"知情意"三种基本心理过程之一，它无时无刻不在影响着我们的生活。有人说，情绪是生活的七彩阳光，正是丰富的情绪感受才让人们享受到生活的多彩五味；有人说，情绪是人生的梦魇，许多人常常为情所感、为情所控、为情所累、为情所伤。[2] 情绪现在不仅是心理学研究的重要对象，也是传播学、社会学、政治学等学科交叉研究的热点问题。而网络情绪作为情绪的一种独特表现形式，是伴随着移动互联网的出现和发展而逐渐产生的概念，从一定意义上可以说是后现代科技电子媒体发展的产物。学者孙立明将网络情绪定义为"网络情绪是一种社会情绪，是网民通过多种网络互动和传播途径形成的相对稳定的普遍情绪体验"[3]。

---

[1] 曾越：《新浪微博体育热点事件报道的方式和互动技巧研究》，硕士学位论文，南京师范大学，2017年。

[2] 傅小兰主编：《情绪心理学》，华东师范大学出版社2015年版，第1页。

[3] 孙立明：《对网络情绪及情绪极化问题的思考》，《中央社会主义学院学报》2016年第1期。

目前，对于网络情绪定义的界定，学界莫衷一是，但随着情绪心理学和社会学、管理学等学科交叉融合的不断发展，加之互联网技术的不断变革，网络情绪的研究逐渐引起国内外广大学者的关注。1986年，美国社会学家兰德尔·柯林斯在其著作《互动仪式链》中最先开始网络情绪的研究，认为网络情绪是社会情绪互动仪式产生的结果，并受到社会、文化、环境等因素的制约。随后，法国社会心理学家古斯塔夫·勒庞在《乌合之众：大众心理研究》一书中，对群体特征及网络情绪作出了专门论述，指出网络情绪极易在群体中感染并影响大众的具体行为。此外，学者Iyer和Leac使用群级情绪（group-level emotion）来描述网络情绪，并"沿着情感的主体、客体的维度描述了网络情绪的五种类型"[1]。

与国外学者一样，我国学者也基于差异化的视角对网络情绪的定义进行了研究和探讨。学者曾润喜认为网络情绪是由于各种事件的刺激而产生的、通过互联网传播的、人们对于该事件的所有认知、态度、情感和行为倾向的集合；[2] 学者唐超认为网络情绪是网络舆情的重要组成部分，可通过网络动员机制来促进网络舆情朝着特定的方向发展，并在突发事件中把网络情绪分为愤怒、失望、同情、理性、不信任、支持相信六种类型；[3] 学者王健认为，网络情绪是指网民对社会情境中的知觉，通过网络群体成员之间相互影响和传播逐渐形成的相对稳定且复杂的心理感受和态度体验；[4] 学者周莉认为网络情绪是公众通过各类网络平台，基于个体的心理反应和自我认知，针对某一刺激物做出的情感和意见的表达，同时指出网络情绪与传统情绪、群体情绪存在明显的承袭关系，但是基于新的情景演化场域和传播路径，网络情绪呈现出新技术背景下的特殊表现机制，特别是将网络情绪置于突发事件背景下，网络情绪呈现出更为丰富和典型的内容；[5] 而学者许启发等认为，网络情绪并

---

[1] Aarti Iyer, Colin Wayne Leac, "Emotion in Inter-group Relation", *European Review of Social Psychology*, Vol. 19, No. 1, February 2008, p. 90.
[2] 曾润喜：《网络舆情管控工作机制研究》，《图书情报工作》2009年第18期。
[3] 唐超：《网络情绪演进的实证研究》，《情报杂志》2012年第10期。
[4] 王健：《试论媒介技术逻辑影响下的网络情绪》，《重庆科技学院学报（社会科学版）》2012年第20期。
[5] 周莉：《突发事件中的网络情绪研究》，武汉大学出版社2018年版，第7页。

非网络世界中部分人的情绪,而是整个网络环境中的情绪氛围,并指出网络中每一个参与者的个人情绪共同构成了网络中的情绪氛围,这种情绪氛围并非个人情绪的简单相加,而是由所有参与者之间相互影响、共同作用形成。①

总体而言,国内外学者对于网络情绪的定义进行了有益的探讨,总体上反映出网络情绪由于表达介质和调动方式的不同,网络情绪表达呈现出与传统情绪较大的差异,具体表现为网络情绪的表达较为间接和内隐,主要依靠网络文本(文本语言、表情符号、图片、动画、视音频等)的表现,且具有更强烈的群体性。基于此,借鉴以上学者的研究成果,结合本书的时代背景,将网络情绪界定为在移动互联网快速发展背景下,公众通过各类网络平台,基于个体的心理反应和自我认知,针对某一刺激源所做出的情感和意见的表达,同时也是现实情绪在网络上的一种表现形式,是"网民"这一群体的集体情感反应,具有复杂性、对抗性和易感染性的特征,对网络舆论的形成、舆情的发展具有重要的推动作用。当前,互联网为网络情绪传播提供了一个良好的平台,给网民情绪自由地宣泄和表达创造了一个"拟态空间",吸引无数的受众参与交流和沟通。

(三)"体育网络情绪"的概念界定

无疑,互联网技术的发展极大地推动了体育全球化的进程,在当下,我们可以足不出户就能了解和欣赏到精彩绝伦的体育比赛,利用各种网络媒体随时随地地参与体育热点事件评论,随心所欲地在朋友圈分享体育赛事带来的喜怒哀乐情绪。一场扣人心弦的足球比赛、一件充满争议的判罚事件、一桩令人瞠目结舌的体育丑闻、一次令人难以忘怀的奥运盛宴等,其时时刻刻都在牵动我们每个人的心中情绪。伴随着体育热点事件介入网络而引发的网民情绪表达和宣泄,现已成为网络情绪表达的重要表现形式。体育网络情绪并非体育热点事件与网络情绪的简单叠加,也并非体育情绪与网络的简单组合,而是网民借助体育热点事件通过网络媒体来表达心中所隐藏的情绪,这种网络情绪的表达既有现实

---

① 许启发、伯仲璞、蒋翠侠:《基于分位数 Granger 因果的网络情绪与股市收益关系研究》,《管理科学》2017年第3期。

情绪共性的一面，也有"拟态环境"中虚拟情绪狂欢的一面。体育在某种层面已成为大众网络情绪表达的重要媒介和载体，大众依托体育所具有的娱乐性、传承性、沟通性等文化特征，通过网络来表征其心中对于社会的态度和情感。正如布雷特·哈金斯和大卫·罗维在合著的《新媒体与体育传播》中所言："在过去的 30 年，体育发展成了一种媒体，网络通讯和数字媒体对体育竞赛、观众体验和球迷互动至关重要。"[1]由此可见，体育与网络和观众情感已密不可分，但当前，对于体育网络情绪的界定还需从体育热点事件与网络情绪之间的关系进行多学科把脉。

从传播学的视角来看，体育网络情绪是网络情绪传播的一种表现形式。学者王智慧通过对大型体育赛事举办过程中群体性事件的触发机制的研究发现，网络的便捷可以在短时间内使众多网民形成对某一体育事件的普遍认同趋势，特别是谣言在群体性事件中经过众人的渲染能够迅速放大并产生"蝴蝶效应"。[2] 学者刘连发和王东也提出网民情绪对于大型体育赛事中群体性事件的触发具有重要推动作用，且极易造成危害性公共体育事件。[3] 此外，王晓晨等基于 2019 年女排世界杯的文本情感分析后发现，体育赛事作为社会热点事件，是全民围观的公共话题，极易形成网络舆情。[4] 可见，体育网络情绪是由体育热点事件所引发的网民在互联网上的情感分享与表达，且体育网络情绪对于体育热点事件的发展具有重要的影响。尤其是随着新媒体时代和消费社会的到来，伴随着体育网络移动化传播的狂飙突进对体育舆论带来的颠覆性影响，现代媒体所引发的"后真相"时代使得受众并不关注赛事本身，而是越发关注体育比赛背后的八卦绯闻以及受众的情感反应。[5] 学者孙小龙和

---

[1] ［澳］布雷特·哈金斯、大卫·罗维：《新媒体与体育传播》，张宏伟译，中国传媒大学出版社 2016 年版，第 13 页。

[2] 王智慧：《大型体育赛事举办过程中群体性事件触发机制与应对策略研究》，《西安体育学院学报》2013 年第 5 期。

[3] 刘连发、王东：《大型体育赛事中群体性事件的触发成因与风险研究》，《体育与科学》2013 年第 6 期。

[4] 王晓晨、关硕、于文博、李芳：《体育赛事网络舆情的传播特征研究——基于 2019 年女排世界杯的文本情感分析》，《成都体育学院学报》2020 年第 5 期。

[5] 俞鹏飞、王庆军、张铖：《网络体育舆论的构成形态、极化传播及其引导策略》，《沈阳体育学院学报》2019 年第 4 期。

查建芳提出每逢出现国内外的体育焦点事件都会引发网民的强烈情绪反应,进而出现舆论热潮。[1] 另外,学者冯长春基于俄罗斯世界杯微博用户情绪挖掘的分析对体育赛事用户情绪传播特征进行了探析,得出用户情绪的强弱会反映出事件的总体性质。由此看来,体育热点事件与网络情绪之间相互影响、相互促进、相辅相成,二者在不断发展与变化中形成体育网络情绪。[2]

从社会学的视角来看,体育网络情绪不仅是社会大众表达情感和传播思想的重要方式,同时也是作为社会信息传播内容的一个重要组成部分。体育热点事件中个体的情绪表达一旦进入了网络传播空间,就可能沿着人们的社会关系网迅速蔓延和扩散,在人际交流互动中不断感染和传播。在这种互动仪式中,人们关注共同的事件,分享共同的网络情绪表达体验。可见,体育热点事件中网络情绪的表达是个体情绪借助语言在网络社会空间内传播,实质上是一场以情绪理解为内核的群体情感互动仪式。正如美国社会学家兰德尔·柯林斯在其《互动仪式链》一书中所言:"社会结构的基础是互动仪式链,整个社会都可以看作一个互动仪式链,其核心机制是高度的相互关注,即高度的互为主体性,跟高度的情感连带——通过身体的协调一致、相互激起参加者的神经系统,从而形成了与认知符号相关联的成员身份感,同时也为每个参与者带来了情感能量,使他们感到有信心和愿望去表达自我心中的情绪。"[3] 由此可见,体育网络情绪是在社会情感互动仪式中不断发展而形成的。

鉴于此,本书认为,体育网络情绪一般由体育赛事、体育热点问题等体育热点事件所引发,网民依托互联网平台对相关体育赛事或体育热点问题进行讨论并发表自己的看法,同时对于体育舆情和体育事件的发展具有重要的影响。因此,结合国内外相关文献以及本书所处的时代背景,将体育网络情绪界定为:"在5G技术赋能的移动互联网发展背景下,公众通过各类网络平台,基于个体的心理反应和自我认知,针对体

---

[1] 孙小龙、查建芳:《网络体育信息传播的构成形态、舆论极化与引导机制研究》,《体育与科学》2017年第1期。
[2] 冯长春:《体育赛事用户情绪传播特征初探——基于俄罗斯世界杯微博用户情绪挖掘的分析》,硕士学位论文,武汉体育学院,2019年。
[3] [美]兰德尔·柯林斯:《互动仪式链》,林聚任、王鹏、宋丽君译,商务印书馆2009年版,第3页。

育热点事件所做出的情感仪式互动与表达。"在此基础上，将体育网络情绪传播界定为在互联网空间内，个体或群体的情绪及其伴随的关于体育热点事件的信息表达、感染、分享的传播行为和活动。此外，鉴于先前还没有学者将"体育网络情绪"作为单独的概念使用，同时也为了接下来本书中的顺利开展，故将"体育热点事件中网络情绪"简化为"体育网络情绪"进行表达。

（四）体育网络情绪的类型

体育网络情绪是伴随着互联网的发展和体育全球化的不断推进而逐渐形成的概念，是大众监督体育工作、发表体育意见和态度、洞察体育舆情的重要方式和手段。与其他的情绪一样，体育网络情绪也是一种常见的心理现象，因而也具备了一般情绪的结构属性和类型。

而关于情绪的分类可谓是众说纷纭。中国古代就有"五情""七情"之说，而我国最早的情绪分类源于《礼记》，其中将人的情绪分为喜、怒、哀、乐、爱、恶、欲七种；另据《白虎通》记载，情绪又可分为喜、怒、哀、乐、爱、恶六类。在西方，古希腊哲学家亚里士多德又把情绪分为欲望、愤怒、恐怖、欢乐和怜悯五种类型。美国心理学家普拉切克（Plutchik）将人的基本情绪（primary emotion）区分为恐惧（fear）、惊讶（surprise）、悲痛（sadness）、厌恶（disgust）、愤怒（anger）、期待（anticipation）、快乐（joy）和接受（acceptance）8种类型。[1] 总体而言，由于情绪是一种复杂的心理概念，具有独特的内部结构，目前理论界对情绪的结构和类型的划分取向主要有分类取向和维度取向两种。[2] 情绪的分类取向划分中具有代表性的学者是Carroll，他将情绪划分为主观体验、外部表现和生理唤醒三个类型。[3] 情绪的维度取向划分中具有代表性的学者是David，他利用"效价—唤醒度"的划分方法将情绪分为正负两极：位于正极的称"积极情绪"，通常带来愉悦感受，如快乐、爱、愉快、幸福等；位于负极的称"消极情绪"，通常产生不愉悦感受，如忧愁、悲伤、愤怒、紧张、焦虑、痛苦、恐惧、憎恨等。同时依据唤醒度区分情绪的强弱，唤醒

---

[1] 傅小兰主编：《情绪心理学》，华东师范大学出版社2015年版，第8页。
[2] 傅小兰主编：《情绪心理学》，华东师范大学出版社2015年版，第6页。
[3] Carroll E. Izard, *The Psychology of Emotions*, New York: Plenum Press, 1991, p.38.

度越大，所产生的情绪就越强烈。① 由此，借鉴以上学者对于情绪类型的划分方法，本书将依据情绪的性质属性来划分体育网络情绪，按体育网络情绪所引发的行为或行为的结果可划分为正面体育网络情绪和负面体育网络情绪。

所谓的正面体育网络情绪是指在奥运会、世界杯等体育热点事件中，大众借助各类网络媒体平台发表的积极性的、正能量的情绪表达和体验。例如，在网络平台弘扬奥运精神，支持女排精神，为自己国家的运动队加油助威，赞扬体育赛事成功举办，等等。而负面体育网络情绪是指在体育热点事件中，大众通过互联网借助各种新媒体、自媒体网络平台发表的消极的、负能量的情绪表达和态度。例如，在网络平台批评运动员违规行为，痛责裁判不公正，责备体育赛事组织不充分，抨击体育明星道德败坏，等等。当前大众通过体育网络情绪来宣泄心中的情绪，分享心中的喜怒哀乐，一定程度而言，大众体育网络情绪的表达背后隐藏着诸多社会现实矛盾，是一种社会文化表征的再现。因此，体育网络情绪作为社会文化的产物，深刻影响着体育网络情绪的类型和表达形式。

二 与本书相关的理论概述

体育网络情绪既作为情绪传播研究的一个分支，又作为体育人文社会学研究的重要内容，近年来随着互联网和体育全球化的狂飙突进，尤其是在5G技术赋能的新媒体影响下，其越发引起了诸多领域研究者的关注。然而，为了更加全面地分析体育网络情绪传播的特点、规律，我们需要对体育网络情绪的相关理论进行梳理和总结，以便为本书研究的顺利开展提供有力的支点。

（一）情绪感染理论

情绪是一种具有组织性和深刻内涵，并且持续变化的一种心理状

---

① David, Dignath, Markus, Janczyk, Andreas B. Eder, "Phasic Valence and Arousaldo not Influence Post-conflict Adjustments in the Simon Task", *Acta Psychologica*, Vol. 174, No. 1, March 2017, pp. 31–39.

态。很早之前人们就可以通过捕捉他人的情绪来感知周边人的情感变化,[1] 我们可能因愉快的事情而忘掉烦恼,可能因看到别人离别的场景而潸然泪下,这种情绪之间的模仿与感染现象虽然很早就被学者们发现,其中学者 McDougall 最早将情绪感染定义为:"通过原始性交感神经反应产生的情绪直接感应法则",[2] 但把情绪感染上升为理论进行研究的却是 Hatfield[3] 等,他们提出,个体在交互过程中,会自动和持续地模仿和同步于他人的面部表情、声音、姿势、动作和行为等,并倾向于时刻捕捉他人的情感。他们把这一过程称为"情绪感染",并进一步把情绪感染定义为:"一种自动的模仿和同步于他人的表情、声音、姿势和动作的倾向性,其结果往往使得情绪聚合并统一。"[4] 这种情绪感染理论被称为"原始性情绪感染理论"。此外,随着社会的不断发展,情绪感染理论又演化出一种"意识性情绪感染理论",该理论认为,"情绪感染过程是一个有意识参与的过程,是基于人们与他人之间的情绪进行对比,将情绪作为理解他人怎样感受的社会信息的这样一个过程"[5]。也有学者认为,情绪感染既包括原始性情绪感染又包括意识性情绪感染,如 Barsade[6] 认为情绪感染过程包括潜意识、自动化的原始性情绪感染,也包括意识水平的情绪感染过程。[7]

然而,近年来,一些学者开始将情绪感染理论研究视角转向人与人之间,特别是群体内部成员间的情绪感染交互过程的研究,一些学者将其称为群体情绪感染机制研究。在群体情绪感染机制研究中,影响力最大的当属情绪的"模仿—回馈机制理论",该理论认为,无论是群体还

---

[1] Charles Darwin, *The Expression of the Emotions in Man and Animals*, New York: Harper Collins Publisher, 1956, p.146.
[2] 参见张奇勇、卢家楣《情绪感染的概念与发生机制》,《心理科学进展》2013 年第 9 期。
[3] Hatfield, E., Cacioppo, J., Rapson, R. L., "Emotional contagion," *Current Directions in Psychological Science*, No.2, 1993, pp.96-99.
[4] 杜建刚:《服务补救中的情绪感染与面子研究》,南开大学出版社 2010 年版,第 56 页。
[5] 张奇勇、卢家楣:《情绪感染的概念与发生机制》,《心理科学进展》2013 年第 9 期。
[6] S. G. Barsade, "The ripple effect: Emotional contagion and its influence on group behavior," *Administrative Science Quarterly*, Vol.47, No.4, 2002, pp.644-675.
[7] 张奇勇、卢家楣:《情绪感染的概念与发生机制》,《心理科学进展》2013 年第 9 期。

是个人情绪感染,都要经历两个过程驱动,即(1)模仿他人的情绪表达,包括面部表情、语调、姿势、动作等;(2)主体的情绪体验会受到自身面部表情、声音、姿势和动作的模仿所带来的反馈与刺激。① 另外,法国心理学家古斯塔夫·勒庞在《乌合之众:大众心理研究》一书中,对群体特征及情绪做出了专门论述,同时提出了群体情绪感染理论,认为无论组成群体的成员是谁,他们的生活模式、职业、性格和智慧是否相似,一旦卷入群体中,他们就具有了一种群体意识,他们的感情或情绪和思想全都采取同一个方向,从而他们自觉的个性也消失了,异质性被同质性吞没,无意识的品质占了上风。② 还有学者依据群体情绪感染理论将情绪感染分为积极的情绪感染和消极的情绪感染,并认为不同效价的情绪将产生不同的情绪判断。③ 正如学者 Barsade④ 所提出的那样,在群体成员中,当情绪感染为正面情绪时,群体内成员会展示出更好的合作精神和工作效率,而对于经常感受负面情绪的群体成员,整个团队或组织将会表现得更糟。⑤

由此可见,情绪感染理论由最初的仅仅指原始性情绪感染,发展成包括意识性在内的情绪感染,又进而扩展为群体情绪感染。探明情绪感染理论的内涵以及发展脉络有助于我们了解情绪传递的内在机制和规律。本书将运用情绪感染理论来探析 5G 时代背景下体育热点事件中网络情绪生成机制和传播效应,以期为厘清体育网络情绪的传播原理提供帮助。

(二)情绪的社会建构理论

在 19 世纪,情感成为科学研究的一个重要话题。以生物学和系

---

① 王潇、李文忠、杜建刚:《情绪感染理论研究述评》,《心理科学进展》2010 年第 8 期。

② [法]古斯塔夫·勒庞:《乌合之众:大众心理学研究》,冯克利译,中央编译出版社 2014 年版,第 3—4 页。

③ Piotr Winkielman, Brian Knutson, Martin Paulus, et al., "Affective Influence on Judgments and Decisions: Moving Towards Core Mechanism", Review of General Psychology, Vol. 11, No. 2, February 2007, pp. 179-192.

④ S. G. Barsade, "The ripple effect: Emotional contagion and its influence on group behavior," Administrative Science Quarterly, Vol. 47, No. 4, 2002, pp. 644-675.

⑤ 王潇、李文忠、杜建刚:《情绪感染理论研究述评》,《心理科学进展》2010 年第 8 期。

统发生学理论为代表的这一研究,共享了普遍的哲学概念,即情感是一种本质上非认知的、非自愿的现象,它虽然能够影响智力、语言和文化,但其本身并不本质上依赖这些复杂的历史环境。[1] 然而,到了20世纪70年代,心理学领域掀起了第二次认知革命,质疑了先前的第一次认知心理学所提出的"在人的大脑中先验性地存在一个类似于计算机的认知机制,负责处理外来信息并指导人们的外显行为"的观点,而把观点转向将认知过程看作人使用语言和话语的结果,并认为认知过程在其根本意义上是公开的和社会性的。[2] 由此,社会建构理论逐渐兴起。

从社会学的视角看,人的情绪虽然以生物性反应为基础,但同时也会打上社会建构的烙印,其形成与传播更是一种复杂的社会文化建构。情绪的社会建构理论兴起于20世纪80年代,学者Averill认为,情绪是由社会创造、个人扮演的社会角色,虽然情绪的个人角色是建立在一种或多种生物性行为基础之上,但情绪所表达的意义却是社会建构的结果,并提出文化和语言是建构情绪的重要力量。[3] 1986年,英国心理学家罗姆·哈雷(Rom Harré)在其编著的《情绪的社会建构》中,从社会文化视角对情绪的特征、社会功能、形成机制等进行了系统分析和阐述,从而为情绪社会建构理论奠定了坚实的基础。随后,学者Mccarthy对情绪的社会建构论作了进一步阐释,他认为社会建构论并不否认情绪的生理属性,其重点在于强调情绪的认知功能和文化特征,主张将情绪置于多样的社会文化背景下进行理解和考察,认为情绪是人际交往中话语建构的产物,且不能脱离其所经历、体验和表达的社会文化意义而存在。[4] 由此看来,社会建构论主要是立足情绪的社会性,强调社会文化对于情绪的形成、表达与传播的影响,进而完成对情绪的社会建构。因此,社会文化中约定俗成的道德规范、话语逻辑在很大程度上会影响到主体情绪的感知与体验。另外,鉴于社会文化的多样性和历史性,情绪

---

[1] Harré Rom, *The Social Construction of Emotion*, New York: Basil Blackwell, 1986, p. 2.
[2] 叶浩生:《第二次认知革命与社会建构论的产生》,《心理科学进展》2003年第1期。
[3] James R. Averill, *A Constructivist View of Emotion*, New York: Academic Press, 1980, pp. 305-339.
[4] Doyle Mccarthy, "Emotions are Social Things: An Essay in the Sociology of Emotions", *Social Perspectiveson Emotion*, No. 1, January 1989, pp. 50-73.

的内涵和表达也丰富多样，在一种文化中被鼓励的情绪可能在另外一种文化中被排斥，在一段时间内被推崇的情绪可能会随着社会文化的不断变迁而改变。①

当然，情绪的社会建构论中，社会不仅对情绪进行建构，反过来情绪也对社会进行建构，二者建构是双向的。学者 Mccarthy 提出情绪是一种社会客体，且具有行为对象和表意符号的双重身份和功能，认为情绪不仅是社会仪式和实践的作用对象，而且能够作为符号指示我们处理自我认同的其他社会事物。② 学者 Claire 也认为，社会成员通过谴责道德失范行为和鼓励道德合范行为等情绪的表达，来维护社会价值文化体系，从而完成情绪对社会文化的塑造。③ 正如我们经常看到的那样，当一个人出现违背社会道德规范或社会团体规范的行为时，社会群体就会表现出愤怒、怨恨、责备等负面情绪，以迫使当事人规范和约束自己的行为；而当一个人表现出符合社会主流价值观时，社会群体成员就会表现出赞赏的情绪来鼓励这一行为。

与此同时，社会建构论者还借鉴米歇尔·福柯的"话语即权力"的观点，认为语言是建构情绪的重要手段，人们通过语言以一定的结构化方式形成话语影响他人的认知，人际交往中的情绪活动实质上是一种话语实践。④ 恰如米歇尔·福柯在其《规训与惩罚》一书中所言，话语中包含权力，谁掌握话语权谁就能建构真理。学者尹弘飚也认为，话语的操作性使得情绪在实践过程中同样也具有权力关系的属性，它允许我们感受某些情绪而禁止其他情绪，从而塑造我们的情绪表达。⑤

综上所述，情绪的社会建构论主要是从社会学的视角对情绪的意义

---

① 隋岩、李燕：《论网络语言对个体情绪社会化传播的作用》，《国际新闻界》2020年第1期。
② Doyle Mccarthy, "Emotions are Social Things: An Essay in the Sociology of Emotions", *Social Perspectiveson Emotion*, No.1, January 1989, pp.50-73.
③ Armon Jones Claire, *The Social Functions of Emotion*, New York: Basil Blackwell, 1986, p.57.
④ 隋岩、李燕：《论网络语言对个体情绪社会化传播的作用》，《国际新闻界》2020年第1期。
⑤ 尹弘飚：《情绪的社会学解读》，《当代教育与文化》2013年第4期。

生成、特征和规律进行了把脉和剖析。本书将运用情绪的社会建构论对5G时代体育热点事件中的网络情绪生成、表达特征及其社会文化归因进行深层次分析,希冀为5G时代体育热点事件中网络情绪的引导策略提供支持。

(三) 情绪的互动仪式链理论

从历史发展的视角来看,最早关于仪式的社会学思考是由中国的思想家孔子和他的追随者做出的,孔子不仅提出礼仪表现对于社会秩序至关重要,而且还提出人类本性根本的是善和道义,而仪式对于形成道德来说是必不可少的。[1] 在西方,从古典的社会学家涂尔干开始,社会学学科就非常重视对"仪式"的研究。涂尔干最早提出,宗教仪式具有整合作用,特别是在其《宗教生活的基本形式》一书中,他提出了一种说明团结和共有的符号是如何在小群体中通过互动而产生的模型。同时他以宗教仪式为例提出了情境互动的机制模型,具体解释了在一定情境下社会构成要素是如何结合在一起的,以及什么因素使仪式成功或失败。[2] 而后,加拿大社会学家欧文·戈夫曼在涂尔干的研究基础上,提出了"互动仪式"一词,他从微观互动的角度具体研究了大量日常生活中的仪式问题,并将互动仪式定义为一种表达意义性的程序化活动。另外,欧文·戈夫曼在其著作《日常生活中的自我呈现》中详细说明了仪式在日常生活中无处不在,并进一步扩展了仪式的应用,同时将社会生活看作一场戏剧,每个人都有自己表演的"前台"和"后台"情境角色,一个人重视自己在别人面前的仪式不仅是想给别人留下高雅的印象,更是对一个人尊重的标志,也是对情境尊重的标志。此外,欧文·戈夫曼在其另一部著作《框架分析》中也提出情境是寻求合作的仪式,从中保持短暂的关注焦点,从而既给那些适当参与的人以尊重,也给情境现实以尊重。可见,欧文·戈夫曼的互动仪式主要体现的是功能主义仪式论,其一直强调的是微观层次的直接互动,仪式代表了一种个体必须守卫和设计其行动的符号意义的方式,同时直接呈现对其有特

---

[1] [美] 兰德尔·柯林斯:《互动仪式链》,林聚任、王鹏、宋丽君译,商务印书馆2009年版,第13页。

[2] [美] 兰德尔·柯林斯:《互动仪式链》,林聚任、王鹏、宋丽君译,商务印书馆2009年版,第37页。

别价值的对象。① 总体来看，无论是涂尔干还是戈夫曼，他们只是强调了仪式的概念及其社会功能属性，而对于仪式的作用机制并未进行系统的阐述。

诚然，对互动仪式的作用机制进行系统探讨的是美国社会学家兰德尔·柯林斯，他在涂尔干和戈夫曼对"仪式"研究的基础上，并结合传统的社会学理论传统，提出了情绪传播的"互动仪式链理论"。兰德尔·柯林斯在其《互动仪式链》中提出，社会结构的基础是"互动仪式链"，整个社会都可以被视作一个长的互动仪式链，人与人之间在微观层面通过具体情境中的人际互动结成际遇关联，当人们越来越多地参与社会际遇过程，并使这些际遇发生的自然空间扩展以后，社会结构就变得更为宏观了。同时他还提出，互动仪式理论的核心机制是高度的相互关注（即高度的互为主体）和高度的情感连带（通过身体的协调一致，相互激起/唤醒参加者的神经系统），从而导致形成了与认知符号相关联的成员身份感。② 在这种互动仪式中，人们关注共同对象，分享共同的情感和体验，这也为每个参加者带来了情感能量，使他们感到有信心、有热情和有希望去做他们认为道德上允许的事情。柯林斯还认为，互动仪式过程中，情感能量是一种重要的驱动力。所谓的情感能量是指一个连续统一，从高端的自信、热情、自我感觉良好，到中间平淡的常态，再到末端的消沉、缺乏主动性与消极的自我感觉。如高度的情感能量是一种对社会互动充满自信与热情的感受。③ 在柯林斯看来，情感能量如同符号资本一样，也是一种成本。人们在互动仪式中花费他们的情感能量，只要人们意识到这种情感能量的花费能给他们带来更多的回报，人们就会这样做。从柯林斯的观点来说，那些具有权力和地位的人（具有高度情感能量的人）最能带来高额的情感回报，这也是基本上所有人都倾向于和具有高度情感能量的人进行互动的原因所在。由此，人们在和高情感能量的人的互动

---

① ［美］兰德尔·柯林斯：《互动仪式链》，林聚任、王鹏、宋丽君译，商务印书馆2009年版，第48页。
② ［美］兰德尔·柯林斯：《互动仪式链》，林聚任、王鹏、宋丽君译，商务印书馆2009年版，第3页。
③ ［美］兰德尔·柯林斯：《互动仪式链》，林聚任、王鹏、宋丽君译，商务印书馆2009年版，第4—5页。

中不断推动互动仪式的进一步扩展,进而使得单一的互动仪式由此变成了互动仪式链,从而可以让最初互动仪式中的个体情绪沿着仪式链在社会关系网络中不断传播和扩散。

一言以蔽之,柯林斯的情绪互动仪式链理论综合了拟剧论、社会建构论和情感社会学及其有关的社会心理学理论,强调了社会学微观分析的基础性和优先性,尤其是把情感能量看作情绪社会互动的关键驱动力。本书将通过柯林斯的情绪互动仪式链理论来剖析5G时代背景下体育热点事件中网络情绪的演化机理和传播规律,为体育网络情绪引导理论模型的构建提供服务。

第五节 研究思路、方法、创新与不足

一 研究的思路

本书以5G时代背景下体育网络情绪引导问题为导向,以体育热点事件为切入点,一方面是由于随着5G时代的到来,在5G技术赋能下,体育网络情绪对于体育网络舆情的影响日益凸显,同时对于体育热点事件的发展趋势和走向以及体育事业的改革与治理也具有重要的影响;另一方面是由于体育热点事件本体的特殊性和变异性为网络情绪提供了连续发展的驱动力,使得体育网络情绪具有完整的演化链条。由此,本书主要聚焦于揭示5G时代体育热点事件中网络情绪传播规律及其对社会、文化、体育等方面的经验认同与建构,进而探析出当下体育网络情绪传播理论和现实引导路径。

因此,本书遵循"提出问题—分析问题—解决问题"的研究范式,首先,对5G时代的来临与网络情绪传播的内爆倾向进行了考察和梳理;其次,对体育热点事件中网络情绪的生成机理进行了把脉;再次,通过文本分析、过程—事件分析、案例分析等研究方法对体育热点事件中网络情绪的演化规律进行了探析,并运用社会文化建构论、情绪传播互动仪式链理论、情绪感染等理论对体育网络情绪传播的影响因素及其归因、当前治理及其所面临的机遇和挑战进行剖析;最后,在5G时代背景下,结合域外经验,探寻出体育热点事件中网络情绪引导与化解路

径。具体如图 1-5 所示。

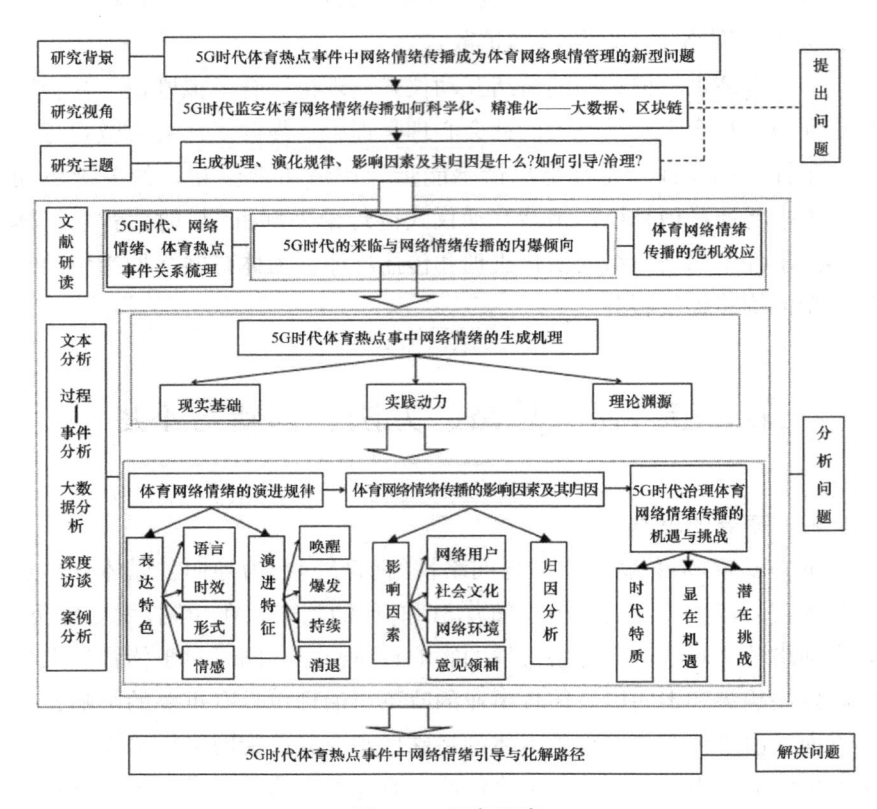

图 1-5 研究思路

二 研究的方法

（一）文献研究法

本书主要基于传播学、社会学、媒介学和体育学等理论，对 5G 时代背景下的体育热点事件中网络情绪相关主题的研究成果进行系统梳理和评论。主要利用南京师范大学图书馆、CNKI 中国期刊全文数据库和优秀硕博士学位论文数据库、CALLS 学位论文库、Web of Science 外文数据库搜索和整理国内外关于体育网络情绪传播问题的相关文献，并通过新浪体育微博官网、央视体育新闻网、新浪舆情通软件、TOOM 舆情监测软件等收集体育热点事件中网络情绪表达的相关文本和数据资料，在此基础上，对所收集的资料进行甄别、分析和整理，以期为本书的后续开展提供理论和实践的支撑。

（二）文本分析法

文本分析法是基于定性、定量或相结合的角度对文本进行语言分析的研究方法，从文本的表层深入文本的内里，从而发现那些不能为普通阅读所把握的深层意义。① 这种研究方法主要是将文本看作一个整体，运用定量的方式来进一步探讨文本所隐藏的深层意义。具体而言，本书运用该方法主要是将网络上网民发表的文字、符号、动画和视频等当作一个整体的文本进行定量分析，进而探寻出5G时代体育热点事件中网络情绪的表达机制及演化特征，同时注重从社会学、符号学、语言学来阐释体育网络情绪文本内容的生产方式，以探析出体育网络情绪的社会文化表征及其归因。

（三）过程—事件分析法

过程—事件分析法倡导把社会现实当作一种动态的、流动的过程来看待，认为不同事物或同一事物内部不同因素之间存在着复杂而微妙的关系，只有通过事件或过程才能充分地展示出来。② 体育热点事件是一个动态发展的过程，运用过程—事件分析法可以较好地把握网民情绪的演化过程和特征，有利于从整体上审视5G时代体育热点事件中网民情绪的传播规律。

（四）大数据分析法

大数据分析法是一种利用网络爬虫软件、GooSeeker数据采集软件等数据处理软件，对海量数据进行存储、分析、筛选和整理的一种方法，具体包括了大数据采集、清洗、计算、分析、挖掘和应用等程序。本书运用此方法主要是对5G时代体育热点事件中的网络情绪传播的各类网络平台数据进行采集、量化、可视化分析（如运用大数据抓取软件建立网络传播语料库进行词频分析等），为探讨体育热点事件中网络情绪传播和演化规律及其引导策略提供帮助。

---

① 李一亨：《基于文本分析的我国游戏产业政策演进研究》，硕士学位论文，兰州大学，2017年。

② 谢立中：《结构—制度分析，还是过程—事件分析？——从多元话语分析的视角看》，《中国农业大学学报》（社会科学版）2007年第4期。

（五）案例分析法

案例分析法又称个案研究法，是指结合文献资料对单一对象进行分析，得出事物一般性、普遍性的规律的方法。本书运用传播学、社会学等相关理论对国内外的体育热点事件中网络情绪传播的经典案例（如国外的"莫某事件"、中国的"孙某兴奋剂判罚事件"等）进行动态跟踪与分析，通过探析单个体育热点事件中网络情绪的表达和演进特征，以期达到从整体上把脉体育网络情绪的传播规律，以求取得窥斑见豹之功效。

三　研究的创新与不足

（一）研究的创新点

（1）学术思想：本书从传播学、社会学、符号学等视角审视了体育热点事件中网络情绪演进规律，跳出了传统的网络情绪研究模式的束缚，构建出5G时代体育热点事件中网络情绪引导的理论模型，有助于从理论层面丰富体育热点事件中网络舆情管理的研究体系，为助力网络强国和体育强国战略目标的实现提供理论支持。

（2）学术观点：本书以体育热点事件作为网络情绪传播研究的切入点，对体育热点事件中网络情绪的生成机制、传播效应、规律及其引导策略进行了剖析，提出基于区块链和大数据，运用量化方法，充分发挥数字化舆论工作的优长，在5G时代下构建出精准和科学的体育热点事件中网络情绪引导路径，并尝试引入现代风险管理理论和方法并使之本土化，建立网络情绪监控和引导机制，观点上有创新。

（3）研究方法：本书克服将体育热点事件中网络情绪局限于单一学科研究的弊端，采用了文本分析、过程—事件分析、大数据分析等跨学科研究方法，充分吸收了相关学科的研究优势，有利于拓展体育热点事件中网络情绪传播理论和方法的研究视域。

（二）研究的不足

体育网络情绪不像想象得那么简单，其不仅仅是情绪心理学中一个简单的心理现象，而是一个十分宽广的范畴；其不仅体现在大众在网络上对体育表达的文本呈现，同时还会牵涉社会、政治、文化等方面的环境，网络媒体意识形态，网络媒体传播格局，移动互联技术革新，体育网络情绪生产者——网民的认知结构，等等。本书虽然对5G时代体育热点事件中网络情绪的生成机理、演进规律、影响因素及其归因等方面进行了整体的审视和把脉，但依然存在以下三个方面的不足。

（1）研究主要以质性研究为主，量化研究稍显不足。本书较多运用文献研读、文本分析、过程—事件分析法探析了5G时代体育网络情绪的内爆倾向、生成机理、演进规律、影响因素及其归因，虽然也运用了大数据分析方法、案例分析法对体育网络情绪表达和演进特征进行了解析，但缺乏运用问卷调查等量化的方法来研究大众对于体育网络情绪的意见和看法。

（2）对于不同类型的体育热点事件中网络情绪的分析还不够细致。本书从社会学、传播学、教育学等视角，对5G时代体育网络情绪传播的规律进行了总体的审视和把脉，也对具体的体育热点事件中的网络情绪进行了实证分析，但对于竞技体育赛事和群众体育赛事中的体育网络情绪缺乏针对性的分析，存在一定的不足。

（3）对于体育网络情绪的分析主要着力于网络语言文本和文化层面上，而对于反映体育网络情绪的图像、动画、视频等文本剖析还有待加强。本书对反映体育网络情绪的语言文字文本进行了剖析，囿于文本分析技术和图像分析技术，没能充分地对反映体育网络情绪的图像、表情符号、动画进行细致分析，有一定的不足。

第二章
5G时代的来临与网络情绪传播的内爆倾向

纵观人类社会发展史，科学技术的创新不仅带来了社会生产效率的大幅度提高，而且也推动了体育生态的发展和演变。回顾信息通信技术的发展历程，就是一部科技不断创新、生态不断跃进的历史。从20世纪80年代的1G通信技术开始，体育借力移动通信技术，以电视为载体，把奥林匹克运动拉入了万家荧屏；再到当今的超大宽带、超低时延、万物互联的5G时代，体育在5G技术赋能下，以互联网为依托，体育赛事、体育丑闻等体育热点事件被注入了新的动力，使得体育生态发展开启了新的篇章。然而，在对5G时代背景下体育热点事件中网络情绪这一心理现象是如何形成和传播的，又是如何与5G技术发生关联进行深入探析之前，首先需要从历史的视角对5G技术的发展历程与网络情绪和体育热点事件之间的内在逻辑关系进行把脉，这样才能为后续的体育网络情绪相关研究提供有效的着力点。不过，对体育热点事件、网络情绪与5G时代三者来说，体育热点事件原本就是传播网络情绪的载体之一，网络情绪是洞察体育热点事件发展的重要窗口，但随着5G时代的来临，在5G技术的赋能所引发的传播新格局下，三者之间的关系将呈现出相互依赖、相互促进、相互博弈的耦合局面。同时，在5G时代，网络情绪传播呈现出了内爆的倾向，体育热点事件已成为一个网络情绪传播的"导火线"，加之在5G技术赋能的全媒体助推下，体育网络情绪传播产生了诸多危机效应，进而使得当前利用5G来监控体育网络情绪传播已是时代赋予的应然使命。

第一节 5G时代：智能互动媒体为王的社会传播新时期

一 理解5G：作为一种技术的前世与今生

（一）5G的前世

众所周知，通信是我们人类与生俱来的基本需求，从远古时代利用手语、壁画和烟火传递信息，到近代使用书信、电话进行沟通，再到现代的移动互联网实时交流，通信方式的变化无时无刻不在影响人类的生活。无论是古人的飞鸽传书、烽火传信，还是当今的电话交流、网络沟通，人类一直在探索信息传递更快、更便捷的方法。然而，在古代，受制于技术本身的限制，人们所想到的信息传递的方式大多通过信鸽、驿马甚至是人来完成，恰如马拉松运动正是为了纪念那位为了传递信息而奔跑致死的希腊传令兵。由此可见，古代的通信方式受限于飞行与奔跑的速度，其一直无法突破时空的限制。不过，随着电信号的出现，开启了现代通信的新篇章。正如学者孙松林在其著作《5G时代：经济增长新引擎》中所言："从麦克斯韦赫兹，电磁波不再神秘；从马可尼到贝尔，人可以操纵电磁波来进行通信；奈奎斯特让数字通信成为可能，香农开创的信息论则让人类开启了信息社会。"[1] 无疑，电信号的出现预示着古代通信方式的终结，也标志着现代通信方式发展的新开端，尤其是移动通信领域从1G到4G的不断迭代革新，在推动通信技术向更高彼岸迈进的同时，也推动着人类社会、经济、文化、体育等领域的快速发展。

第一代移动通信技术（1G）的概念是在20世纪60年代由美国贝尔实验室等研究机构提出，而后在北美、欧洲和日本等地于20世纪80年代正式开始商用。1G主要采用的是模拟技术，通过模拟系统产生模拟信号，而后再通过电信号进行传输，最后在接收端把它恢复为原来的消息。虽然1G正式开启了通信的移动时代，但由于其自身存载的容量

---

[1] 孙松林：《5G时代：经济增长新引擎》，中信出版集团2019年版，第14页。

小、信号质量欠佳、安全性差，加上各国的通信标准并不一致，而使得其无法实现全球互通互联。为了解决 1G 存在的缺陷，一种以数字通信为核心的第二代移动通信技术（2G）呼之欲出。2G 主要采用数字信号（在模拟信号的基础上进行采样、量化和编码得到），将复杂的信息用"1"和"0"编码后进行传输，而后在接收端通过译码准确还原出原始信息。毋庸讳言，2G 开启了数字通信时代，并催生出了诸如集语音业务和短信业务于一体的手机、集图像传输和声音传输于一体的电视的快速发展。在手机和电视的驱动下，体育新闻、体育精彩赛事被千家万户熟知，进而大大丰富了人们的娱乐生活。20 世纪 90 年代，随着互联网的快速普及和发展，第三代移动通信技术（3G）在 2G 支持传统的语音和短信基础上，不仅可以支持数据传送，还实现了无线通信与互联网等多媒体通信相结合，极大地提高了数据传输的速率。3G 时代主要采用的是 CDMA 技术，相较于 2G 时代主流使用的 TDMA 技术，3G 技术的抗干扰能力更强，接入用户量更多。在 3G 技术的助力下，智能手机、电子商务、远程异地办公、手游、网络视频等行业逐渐兴起。由此，3G 实现了手机终端与互联网的结合，正式开启移动互联网新阶段，同时也有力地促进了体育全球化的发展进程。虽然 3G 技术实现了全球互联，但也存在网速慢、流量费高、视频画面不清晰等弊端。于是，借助 3G 时代移动互联网的普及，第四代移动通信技术（4G）应运而生，其将移动互联网在生活、消费、娱乐等领域发展的作用推进了一大步，同时也将移动产业链延展到移动支付、物流、体育传媒（体育赛事直播、体育新闻直播等）、网络社交等行业。在 4G 技术赋能下，智能手机的互联网化水平全面提高，高质量的视频通话、文件图片传输、移动视频通话、移动快捷支付等都畅通无阻，从而给人们的生活带来了更多的便利。由此，4G 以移动宽带为依托，大大提升了移动互联网用户的体验，开启了改变人们生活的新时代。毋庸置疑，在 4G 的驱动下，体育领域也取得了巨大的发展，各种移动体育赛事播放平台、体育新闻发布软件如雨后春笋般快速涌现。人们可以利用微信、微博等新媒体平台随时随地观看体育赛事直播、畅游体育游戏、参与体育热点事件评论、分享体育之感等。

（二）5G 的今生

总体而言，相较于西方发达国家，我国在移动通信技术上从 1G 到

4G 的发展水平整体上呈现出"1G 空白，2G 跟随，3G 突破，4G 并跑"的发展趋势。自 2019 年 4 月韩国成为全球第一个 5G 商用的国家，随后，陆续有美国、日本、英国、中国等多个国家宣布启动 5G 商用网络。例如，美国为了在全球信息与智能时代的竞争中取得制高点，制订了 5G 全国性战略计划，政府和运营商都多策并举来保障和推动 5G 计划的实施；韩国也将 5G 上升为国家战略，采取 5G 网络投资免税、建立 5G 发展基金等措施来构建经济发展新引擎；日本以 5G 为基础构建超级智能社会，自下而上推动 5G 战略，并以 2020 年东京奥运会为契机全面推进 5G 建设；欧洲国家也积极制定统一规划以促进 5G 的发展，并利用 5G 发展统一数字市场，发展 5G 垂直行业。而我国也于 2019 年全面布局 5G，并于 2019 年 11 月宣布 5G 正式商用，以提升全球科技竞争话语权。据 2020 世界物联网大会报告数据，截至 2020 年 12 月，中国已建成全球最大 5G 网络，累计已建成 5G 基站 71.8 万个，5G 用户已接近 2 亿，占全球比例高达 85%。[1] 可见，中国在 5G 方面已显现出"领跑"的势头。

为何 5G 会引发全球国家的高度关注，这首先是因为 5G 技术的普及会给社会带来巨大的经济价值。据美国高通公司和 HIS Markit 咨询公司联合发布的《5G 经济：5G 技术将如何影响全球》报告，预计 2035 年，5G 将在全球创造价值约 12.3 万亿美元的商品和服务，新增 2200 万个就业岗位。另据中国信息通信研究院发布的《中国 5G 发展和经济社会影响白皮书》中所言，预计到 2030 年，5G 将带动中国直接经济产出 6.3 万亿元人民币。其次是用户的多元化需求。随着移动互联网的发展，用户更注重自身的体验质量，越来越多的应用形式，如高清、超高清赛事直播、VR/AR/MR、人工智能、云计算等不断涌现，致使移动互联网的流量急遽提升。另外，在共享单车、移动监控、无人驾驶等物联网应用中以及在高铁、地铁、体育场等高移动和高密度场景中，用户更希望获得高质量的服务体验，而 4G 网络的窄宽带已经无法满足当下用户的多元化发展需求。最后是网络运营的现实需求。当前 2G、3G、4G

---

[1] 2020 世界物联网大会：《中国 5G 用户占全球 85% 数量接近 2 亿》，https://baijiahao.baidu.com/s?id=1686655676530077307&wfr=spider&for=pc，2021 年 8 月 30 日。

等多网共存，这在无形之中增加了运营商的建设和维护成本，加上多网络之间操作复杂且降低了用户体验，因而亟须不断提高网络效能、不断降低网络成本，进而为不同的用户提供性能最佳的网络体验。

在此背景下，一种支持超大链接、超高宽带、超低时延、万物互联的第五代移动通信技术（5G，5th generation wireless systems）顺势而生。这个"势"体现在两个方面，具体如下，一方面是5G将改变社会，并将融入社会的各行各业。随着5G的快速普及和发展，通过"5G+"农业、医疗、工业、交通、环境、公共服务、政务、体育等，将会加速社会的数字化、网络化、智能化的发展，促进5G改变生产、生活以及城市治理等方面的进程。另一方面是全球化发展趋势。当今世界各国已然形成了相互联系、相互依存、休戚与共的发展格局，没有任何一个国家可以独自应对人类社会面临的巨大挑战，也没有任何一家公司或企业可以独自推动信息技术的发展、成熟和应用成功。而5G时代的来临，5G技术所具有的大宽带、低时延、广连接等优势将会在社会经济发展中发挥重要的作用，将会成为推动和引领社会发展的新引擎。

二　5G时代的内涵、本质及其特征阐述

（一）5G时代的内涵与本质

时代通俗来说是指历史上依据经济、政治、文化等状况来划分的社会各个发展阶段。[①] 现已逐渐演化为能够影响人的思想意识的所有客观环境，其并不是简单的与年代等同，同时也是指与人紧密相连的时空概念。而对于5G时代而言，从人类通信发展历程角度来看，我们经历了1G模拟通信时代、2G数字通信时代、3G数据通信时代和4G移动互联网时代，当下人类已迈入了5G时代。当下的5G时代并非仅仅指第五代移动通信技术，也不仅仅是通信行业的热词，其已经超越了单纯的移动通信的范畴，正成为引领科技创新、实现产业升级、发展数字经济、促进经济繁荣发展的新引擎以及改变社会的新基石。众所周知，4G时代的发展给人们的生活带来了诸多便利，实现了改变人们的生活方式，而5G时代的到来将会深刻改变我们的社会，无论是广度还是深度，都

[①] 陈至立：《辞海（第七版）》，上海辞书出版社2022年版，第2034页。

第二章 5G 时代的来临与网络情绪传播的内爆倾向

会比 4G 时代更全面、更系统、更深远。毋庸置疑,当今世界,以互联网和通信为代表的信息技术已经成为推动人类发展的动力基础。随着 5G 时代的来临,人类将开启第四次工业革命时代,在 5G 技术赋能下,人类社会正从信息时代跨入一个把移动互联、智能感应、大数据、云计算、人工智能整合起来的万物互联智能互联网时代。恰如学者项立刚教授在《5G 时代:什么是 5G,它将如何改变世界》一书中所言:"5G 时代,人类将进入一个把移动互联、智能感应、智能学习、大数据整合起来的智能互联网时代。在 5G 时代,移动互联的能力突破了传统宽带的限制,同时时延和大量终端的接入能力得到根本解决,从根本上突破了信息传输的能力,能够把智能感应、大数据和智能学习的能力充分发挥出来,并整合这些能力形成强大的服务体系。"[1]

与此同时,中国移动通信集团有限公司董事长杨杰也在《5G+:5G 如何改变社会》一书中的"序言"里指出,5G 将与大数据、云计算、人工智能等信息技术紧密协同,连接万物,聚合平台,赋能产业,在人类科技和社会发展中发挥出更大的作用,当前人类社会已经跨入智能时代。[2] 此外,学者孙松林在其著作《5G 时代:经济增长新引擎》中提出,5G 时代的来临,让人类通信实现了从语言文字到万物互联的信息传输方式的变革,为通信打开了一片新天地,为产业开启了一个新战场,为社会提供了一个新机会。[3] 此外,项立刚教授在其另外一本著作《5G 机会:5G 将带来哪些机会,如何把握》中将 5G 看作人类历史上第七次信息革命——智能互联网时代的重要基础,5G 时代实现了从传输时代向感应时代的转变。[4] 学者喻国明认为:"5G 时代的开启,将巨大而深刻地改变我们的生活和社会,推动一场全新的信息革命;而 5G 最大的现实改变就是实现从人与人之间的通信走向人与物、物与物之间

---

[1] 项立刚:《5G 时代:什么是 5G,它将如何改变世界》,中国人民大学出版社 2019 年版,第 94 页。

[2] 李正茂、王晓云、张同须等:《5G+:5G 如何改变社会》,中信出版集团 2019 年版,"序言"第 6 页。

[3] 孙松林:《5G 时代:经济增长新引擎》,中信出版集团 2019 年版,第 11—13 页。

[4] 项立刚:《5G 机会:5G 将带来哪些机会,如何把握》,中国人民大学出版社 2020 年版,第 8—9 页。

的通信，实现万物互联，极大地推动社会的变革与发展。"① 学者雷晓艳等认为："5G 具有超大带宽、超高传输速率、超低时延、支持大规模连接等特点，开启了沉浸式传播革命新时代。"② 学者姜圣瑜认为："4G 改变生活，5G 改变社会，5G 把我们带进了传播社会，在这里谁能获得成功，取决于谁能更好地传播，取得更好的传播效果。"③

借鉴以上学者的研究成果，本书将 5G 时代界定为：5G 时代是在 5G 技术赋能下，将物联网、大数据、云计算、边缘计算、人工智能、区块链等技术进行深度融合的万物互联、万物皆媒的数字化、网络化和智能化的互联网时代，即后"互联网+"时代。从本质上来看，5G 时代已超越了移动通信技术的范畴，已成为当前变革社会的重要推动力，是万物互联和万物皆媒的智能互联网传播新时代。其内涵主要表现在以下几个方面。（1）从空间层面看，在 5G 时代，人类生存的自然空间（土地、河流、空气等）、物理空间（建筑、房屋、道路、机器等）、社会空间（交通运行、城市管理、公共服务等）和经济空间（工厂、设备、商场、商品等）都将具有连接的能力，真正实现人与物、物与物之间的超时空连接。5G 时代将创造一个人机交互、智能引领的万物互联新时代。（2）从时间层面看，在 5G 时代，人们之间的沟通交流，信息之间的传播将更加快速、便捷和高效，万物互联响应的时间间隔将不断缩小。（3）从媒介环境看，在 5G 时代的 5G 技术赋能下，万物在智能感应下都可以成为传播的媒介，都可以向人们传递数据和信息，进而实现"物物都有麦克风，物物都是通讯社"的万物皆媒的传播新格局。（4）从社会变革层面看，在 5G 时代，5G 不仅仅是一项新一代的移动通信技术，更是影响人类进步和发展的重要推动力；在"5G+社会各行各业"的融合发展下，将会催生出智慧医疗、智慧交通、智慧城市、智慧工业、智慧教育、智慧体育等全新模式，其将全方位、深层次地影响和变革传统的人类生活方式、社会生产形式和社会治理模式，从而开启一个泛在智能的产业互联网新时代。

---

① 喻国明：《5G 时代传媒发展的机遇和要义》，《新闻与写作》2019 年第 3 期。
② 雷晓艳、胡建秋、程洁：《沉浸式传播：5G 时代体育赛事传播新范式》，《当代传播》2020 年第 6 期。
③ 姜圣瑜：《5G 时代新闻传播的新变化》，《当代传播》2020 年第 6 期。

第二章 5G时代的来临与网络情绪传播的内爆倾向

(二) 5G时代的特征

2019年被称为5G商用的元年，大众对于5G新技术投入了越来越多的关注，同时也使5G在这个过程中逐渐成为一颗璀璨的明星。在当今，无论是工业、农业还是能源产业，在经过网络化、信息化、人工智能、大数据、云计算等技术的洗礼后虽已焕然一新，但依然存在网络宽带不够用、时延不够低、连接终端数量有限、网络覆盖面不够广等方面的问题。不过，随着5G技术的到来，其凭借超宽带、低时延、低能耗、万物互联等优势将全面助力社会经济发展进入"快车道"。正如马克思在《资本论》中所言："生产力发展最终总是归结为发挥着作用的劳动的社会性质，归结为社会内部的分工，归结为脑力劳动特别是自然科学的发展。"[1] 无疑，5G在当今的社会经济中充当着实现资源高效分配的有力工具的角色，在生产力发展的三个方面中将发挥积极的促进作用，并将成为社会经济发展的新动能。

诚然，当前谈及5G的特征，首先给人的直观感受就是速度快。当然5G的功能不仅体现在更快的速度上，还体现在极短时延、泛在网络、低费功耗、网络切片和边缘计算等方面（如表2-1所示），[2] 这些能力让5G的应用场景更加宽广。根据国际电信联盟（ITU）的定义，目前，5G主要有三大应用场景：增强型移动宽带（eMBB，Enhance Mobile Broadband）、海量物联网通信（mMTC，Massive Machine Type Communication）和高可靠低时延通信（uRLLC, Ultra Reliable & Low Latency Communication）。[3] (1) 增强型移动宽带是指在现有移动宽带业务基础上，对用户体验等性能的进一步提升。5G网络可以为用户提供100Mbps体验速度和20Gbps的峰值速度（4G的上传速度一般为6Mbps，下载速度为50Mbps），主要面向高清直播（如体育赛事直/转播等）、高清视频、VR体验等大流量移动宽带业务。(2) 海量物联网通信是指大规模物联网提供低功耗、低成本，实现海

---

[1] [德] 马克思：《资本论》（第三卷），人民出版社2004年版，第96页。
[2] 许加彪、李亘：《5G技术特征、传播场景和媒介环境学审视》，《当代传播》2020年第4期。
[3] 翟尤、谢呼：《5G社会：从"见字如面"到"万物互联"》，电子工业出版社2019年版，第26—27页。

量连接机器类通信。这也是5G最主要的价值所在,其不仅突破了人与人之间的通信,使人与物、物与物之间的通信成为可能,未来将会实现万物互联。5G这一功能主要面向智慧城市、智慧交通、环境监测、智能农业、智慧新闻等以传感器和数据采集为目标的应用业务。
(3)高可靠低时延通信主要面向无人驾驶、工业机器人等需要高可靠低时延的连接服务。据官方给出的数据,uRLLC场景下端到端时延约为4G的1/5,可以达到1—10毫秒,[①] 能够为用户提供接近100%的业务可靠性保证。

可见,在5G技术赋能下,5G的应用场景涉及人们未来生活的方方面面,如居住、交通、工作、娱乐、教育、医疗等领域,尤其是在体育场、地铁、高铁、密集住宅区等需要网络全覆盖的场景。在5G技术助力下,诸如"5G+"自动驾驶、智能工厂、远程医疗、高清体育赛事直播、VR虚拟现实、智慧交通、智慧新闻等行业不断普及与发展,5G将在4G改变生活的基础上实现改变社会的愿望。

表2-1　　　　　　　　　　5G技术的特征

序号	特征	内容及应用领域
1	高倍速率	5G的下载速率约为1Gbps,是传统4G的20倍;4G的上传速率为6Mbps,而5G的上传速率为100Mbps;5G网络的高速率,将极大地拓展智能移动终端业务的空间
2	极短时延	4G网络的时延为20—80毫秒,5G网络的理论时延为1毫秒,一般介于1—10毫秒之间。5G网络的低时延,为无人驾驶、工业控制、体育赛事高清直播等应用场景带来新的憧憬
3	泛在网络	5G时代泛在网络覆盖的核心理念在于,以"宏微协同"的方式提升网络覆盖水平,以低成本的建设体系解除用户终端联网在时间、空间、地点上的限制
4	低费功耗	5G网络流量价格也许会低至1G流量1毛钱的"白菜价",5G技术采用的NB-IoT和eMTC两种技术手段来降低功耗。5G技术的低功耗特性可以达成延长设备使用时间、优化用户体验的双重目标

---

① 李正茂、王晓云、张同须等:《5G+:5G如何改变社会》,中信出版集团2019年版,第23页。

续表

序号	特征	内容及应用领域
5	网络切片	网络切片是一个按需求灵活构建的、提供一种或多种网络服务的端到端独立逻辑网络。5G时代的网络服务如同商家的会员卡一样，为不同客户提供分级服务
6	边缘计算	边缘计算作为一种新的部署方案，通过把小型数据中心或带有缓存、计算处理能力的节点部署在网络边缘，与移动设备、传感器和用户紧密相连，减少核心网络负载，降低数据传输时延。5G的边缘计算能够高效处理数据

三 从"万物互联"到"万物皆媒"：5G时代媒体融合发展的智能世界特色

在传统的媒体垄断市场时代，无论是报刊扩版还是广播电视扩频率，媒体的规模经济都得到了最大限度的发挥。然而，通信技术的升级引发了传媒生态变革，使大众的信息需求和渠道选择日趋多样化和个性化，导致传统媒体的产能逐渐过剩，从而促使其不断进行改革。从经济学的视角而言，传统媒体事实上已成为一种进入衰退期的产业。[1] 而产业经济学根据产业演进的趋势分析认为，衰退产业调整的途径有两个方面，一是流程再造，二是资源重组。[2] 这促使了媒体间的不断融合与发展。众所周知，媒体融合有来自政治、经济、文化等多方面的驱动因素，但作为移动通信技术的原生驱动力无疑起到重要的促进作用。从1G和2G助推的报刊所依赖的印刷技术和广播所依赖的声音传输技术，到3G助推的电视所依赖的图片和影像传输技术，再到4G助推的手机所依赖的移动互联技术，移动通信技术的迭代升级正在不断促使媒介的生态发生变革。尤其是随着5G时代的来临，5G技术凭借其具有的超高速率、超低时延、超广覆盖等优势，与大数据、物联网、云计算等高新技术不断融合，正在强力地推动一系列新兴媒介技术的不断普及，将开启"万物互联、万物皆媒"的智能引领新时代。在5G技术助推下，媒

---

[1] 唐俊：《万物皆媒：5G时代传媒应用与发展路径》，复旦大学出版社2021年版，第33页。

[2] 龚维敬：《垄断经济学》，上海人民出版社2007年版，第325页。

体融合发展势必会迎来新一轮的红利。

  首先,5G时代下的万物互联优势将会进一步提升媒体融合的广度。从3G时代传统报业和广播的不断衰退,到4G时代曾风光无限的电视业也逐渐陷入困境,移动通信技术作为媒介底层技术的地位得到不断巩固。进入4G时代后,媒体间"各自为政"的格局被移动互联技术发展所打破,媒体融合已是大势所趋。然而,4G时代下移动通信在进行传输超高清视频等数据体量、终端规模较大时,仍然存在清晰度和稳定性等方面的不足。5G时代的来临,在5G技术助推下,无论从带宽和速率,还是时延和能耗等方面,都全方位弥补了4G时代下诸多短板。正如美国媒介环境学家保罗·莱文森提出的补救性媒介那样,媒介的发展进化过程就是新媒介对旧媒介不断补救的过程。[①]由此可见,作为支撑媒介技术的移动通信技术也在不断迭代中进行补救。5G技术作为新一代移动通信技术凭借其具有的高速率、低时延、泛在网等优势,不仅能满足人与人之间的通信,还能满足人与物、物与物之间的通信,最终形成万物互联。这一方面会很大程度地突破超高清视频、VR/AR/MR等大体量文件的传输瓶颈,促成更多新兴应用场景的生成和应用,从而为媒体融合提供更多的渠道和形式;另一方面则会提升社会资源共享效率,打通媒体融合过程中"条块分割、有系无统"的局面,进而构建出"媒体+"的新兴业态组合,拓宽媒体融合的广度。

  其次,5G时代下的万物皆媒优势将会进一步提升媒体融合的深度。在5G技术与云计算、大数据、人工智能等高新技术不断融合所创设的万物互联的"大连接"中,信息内容的生产、存储和传输的渠道和方式得到了极大的丰富,进而表现出超强的泛在性,媒介已融入各种物体之中,从而使得无论是信息还是媒介都呈现出无处不在、无时不有的万物皆媒、万物皆屏的新气象。在5G技术助推下,互联网正从Web 2.0时代迈向Web 3.0时代,5G所采用的移动边缘技术将促使媒体向自主深度学习、处理各种复杂工作的智能媒体迈进,从而使得大众传播迈向

---

① [美]保罗·莱文森:《数字麦克卢汉——信息化新纪元指南》,何道宽译,社会科学文献出版社2001年版,第254—255页。

人人都有"麦克风",人人都是"通讯社"的万物皆媒的智能媒体传播时代。在5G时代,万物皆媒将打破传统移动终端的束缚,带来万物皆终端的变革,进而使我们可以随时随地利用身边的各种设备连接互联网并融入拟态环境之中。由此,各类智能穿戴设备、可折叠屏幕、VR/AR/MR头显等新兴终端将会被不断普及,这也将促使媒体系统和其他社会系统、产业系统的融合度不断加深。此外,在5G时代,媒体融合将在大数据算法和人工智能(AI)的指引下,在准确提供各种个性化需求产品和服务的方向上进行深度融合,进而实现从过去的"人找信息"转变为"信息找人"。例如,在5G技术助推下,视频点播系统与AI、大数据、人脸识别、语音识别相结合,而后根据大众以往的收视习惯创设出"千人千面"的新视频点播模式。这将会进一步促使媒体融合向智能化方向发展,潜移默化中也会助推媒体融合的深度。

第二节　网络情绪：互联网加持的社会情绪体验与表达

毋庸讳言,网络情绪是大众现实中产生的情绪经由微博、微信、微视等网络媒体途径聚集,伴随互联网的不断普及和发展而产生的一种个体抑或集体的情感反应。当前,移动互联网正以摧枯拉朽之势席卷整个人类社会的各个方面,并深刻改变着社会的传播形态。互联网的飞速发展不仅为大众表达和分享心中情感提供了便捷的通道,而且也让网络情绪成为洞察社情民意的"瞭望塔"。

一　互联网：确保个体间或群体间互动和传播的技术保障

现如今,互联网已全面渗透到社会的政治、经济、文化、体育等各个领域,并给人类社会的传播格局带来了新的变革。尤其是伴随着移动互联网的狂飙突进,网络世界的快速发展给我们创造了一个全新的"拟态空间"环境。所谓的"拟态空间"是随着大数据、云时代的到来,人们现实中的空间在网络虚拟空间中的延伸,是一种对人们的意识形态产生影响的象征化、拟态化空间。拟态空间最早由美国著名政治学家沃尔特·李普曼在其著作《公众舆论》中提出，认为拟态空间不是现实环境"镜子式"的摹写，不是"真"的客观环境，或多或少与现实环境存在偏离，同时拟态空间也并非与现实环境完全割裂，而是以现实环境为原始蓝本。① 此外，李普曼还提出，在大众传播较为发达的现代社会，人们的行为与三种意义上的"现实"发生着密切的联系：（1）实际存在着的不以人的意志为转移的"客观现实"；（2）传播媒介经过有选择地加工后提示的"象征性现实"（即拟态空间或拟态环境）；（3）存在于人们意识中的"关于外部世界的图像"，即"主观现实"。然而，人们的"主观现实"是在他们对客观现实的认识的基础上形成的，而这种认识在很大程度上需要经过媒体搭建的中介——"象征性现实"；经过这种中介后形成的"主观现实"，已经不可能是对客观现实"镜子式"的反映，而是产生了一定的偏移，成了一种"拟态"的现实。②

可见，互联网凭借其具有的开放性、自由性、实时性、匿名性、广阔性等特点，为大众创设了一个可以随心所欲地表达内心情感的拟态化环境。首先，互联网的低门槛、匿名性、包容性、把关缺失等特点使得网民可以不用瞻前顾后，尽情地在互联网创设的"后台"自由表达自己的话语，真实发表看法，宣泄心中的情绪和态度。毋庸置疑，互联网为大众情绪表达的呈现提供了一个独特的虚拟化"后台"，为大众情绪的进一步传播搭建了一个更宽广的"舞台"。其次，互联网传播的及时性和互动性特征为网络情绪的快速生成提供便捷的通道。由于网络传播的裂变式效应，使得大众所发表的网络情绪在短时间内就可能被世界知晓，如在 2020 年"孙某兴奋剂判罚事件"中，孙某的判罚结果一经网络公示，我国网民对于判罚结果的愤怒情绪很快就引爆整个网络，并蔓延至海外。一言以蔽之，互联网不仅为网络情绪的生成创设了有利的环境，而且为网络情绪的快速传播提供了便捷的渠道。

---

① ［美］沃尔特·李普曼：《公众舆论》，阎克文、江红译，上海世纪出版集团 2006 年版，第 20—21 页。
② 郭赫男：《我国大众传媒建构的"拟态环境"研究》，博士学位论文，四川大学，2006 年。

二　网络情绪传播：网民情感表达的较稳定的普遍情绪体验

互联网时代，网络已成为人们日常生活不可分割的重要组成部分。据中国互联网络信息中心（CNNIC）发布的《第48次中国互联网络发展状况统计报告》数据，截至2021年6月，我国网民规模达10.11亿，互联网普及率达71.6%，网络购物用户规模达8.12亿，在线政务服务用户规模达8.43亿。[①] 网民在互联网上通过微博、微信等新媒体平台沟通交流，在朋友圈使用幽默、讥讽、猎奇、搞笑、戏谑等网络语言，肆无忌惮地宣泄心中的情绪。法国思想家福柯在其著作《规训与惩罚》中提出，语言不仅是交流的工具，而且是行动和权力的工具，话语即权力。在互联网赋能下，网络语言赋予了大众公开表达情绪和态度的权力，让其在互联网创设的"拟态环境"中，尽情地释放他们在现实中的显性和隐性的情感。尤其是现实社会中的一些处于弱势的社会群体，他们利用网络所提供的匿名性、交互性和便捷性，在拟态化空间内由现实中的旁观者转变为参与者甚至是主导者，将心中压抑已久的说话欲望和情绪呈现出来。譬如，我们经常会看到部分网民把自己在现实中的不快发泄到网络空间。

可见，在互联网驱动下，网络情绪传播提高了大众现实社会情绪的"能见度"。众所周知，在传统媒体下，由于主流媒体掌握着信息的主导权，大众的情绪变化很大程度上会受到主流媒体的报道方式和报道主题的选择的影响，可以说大众情绪的表达不仅受到传统媒体的影响，而且表达形式也局限于现实的物理空间。而随着移动互联网的勃兴，其不仅赋予了大众极大的参与权和表达权，而且拓宽了大众现实情绪表达的空间。大众在互联网创设的"拟态狂欢"空间内，可以尽情地宣泄心中的情绪，释放内心隐藏的情感。尤其是伴随着数字媒体时代的不断革新，大众可以随时随地参与社会热点事件讨论，分享关于社会热点事件的态度和情绪，在各种网络媒体的助推下，大众的现实社会情绪的"能见度"将会大大提高。从当前的一些政务通微博平台可以看出，政府及相关管理部门在制定和出台相关政策时，也会从大众的网络情绪中洞察

[①] 《第48次中国互联网络发展状况统计报告》，2021年，中国互联网络信息中心。

其真实的态度和意愿,从而来促进相关制度和政策的完善。然而,需要警惕的是,网络情绪在提高社会情绪"能见度"的同时,也可能会放大社会矛盾,催生出一些极端情绪大肆传播现象,进而酿成社会公共安全事件。例如,一些网民为了"圈粉"和出名,利用极度夸张的语言来博取他人同情,有时甚至故意捏造事实,在网络上散布负能量,造成人们恐慌和对社会的不满。

三 网络情绪传播"内爆":网民情绪真假界限的模糊化

"内爆"一词最早由加拿大著名传播学家马歇尔·麦克卢汉在其著作《理解媒介:论人的延伸》的序言中提出:"凭借分解切割的、机械的技术,西方世界取得了三千年的爆炸性增长,现在它正在经历内爆(implosion)。在机械时代,我们完成了身体的空间延伸。今天,经过一个世纪的电力技术发展以后,我们的中枢神经系统又得到了延伸,以至于能拥抱全球。"[①] 由此可以看出,麦克卢汉对于"内爆"的定义旨在说明,机械时代与电力时代的交替导致了自然、社会和人三者之间的关系出现了根本性的变化。在"内爆"的环境下,一个最显著的特点便是时空概念的模糊化,首先,内爆是指与"身体的延伸"相对立的"意识的延伸",前者是机械时代的特征,后者是电力时代的特征;其次,内爆导致模拟时代的到来,因为电力时代媒介强大的制造和流播功能使整个社会被媒介的信息笼罩,这表明真实已经成为过去,对真实的模拟开始统治人们的意识。

而后,法国社会学家鲍德里亚借用麦克卢汉的内爆概念,把内爆与外爆对举嵌入他的历史视野,外爆与内爆相互替换,社会的内爆阻滞,外爆就发展。同样,社会的外爆被阻滞,内爆就发展。同时,他在著作《大众:媒介社会的内爆》中指出,随着媒体信息不断增加,意义正在变少,并认为媒介出现之后,人们生活中所体验到的现实都不是最真实的,而是由媒介构造出来的"超现实",这也是由媒介导致真实意义的

[①] [加]马歇尔·麦克卢汉:《理解媒介:论人的延伸》,何道宽译,译林出版社2019年版,第4页。

第二章 5G时代的来临与网络情绪传播的内爆倾向

"内爆"而来。① 可见，鲍德里亚将"内爆"的重心放在了进入模拟时代后，强调意义在媒体中的内爆和消失，媒介通过信息符号来建构虚拟社会和世界。他认为当今的"内爆"首先是真实与虚构之间界限的"内爆"，这即是意义的"内爆"。尤其是伴随着媒介时代的到来，人们通常是在信息中获取必要的意义，形成人们的经验知识和某种看法，而媒介在信息的传递过程中通过符号制造所谓的"真实"过程中不仅吞噬意义，而且在拼贴意义和制造意义。正如他在其另一本著作《拟仿物与仿像》中所言，在传播的过度泛滥中，信息削减了意义与社会性，在超现实的状态当中，连"媒介与真实都内爆了"②。媒介总是在自觉和不自觉中把非真实的事件呈现在大众面前，在不经意间媒介已经颠覆了真实，致使电子时代的真实与意义被逐渐瓦解，人们现已处在真实和虚拟之间的界限不断内爆之中。可见，鲍德里亚过多地强调了媒介技术的巨大威力及其对社会带来的负面影响，而对于媒介技术对社会发展积极性的一面关注较少。

随着移动互联网的迅猛发展，人类从电子时代迈入了网络时代，以微博、微信为代表的网络新媒体如雨后春笋般不断涌现。在新媒体媒介技术的助推下，人类传播也由人际传播发展为互联网群体传播。在互联网创设的"拟态空间"内，由于网络主体的身份是独立的、匿名的和非真实存在的，网络表达基本不受时间、内容、社会道德规范、人际关系等方面的限制和束缚，因此在网络创设的虚拟环境中，网络主体不仅在表达方式上更加多元化，而且具有高度的自由选择权和表达权，这为人们的情绪宣泄提供了便利的"舞台"，让人们现实中的情绪可以在此"舞台"上得以继续延伸，由此也促进了网络情绪的生成。在各种网络新媒体的助力下，网络情绪取得了裂变式地发展，如"莫某事件"一经网络公布，就引发了我国大众强烈的愤怒情绪，并在短时间内迅速蔓延至整个网络。由此看来，网络媒介是一个随时移动的虚拟"舞台"，参与网络情绪表达的个体都是其中的表演者，他们可能表露的是现实中

---

① ［法］让·鲍德里亚:《大众：媒介社会的内爆》，张云鹏译，商务印书馆2005年版，第72—73页。
② ［法］尚·布希亚:《拟仿物与仿像》，洪浚译，台湾时报文化出版公司1998年版，第161页。

真实的情绪，也可能是现实情绪的夸张化呈现，也可能是虚假的情绪。这使得网络情绪和现实情绪的界限在网络媒介的作用下变得越来越模糊，网络情绪传播也正在发生内爆，也就是鲍德里亚所提出的真实与虚拟之间界限的内爆。但同时，网络情绪传播作为洞察社情民意的重要窗口，对于推进社会发展和改革，促进和平与稳定也具有重要的作用。

因此，本书中的网络情绪传播"内爆"是指在网络媒介的作用下，网络情绪作为现实情绪在身体之外的进一步延伸，在网络所创设的拟态环境中，现实情绪与网络情绪之间已呈现出"你中有我、我中有你"的融合趋势，二者之间的界限也越来越难以分辨，网络情绪在给大众提供现实情绪宣泄替代方式和通道的同时，一方面会给大众减轻一定的现实压力，但另一方面，由于网络情绪与真实情绪的真假难辨，也会给社会的价值观引导带来影响。基于此，本书所涉及的网络情绪传播"内爆"不仅仅关注网络媒介（包括新媒体媒介）对于网络情绪传播的影响，而且关注网络媒介对于现实情绪传播和社会发展的影响。

四 体育热点事件：一个可导致网络情绪扩散的"导火线"

体育作为国家精神文明建设的重要支柱和文化软实力的重要表征，具有强身健体、人际交往、休闲娱乐、健康心理等诸多功能，对于国家的发展进程具有重要的促进作用。在现代媒介技术的助推下，体育又以其全球性、不确定性、超越性、娱乐性、视觉冲击性等独特魅力，成为人类跨越语言、种族、地域、文化的重要传播和交流方式。可见，媒介的快速变革勃兴了体育全球化的发展进程，从电视将现代奥林匹克运动拉入千家万户荧屏，到当今的各种网络体育赛事直播、网络体育新闻报道，人们已被各种体育热点事件"包围"。当前，随着移动互联网的迅猛发展，诸如奥运会、NBA、世界杯、ATP网球赛、羽毛球世锦赛等体育热点事件，在以微信、微博和微视为代表的网络新媒体的助力下，受到了世界人民的高度关注，并引发人们在网络虚拟空间借力体育热点事件进行情绪的表达与宣泄，有时甚至会造成线下的不理智情绪和冲动行为。由此，大众的网络情绪通过体育热点事件被触发，并在网络媒体的助推下，快速地传播和扩散。无疑，体育热点事件点燃了网络情绪传播的"引信"，当前已成为大众网络情绪传播的重要载体，同时也成为大众网络情绪传播的一个"导火线"。那么,为何体育热点事件能够引发大众网络情绪表达和传播,这与体育热点事件的自身特质是分不开的。

(一)体育热点事件的全球性和跨文化性为大众网络情绪表达提供了便利的载体

毋庸讳言,当今世界,无论是在政治、经济方面,还是在文化、体育方面,全球的一体化程度正在逐渐加强。在移动互联网的驱动下,以奥运会、世界杯为代表的体育热点事件已经渗透到全世界人民的心中,其已经超越了体育的内涵本身,出现了体育即传媒、体育即外交、体育即形象等承载力极为丰富的新变化。从社会学角度看,体育热点事件作为一种社会文化现象,在体育全球化的发展趋势下,受到了不同文化背景人的关注和喜爱。由此,体育热点事件本身就为大众建立起了一个跨文化的载体,让大众无须用更多的语言就能实现不同文化背景之间的交流与沟通。可见,体育热点事件凭借其全球性、跨文化性已成为一种新型传播媒介,通过体育热点事件可以有效促进人们之间的情感分享与交流。尤其是在当下移动互联网和网络新媒体狂飙突进的背景下,大众借力体育热点事件在网络上可以尽情地表达和分享心中的情绪,以体育热点事件这个全球化和跨文化的媒介载体,推动大众网络情绪地快速传播。

(二)体育热点事件的游戏性和娱乐性为网络情绪传播奠定深厚的网民基础

现代体育发轫于古代民间游戏和传统祭祀游戏,在传统媒介的报道和宣传下,尤其是在电视媒介的助推下,古代体育游戏被其拉入了现代体育的神话,进而让体育走进了千家万户的荧屏,最终让体育演变为一场大型的且富有娱乐性的体育表演,成了世界人民的狂欢节。在传播媒介的助力下,每一项体育成绩都能成为一条新闻,每一场比赛以及冠军的每一个动作都能成为媒体报道的事件,每一个体育明星的绯闻都能成为吸引大众眼球的焦点。由此,体育事件在媒体的宣传和报道下,得到了人们大量的曝光和追捧。在当前网络媒体多元化、数字化和智能化蓬勃发展的趋势下,体育热点事件对于网民的吸引力与日俱增。据2016年中国互联网体育用户洞察报告数据,截至2016年3月,主流互联网体育平台(腾讯体育、乐视体育、新浪体育、央视体育、PPTV体育)

的月度覆盖人数达 1.36 亿，其中观看体育比赛的网民占 29.6%；2014 年 6 月至 2016 年 5 月三大国际顶级赛事（NBA、欧冠、英超）的百度搜索指数不断上升。同时报告数据还显示，新媒体已成为网民参与赛事评论的主要渠道，其中利用微信、微博传播渠道占比 34.4%，观看赛事时实时弹幕评论占比 23.3%，线上赛事讨论占比 63.2%。[①] 由此可见，体育热点事件凭借其所具有的游戏性和娱乐性特点，吸引了广大网民积极参与到体育热点事件的讨论、评论中，通过互联网随时随地发表对体育事件所思所感，从而形成大众网络情绪狂欢的盛宴。

（三）体育热点事件的不确定性和未知性有利于激发大众网络情绪表达的热情

不可否认，体育热点事件源于体育，因而也具有体育一般的功能属性。而体育作为人民追求美好生活的重要组成部分，在人们的日常生活中一直承担着休闲娱乐、强身健体之角色，对有效促进社会文明发展具有重要的作用。今天，随着图像技术的胜利，体育以其独特的视觉化呈现方式与媒体（电视、互联网）的完美结合，为人类创造出一个个诸如奥运会和世界杯的体育盛宴，同时也塑造出一件件惊心动魄、充满争议和悬念的体育热点事件，引发人类无限的迷思和遐想，让大众沉浸在体育热点事件的海洋中。无疑，随着新媒体技术的不断革新，体育热点事件更是以摧枯拉朽之势充斥整个网络空间和社会空间，以至于形成一种我们完全被各种各样的体育热点事件所"包围"之势。当前，无论是一场充满悬念的体育比赛，还是一件充满争议的体育新闻，抑或是一个充满未知的体育游戏，其总是能激发大众参与和关注的热情。一方面，体育热点事件的不确定性和未知性容易唤醒人们心中的好奇心。从心理学的视角看，我们每个人心中都存在好奇的心理，有探索未知事物的欲望，由此，大众会产生去了解体育热点事件的兴趣，通过借力互联网和网络媒体，在其所创设的"拟态狂欢"空间内畅所欲言，进而激发大众网络情绪表达的狂欢心理。另一方面，由于当前我国社会正处于社会转型和经济转轨的重要时期，经济发展不平衡矛盾、分配不均衡矛盾、生活压力矛盾等社会现实矛盾

---

① 《2016 年中国互联网体育用户洞察报告》，2016 年，艾瑞咨询。

不断凸显，致使大众逐渐产生焦虑、抑郁、狂躁、愤怒等情绪。在当前社会的种种压力的推动下，大众会产生迫切需要释放心中情绪的冲动，而体育热点事件的不确定性和未知性正好为大众提供了发表见仁见智的观点和态度的机会，在网络匿名性的虚拟空间内，大众的这种现实情绪可以得到进一步的宣泄和延伸。

总体来看，体育热点事件之所以能够点燃网络情绪传播的"引信"，除了其自身具有的独特魅力，同样离不开媒介技术的支持，尤其是移动互联网所引发的新媒体平台的发展。此外，还离不开现实生活中的工作、学习等方面的诸多社会压力的驱动。但值得警惕的是，由体育热点事件所引发的网络情绪表达和传播在网络时代舆论形成过程中扮演着重要的角色，其对于网络舆论的形成、事件的发展走势、运动员形象认知等方面都有着重要的影响，尤其是负面体育热点事件，由于其形态的反常性和后果的严重性更能使人们在关注和议论中调动情绪并使负面情绪相互感染，进而增加体育网络舆情风险出现的概率。

第三节　技术许可与社会需求：5G 时代体育网络情绪可监控的时代红利

随着 5G 的迅猛发展和普及，无论是一般民众还是社会精英，都不约而同地步入了 5G 时代。5G 技术是最新一代蜂窝移动通信技术，也是继 4G 系统之后的延伸。喻国明教授认为 5G 不是一项"弯道超车"的技术，而是一项"换道行驶"的技术。[1] 项立刚教授进一步指出 5G 不仅是一项移动通信技术，更是一支影响人类进步和社会发展的重要力量。[2] 随着 5G 的商用，人类将进入一个把移动互联、智能感应、大数

---

[1]　喻国明：《5G 时代的传播发展：拐点、挑战、机遇与使命》，《传媒观察》2019 年第 7 期。

[2]　项立刚：《5G 时代：什么是 5G，它将如何改变世界》，中国人民大学出版社 2019 年版，第 3 页。

据、智能学习整合起来的智能互联网时代。① 在5G时代，由于移动互联的能力突破了传统宽带的限制，同时时延问题和大量终端接入能力得到根本解决，智能感应、大数据和智能学习的能力将充分发挥，并整合成强大的体系。② 这个体系不仅会引发媒介技术的巨大变革，而且将会开启"万物互联、万物皆媒"的智能互动传播新时代。毋庸置疑，5G技术已经成为重构媒介生态的重要力量，也将会重新构建"泛媒介化"的传播新格局。在5G技术赋能下的这种全新媒介生态环境中，全媒体传播势必会迎来新的契机，体育网络情绪传播也将获得新的动能。然而，在5G技术赋能的全媒体平台助推下，体育网络情绪发生也更加猝然，传播也更加快速，影响也更加广泛，尤其是负面的、消极的体育网络情绪极容易发生极化传播现象，进而催生出网络危机，给运动员形象、国家体育改革和治理造成干扰。由此，在5G时代，利用5G监控体育网络情绪传播、促进体育热点事件健康发展已是社会的迫切需求和时代的使命所在。

一 5G赋能：实施"四全"媒体传播工程的重要契机

2019年1月15日，习近平总书记在主持中共中央政治局第十二次集体学习时，提出了"四全媒体"（全程媒体、全系媒体、全员媒体和全效媒体）的概念。③ 在4G时代，"四全媒体"已基本成形，而伴随着5G技术的迅猛发展，5G凭借其超高速率、超低延时、万物互联等优势，正在成为改变社会的一项革命性技术，其影响已经超越了技术本身，5G将真正开启万物互联和智能化的新时代，全面助力智能传播的形成，支撑传播媒介的智慧发展，进而将为全媒体传播提供强力的技术支持，从而促进全媒体传播工程的高质量发展。

（一）全媒体传播媒介呈现多元化、智能化的趋势

在5G技术赋能下，全媒体传播媒介发生了巨大的变化。首先，全

---

① 许加彪、李亘：《5G技术特征、传播场景和媒介环境学审视》，《当代传播》2020年第4期。
② 曹素贞、张金桐：《5G技术赋能：媒介生态变迁与传播图景重塑》，《当代传播》2020年第2期。
③ 《习近平主持中共中央政治局第十二次集体学习并发表重要讲话》，新华社，2019年1月25日，http://www.gov.cn/xinwen/2019-01/25/content_5361197.htm。

第二章　5G 时代的来临与网络情绪传播的内爆倾向

媒体传播媒介呈现出多样化的格局。5G 时代，移动通信技术会突破人与人的连接，将构建出一个人与物、物与物的人机交互、智能引领的万物互联新时代。在 5G 技术赋能下，将带来万物皆是全媒体媒介终端的变革，进而我们可以随时随地利用各种设备作为互联网的接口，融入拟态世界中。尤其是手机终端本身的媒介形态也会发生变化，在 5G 赋能的多维感知的物联网助力下，其凭借强大的计算能力可以依据每个人的需求和爱好对信息进行精准推送，信息流也从用户主动搜索变为 AI 智能推送，用户的习惯会被逐渐培养为被动式接受信息的方式。由此，手机端上的 App 数量将会大幅减少。

其次，全媒体媒介信息流呈现出全程丰富化的特征。在 5G 技术赋能下，全媒体媒介上的视频呈现方式将从单向传输转变为双向互动。如智能终端会根据捕捉人眼的视觉角度等信息数据，自动改善视频的呈现效果。同时，5G 网络环境下，传感器的数量将会呈现出大幅度增加的趋势，数据的收集量也将呈几何级指数增长，数据的颗粒化程度也将更加精细化。例如在 2018 年世界杯期间，新华社短视频智能生产平台"媒体大脑·MAGIC"自动生成短视频 37581 条，平均每条视频新闻的生产过程仅耗时 50.7 秒，最快的一条新闻仅耗时 6 秒钟。[1]

最后，全媒体媒介的智能感和沉浸感不断增强。当前虽然我们每天都被各种信息和全媒体媒介包围，但却很难体会到身临其境的现场感受；然而，在 5G 技术赋能下，5G 技术和社交媒体、大数据、传感器等技术不断融合，为 VR/AR/MR，360 度全息高清影像视频直播，数据动态新闻等提供了流畅的体验，让全媒体产品可以实现视觉、听觉、触觉等感觉的综合虚拟感知，建构立体、真实、多维的超现实场景，从而实现更加自然的人机交互体验，不断增强人们的媒介沉浸感。此外，在 5G 技术赋能下，视频产品，尤其是短视频将会成为全媒体传播媒介行业竞争的重要领域。据《2023 中国网络视听发展研究报告》数据，截至 2022 年 12 月，我国网络视听用户规模达 10.40 亿，网民使用率高达 97.4%，其中短视频用户规模达 10.12 亿，占网民整体的 94.8%。[2] 短

---

[1] 翟尤、谢呼：《5G 社会：从"见字如面"到"万物互联"》，电子工业出版社 2019 年版，第 174—175 页。

[2] 《2023 中国网络视听发展研究报告》，2023 年，中国网络视听节目服务协会。

视频以其具有的信息密度高、低成本、传播速度快等特点，有效地满足了大众用户高度碎片化、个性化的观看需求。

（二）全媒体传播媒介呈现出"万物互联"的发展格局

毋庸置疑，通信技术的发展对传播媒介的变革具有重要推动作用。在 5G 技术赋能下，媒介的定义将会被重新改写。著名传播学家麦克卢汉曾将媒介定义为"人的延伸"，而 5G 技术所具有的更高速率、更低时延和更大用户连接能力，不仅能够满足人与人之间的通信，还能满足人与物、物与物之间的通信，将开启万物互联、人机交互、智能引领的传播新时代。由此看来，在 5G 技术赋能下，全媒体传播媒介的疆域将从人与人、人与世界的互联上升到生理级和心理级的万物互联，从而也将促使全媒体传播结构、要素、场景、形态等方面发生颠覆性的变化。

从传播关系来看，5G 作为内生变量改变社会关系，促使全媒体社交化由"人际交互"向"人机交互"转变。当前，5G 技术主要应用在 3D 超高清视频等大流量增强移动宽带业务、大规模物联网业务以及无人驾驶、工业自动化等需要低时延高可靠连接业务三大场景。[①] 5G 技术助推了大数据、物联网、区块链、人工智能的快速发展，为人们提供了无处不在的连接，促使连接对象不仅仅连接人与人、人与信息，而且连接人与物、物与物、机器与机器，进而使得全媒体传播呈现出"万物互联""人机深度交互"的新格局。从传播内容来看，5G 拓展了网络数字内容新空间，实现了全媒体传播内容的云端连接。5G 技术的发展极大地推动云端功能的发挥，越来越多的数据操作和信息存储、处理都可以放置云端，从而让用户能够通过较低成本的客户端与处于云端的功能强大的软、硬件及其庞大的数据资源随时互动连接。在 5G 技术驱动下，越来越多的符合受众需求的高清视频、全景直播、VR（虚拟现实）、AR（现实增强）、MR（混合现实）等可以通过数字终端实现与云端数据的智能连接，极大地促进了全媒体用户的沉浸式体验。从传播媒介形态来看，5G 催生出全媒体"万物皆媒"的新时代。5G 为"万物互联"提供了重要的技术支撑，在 5G 时代下，万物均可以被数据

---

① 项立刚：《5G 时代：什么是 5G，它将如何改变世界》，中国人民大学出版社 2019 年版，第 11 页。

化、监测化,传统的全媒体以人为主导的媒介生态将会逐渐迈向"万物皆媒"的新常态。从传播的场景来看,在 5G 技术赋能下,全媒体传播的场景也将呈现出时间场景和空间场景更加均衡,静态场景和动态场景多维扩张,虚拟场景和现实场景交互融合等新的特征。[①]

一言以蔽之,5G 技术凭借其所具有的高倍速率、极短时延、泛在网络、低费功耗等方面的特征,使全媒体传播媒介逐渐走向智能化传播、视觉化传播、场景化传播和沉浸式传播的新形态,深刻改变着社会构型和媒介生态,致使全媒体传播媒介越来越社会化,社会也越来越媒介化,进而催生出"万物皆媒、万物互联"的全媒体传播新格局。

二 舆情监控:5G 时代体育网络情绪预警的社会需求

从辩证唯物主义视角来看,凡事都有两面性。随着 5G 技术在体育传播领域的广泛应用,我们同样感受到了其带来的双重体验。当我们欢呼人类社会借力 5G 技术赋能昂首进入智能互联网传播时代的时候,当我们尽情地享受 5G 技术赋能下的互联网和新媒体为大众体育网络情绪传播带来的前所未有的便捷渠道和平台的时候,我们也许会突然发现,5G 时代下的体育网络情绪传播的不确定性陡然增多,各种因体育网络情绪信息公开而导致的信任危机越来越严重,各种因批判性的体育网络情绪而催生的社会矛盾、社会冲突越来越频繁,各种因负面体育网络情绪传播而产生的网络危机越来越多。可见,在 5G 技术赋能下,体育热点事件中网络情绪传播虽然可以为大众释放心中压力、提升体育话语权等方面提供新的通道,但同时也会因体育网络情绪极化传播而产生一系列危机效应,进而酿成公共体育危机事件,影响社会的和谐。由此,在"变化"成为不变定律的今天,利用 5G 来监控体育网络情绪传播已成为当下时代发展的题中之义。那么在当下体育网络情绪传播究竟会带来哪些危机效应,我们亟须对其进行分析和审视。

(一) 体育网络情绪传播的危机:一个媒介技术逻辑催生下的网络危机传播新样态

[①] 许加彪、李亘:《5G 技术特征、传播场景和媒介环境学审视》,《当代传播》2020 年第 4 期。

1. 网络危机传播解析

从人类社会的历史发展进程来看，人类社会是一个充满危机和威胁的社会。自20世纪80年代德国社会学家乌尔里奇·贝克（Ulrich Beck）提出风险社会理论以来，这一理论不断深入人心，他在风险社会理论中指出，现代工业社会的技术经济发展逻辑与现代性的后果不仅带来了诸多人为灾难与社会不平等，同时更衍生出大量难以预测但却影响深远的未知风险，并且这种风险已经渗透到人类生活、社会政策、社会结构等各个环节。① 与此同时，随着信息技术和新媒体的快速发展，尤其是在5G技术赋能下，以微信、微博为代表的网络新媒体以个性化、裂变式的信息传播特征将情绪表达场所推向了全民狂欢的境地，而伴随而来的是乌尔里奇·贝克所言的"越来越多的破坏力被释放出来"。② 5G技术赋能下的新媒体在展现高效、便捷、强大的情绪传播能力的同时，也促进了大量危机事件的快速、广泛地传播。危机传播常态化已成为当前社会发展的重要表征，这种危机传播不仅仅体现在现实社会危机上，而且体现在网络危机传播上。

那么，何为"网络危机传播"？美国传播学者凯瑟琳·弗恩-班克斯在其著作《危机传播——基于经典案例的观点》中将"危机传播"定义为："是指在危机事件的发生前期、过程中期和事态后期，实现组织和其受众之间的沟通对话。"③ 我国学者陈虹认为："危机传播是在社会环境、文化心理等外在和内在因素相互作用下的研究领域。同时认为危机一旦发生，会快速引发集体共鸣，通过不同途径、手段，形成公共话语讨论空间。"④ 此外，学者史安斌认为"危机传播"是指危机发生前后及其发生过程中在政府部门、媒体、公众之间所进行的信息交流过程。⑤ 还有学者从传播的本义视角认为："危机传播实际上是一种特殊的传播形式，涉及大众传播、群体传播、组织传播等各

---

① 何双秋、魏晨：《媒体在风险社会中的社会功能》，《传媒观察》2007年第6期。
② [德]乌尔里奇·贝克：《风险社会》，何博闻译，译林出版社2004年版，第17页。
③ [美]凯瑟琳·弗恩-班克斯：《危机传播——基于经典案例的观点》，陈虹等译，复旦大学出版社2013年版，第2页。
④ 陈虹：《颠覆与重构：危机传播新论》，国家图书馆出版社2019年版，第7页。
⑤ 史安斌：《危机传播与新闻发布》，南方日报出版社2004年版，第6页。

第二章 5G 时代的来临与网络情绪传播的内爆倾向

种传播形态。"[①]

基于此,不同学者对"危机传播"的定义进行了差异化的解读,但当前对"危机传播"定义引用较多的观点是:"认为危机传播是指针对社会的危机现象和事件,如何利用大众传媒及其他手段对社会加以有效控制的信息传播活动。"[②] 与此同时,随着 5G 技术助推下的互联网技术迅猛发展,其不仅为危机事件和信息传播提供了一个良好的平台,同时也吸引了无数大众参与危机事件的互动、交流与传播,进而产生了网络危机传播。由此,我们不难发现,"网络危机传播"是伴随着互联网的出现而逐渐产生的一个概念。因此,"网络危机传播"作为危机传播的一种特殊表现形式,既有危机传播的共同之处,也有其独特的特征。学者任福兵在其著作《网络社会危机传播原理》中将"网络危机传播"界定为:"是在网络环境下,参与者在系统动力的推动下采用一定的方式进行信息传播的过程。"[③] 学者石颖在其硕士学位论文《对网络危机传播的基本思考》中将"网络危机传播"定义为:"指的是利用网络媒介对危机事件进行控制的传播活动和采用的传播方法。"[④] 还有学者认为"网络危机传播"是网络媒体对危机事件进行的信息传播活动,主要有通过主流媒体网站对危机事件进行网络报道和评论,以及通过网络论坛、贴吧、博客、QQ 等自媒体对危机事件发布信息、意见和态度两种形式。[⑤] 此外,学者认为"网络危机传播"具有加大危机发生的可能性,扩大危机的规模,减少危机反应的时间,使危机的破坏性大大增强四种特征。[⑥] 因此,借鉴以上学者的认知,本书将"网络危机传播"界定为,以现代网络为平台,各参与主体在危机事件的演化周期中,采用一定方式进行信息沟通、传播的过程,具有快速性、动态性、分离性和

[①] 来向武、王朋进:《缘起、概念、对象:危机传播几个基本问题的辨析》,《国际新闻界》2013 年第 3 期。
[②] 廖为建、李莉:《美国现代危机传播研究及其借鉴意义》,《广州大学学报(社会科学版)》2004 年第 8 期。
[③] 任福兵:《网络社会危机传播原理》,华东理工大学出版社 2017 年版,第 3 页。
[④] 石颖:《对网络危机传播的基本思考》,硕士学位论文,吉林大学,2007 年。
[⑤] 崔砾尹:《网络危机传播的模式及应对机制研究》,硕士学位论文,山西大学,2012 年。
[⑥] 王艳群:《网络危机传播研究》,硕士学位论文,华中师范大学,2015 年。

复杂性等特征,是一个在社会环境、文化心理等外在和内在因素相互作用下而形成的研究领域。

2. 体育网络情绪传播危机的实质

随着 5G 时代的到来,在 5G 技术助推下,网络社会巨大的信息旋涡将越来越多的"现实人"不断演化为网络拟态空间中的"虚拟人",同时其凭借强大的视觉冲击、身临其境般的场景体验,吸引无数大众沉浸其中。5G 技术赋能下的移动互联网,不仅赋予了每个受众自由表达、分享和传播体育网络情绪的权利,而且为大众体育网络情绪传播提供了一个现实社会难以企及的互动交流平台。在 5G 技术助推下,这一平台逐渐发展成为重要的体育网络舆论场。依托 5G 技术助推的网络新媒体,体育网络情绪传播不断从边缘步入中心,现已成为影响当下体育热点事件发展的"风向标"和"晴雨表"。与此同时,当前体育热点事件正处于频发阶段,一些负面的、不理智的、极端的体育网络情绪表达也在网络中不断出现,诸如网络"大V"利用自身影响力借力体育热点事件传播负能量,网络"水军"肆意发布网络谣言,等等,进而造成了网络体育危机事件大量涌现,给社会的发展带来诸多不良影响。

那么,体育热点事件中网络情绪传播为何能够引发舆论狂潮,造成大量网络体育危机事件不断产生?换言之,体育网络情绪传播危机究竟是如何产生的?其本质上又是什么?除了体育热点事件本身所具有的大众性、跨地域性、交流性、娱乐性等优势和影响力,媒介技术的推动无疑是体育热点事件中网络情绪传播危机得以快速产生和蔓延的重要因素。从体育网络情绪传播危机的实质上看,其产生和发展实则是一个媒介技术逻辑催生下的网络危机传播新样态。所谓"媒介技术",也称传播技术,指的是人类驾驭信息传播、不断提高信息的生产与传播效率所采用的工具、手段、知识和操作技艺的总称。[①] 毋庸讳言,体育网络情绪传播危机作为互联网时代背景下网络危机传播的重要表现形式,不仅具有网络危机传播的裂变性、广泛性、危害性等共性特征,同时还具有易感染性、冲动性、民族性等个性特征,但其主要是以网络平台为载体,通过网络新媒体等传播渠道不断聚集和生成的。因此,自然要受到

---

① 郭庆光:《传播学教程》,中国人民大学出版社 2011 年版,第 116 页。

第二章　5G 时代的来临与网络情绪传播的内爆倾向

网络技术的影响。在 5G 技术助推下，Web 2.0 时代不断向 Web 3.0 时代迈进，网络技术的裂变式发展不仅引发了媒介格局的巨大变革，也对公众的体育网络情绪传播危机的形成和发展产生了重要影响。

首先，网络技术的发展为公众体育网络情绪传播危机的产生提供了便利的平台。近年来，在 5G 技术助力下，互联网技术与大数据、云计算、物联网、人工智能等新技术不断融合，极大地助推了互联网技术的迭代升级。当前，以互联网为主的新媒介成了体育网络情绪传播危机形成的主要平台。以微博、微信等为代表的网络新媒体媒介，依托强大的互联网平台及自身所具有的便捷性、高效性、互动性等传播优势正在逐步瓦解传统的信息传播模式，现已成为体育热点事件传播危机产生的重要载体。在互联网和社交媒体的推动下，人们的沟通交流越来越多地从线下交流转移到网络在线沟通，这也进一步增加了体育网络情绪传播危机的爆发频率，同时也导致了网络体育危机事件频繁发生的局面。例如，2020 年"张某家暴事件"、2020 年"孙某兴奋剂判罚事件"等，在网民负面的、极端化的体育网络情绪助推下，现实的体育热点事件不断演化为网络体育危机事件，并对运动员、国家体育形象造成了一定的影响。由此可见，网络技术推动了网络新媒体媒介的革新，为网民的体育网络情绪传播危机的形成提供了便利的渠道。

其次，网络传播的匿名性为体育网络情绪传播危机的形成提供了助推力。社会心理学表明，匿名性会使人们的自我意识和群体意识增强，更容易对情境线索做出回应，无论线索是消极的还是积极的。[1] 网络传播的匿名性不仅可以使网民摆脱社会角色关系和社会规范的束缚，尽情地表达自己心中的体育网络情绪，而且可以为网民提供一种"窥视"体育热点事件的独特视角，使其沉迷于"旁观者"的安稳之中，而又不必身陷该事件的纠纷。同时，在网络传播匿名性的推动下，网民围绕体育热点事件容易在短时间内形成一个匿名群体。在这个群体内，网民对于体育热点事件的情绪表达极易受到群体内部其他成员的感染，进而产生"沉默的螺旋效应"，致使网民对于该事件的体育网络情绪表达呈

---

[1] [美]戴维·迈尔斯：《社会心理学》，侯玉波、乐国安、张智勇等译，人民邮电出版社 2016 年版，第 277 页。

现出同质化的倾向,进而促进体育网络情绪传播危机的产生。如在2020年"孙某兴奋剂判罚事件"中,当"孙某兴奋剂"判罚结果经网络公示后,中国游泳协会第一时间做出回应:支持孙某维护合法权益,使得网民的爱国情绪被点燃并迅速形成支持孙某的正面体育网络情绪倾向。新浪微博热搜榜单在2020年2月29日显示,仅"中国泳协回应孙某被禁赛"这一话题的参与讨论人数就高达9万并有7.3亿次的阅读量,而且95%以上的评论都表现出支持孙某的立场和态度。但与此同时,在网民爱国情绪的推动下,网民对于判罚结果的不满情绪得到了进一步的强化,进而造成在网络上出现谩骂、讥讽等极端体育网络情绪快速蔓延的趋势,倘若不及时加以控制,极有可能形成网络危机事件,给社会公共安全带来干扰。

(二)体育热点事件中网络情绪传播的危机效应

唯物辩证法认为,事物都处于变化发展中,要求人们用发展的观点看问题,做到与时俱进。当前,伴随着5G时代的到来,我们总是沉浸在5G技术所带来的体育网络情绪"拟态狂欢"中,而对于其带来的危机却关注甚少。从历史的演化进程来看,几乎每一次技术的重大突破或进步都会带来与传统意识形态和文化道德等之间的矛盾和冲突,进而引发人们关于新技术赋能物所带来的机遇与危害的双重反思。恰如学者陈虹所言:"尽管无法精准判断未来会怎样,但是我们必须居安思危。"[1] 当前,5G技术不仅引发了传播格局的巨大变革,而且催生出了诸多体育网络危机事件。现阶段,在5G技术赋能下,体育网络情绪传播几乎渗透到大众生活的方方面面,其传播所带来的危机效应不仅会对体育热点事件的发展造成影响,而且会给政府和体育相关职能部门处理体育危机带来阻碍。不过,倘若我们能够趋利避害,对体育网络情绪传播所产生的危机效应做到扬长避短,化"危"为"机",充分发挥其传播带来的"机"效应(即正面效应),减少其传播带来的"危"效应(即负面效应)方可达到事半功倍之功效。由此,在这样一个危机四伏的时代,我们亟须对体育网络情绪传播的危机效应进行双重剖析,以期为引导体育网络情绪健康发展,为政府高效处理体育网络舆情提供镜鉴。

---

[1] 陈虹:《颠覆与重构:危机传播新论》,国家图书馆出版社2019年版,第1页。

1. 体育网络情绪传播的"机"效应

5G 技术的快速普及和发展，有力地推动了移动互联网应用技术的迭代升级，进而促使越来越多的公众参与到体育热点事件的讨论之中。在网络新媒体的助力下，大众的体育网络情绪表达和传播逐渐形成强大的网络体育舆论风潮，对体育热点事件的发展甚至国家体育改革进程都会产生重大的影响。纵观近几年发生的体育危机事件，体育网络情绪传播对于体育危机事件发展走向的影响日趋明显。如果能充分发挥体育网络情绪传播的正面效应，不仅可以有效提升体育危机事件的管理效能，而且可以唤醒大众爱国的媒介记忆，帮助大众树立正确的体育传播观和价值观，同时还可以进一步提升公民的体育话语权，进而促进国家体育改革与治理的长效发展。

（1）有利于提高体育危机管理的效能

随着体育强国战略的不断深入推进，我国体育事业取得了蓬勃发展，全民健身得到进一步推广和普及，奥运竞技赛场取得的成绩十分优异，中国体育的世界影响力日趋提高。在此背景下，催生出了一大批诸如刘翔、姚明、李娜、苏炳添、林丹等知名体育明星，同时也诞生了一系列类似于北京奥运会、西安全运会、中国乒乓球协会改革等体育热点事件。然而，无论是在体育明星的比赛、训练、生活中，还是在国家体育深化改革中，体育危机事件时有发生，如 2016 年"林某出轨事件"，2017 年"刘某事件"，2019 年"莫某事件"，2020 年"孙某兴奋剂判罚事件"，2021"东京奥运会中肖某遭误判摘银事件"，等等。尤其是在 5G 技术赋能下的智能媒体时代，信息传播速度之快、传播渠道之多，无疑给体育危机事件提供了便捷的扩散平台。在 5G 技术助推下，体育危机事件通过网络新媒体可以第一时间呈现在大众面前，同时也可以让大众第一时间去表达心中的意见、态度和情绪，并且可以在极短时间内掀起舆论狂潮。5G 时代的来临，不仅引发了传播格局的变革，同时也对我国体育的舆论生态产生深刻的影响。在 5G 技术赋能下，体育网络情绪传播更加快速和便利，在一定程度上会提高体育危机事件管理的效能。

首先，5G 技术赋能下的体育网络情绪传播可以使体育危机信息快速传达给受众，提高体育危机预防和控制的效率。相较于传统媒体，

5G 技术赋能下的新媒体传播速度更快、传播范围更广、传播时延更低。依托于 5G 技术的超大带宽、超低时延、万物互联等优势，大众的体育网络情绪传播可以及时有效地反映出对体育危机事件的态度，进而让体育危机处理主体可以实时关注到事件的发展焦点所在，从而及时采取相应的预防和应对措施，如将体育危机中的权威信息、正面信息及时传达给受众，促使大众积极参与到体育危机事件的管理中，从而可以有效地降低体育危机的负面作用。在体育危机处理中，速度可谓是危机处理主体有效控制危机的主要竞争力，所有的体育危机处理主体都希望第一时间获得体育危机发展的相关信息，并能够在第一时间采取应对方案来治理体育危机，进而最大限度地减少体育危机所造成的危害。5G 技术助推下体育网络情绪传播，除了具有对体育危机事件的快速反应优势之外，其情绪传播的广度和深度也是现实情绪无法比拟的。对于现实中的情绪传播而言，囿于客观的时空条件很难在体育危机发生的第一时间做出回应，而对于技术赋权下的体育网络情绪传播来说，尤其是在 5G 技术赋能的智能媒体助力下，体育网络情绪传播几乎可以对体育危机发展做出实时互动和反馈。通过对大众体育网络情绪的把握和反馈，体育危机处理主体可以及时调整向受众传播体育危机的内容，从而降低体育危机引发的社会舆论对事件造成的影响。

其次，5G 技术赋能下的体育网络情绪传播能够降低体育危机管理的成本，有效提高体育危机处理效率。近年来，伴随着我国体育事业深化改革进程的不断推进，体育危机事件时常发生，如兴奋剂违规事件、体育明星出轨事件、球场暴力事件、体育课猝死事件、广场舞纠纷事件等。这无论是对国家、社会组织，还是企业、公司、个人处理体育危机都造成了一定的困扰。加之当前体育网络移动化的狂飙突进，体育危机的突发性、不确定性不断增加，进一步提升了体育危机管理的难度。与此同时，伴随着移动互联网出现的体育网络情绪作为洞察社情民意的有效窗口和社会控制的基本手段之一，为体育危机的有效管理提供了新的途径。尤其是随着 5G 时代的来临，一方面，5G 技术凭借其与大数据、物联网、云计算技术的不断融合，可以利用深度算法技术，对网络体育舆论传播主体的兴趣、爱好、行为等方面的内容进行智能搜索、筛选和分析，进而建立以大数据为支撑的体育网络情绪演化监测模型。通过这一模型可以极大地提高体育网络情绪监测和内容监管的可靠性，从而有效提升国家对体育网络情绪传播的监管效率，进而有效降低体育危机管理的成本。另一方面，在 5G 技术赋能的网络智媒体推动下，可以将正面的、积极的体育网络情绪及时传达给大众，从而可以广泛动员公众的力量在体育危机中展开自救和互助，进而达到有效降低体育危机管理的人力、物力和财力方面的成本。譬如，针对现阶段在大型体育场馆中观看足球比赛而频发的球迷冲突事件，国家、体育社会组织等体育危机管理主体，可以借力 5G 技术赋能下的智能媒体平台，通过微信、微博、微视、抖音、快手、QQ 等多种播放渠道，多场景地向大众宣传体育危机发生时的自救和互助知识，向社会大众宣传正面体育网络情绪，以此来减少或降低由球迷冲突而引发的火灾抑或脚踏事件的危害程度，从而助力国家、体育相关职能部门减少体育危机管理的成本。

（2）有利于唤醒大众心中爱国的媒介记忆

从传播学的视角来看，媒介作为一种视觉化传播手段，连接着传播者和受传者，推动着我们用"不一样的眼睛"去观察和审视现实社会，同时也作为一种物质实体支撑着人类记忆的每一帧。随着媒介时代的到来，媒介不仅全面渗透到我们的生活、工作和学习中，而且成了我们每个人心中体育记忆必备的载体和容器，并且仍然在不断拓展我们对于体育记忆的时空景观。当前，我们每个人心中对于体育的记忆仍然被不断更新的技术媒介包裹着，从语言、文字纸质媒介关于体育的记载，到广播、电视电子媒介对于体育的宣传和报道，再到移动互联网新媒体媒介对于体育的解构与重构，媒介作为讯息载体使得我们的视觉器官不断延伸，让我们每个人心中都留下了难忘的体育媒介记忆。而所谓的"媒介记忆"是指通过对日常信息的采集、理解、编辑、储存、提取和传播，形成一种以媒介为主导的人类一切记忆的平台和核心，并以此影响人类的个体记忆、集体记忆和社会回忆。[①] 换言之，媒介记忆能够将个体记忆、社会记忆和集体记忆进行有效连接和整合，还能够将历史记忆、新

---

① 邵鹏：《媒介记忆理论——人类一切记忆研究的核心与纽带》，浙江大学出版社 2016 年版，第 4 页。

闻记忆和艺术记忆进行综合再现和还原,因而成为连接、沟通人类一切记忆的纽带、桥梁和平台。①

在媒介记忆的助力下,许海峰夺得奥运会首枚金牌的一幕,中国女排一次次夺冠的时刻,北京奥运会申办成功的场景,苏炳添东京奥运会打破100米亚洲纪录的瞬间等情景,犹如芯片一般已在不经意间几乎植入了我们每个人的大脑,并成为我们心中难忘的集体记忆。尤其是我国的"奥运精神""女排精神"等集体记忆更能点燃大众心中的爱国情绪。由此就不难理解大众的体育网络情绪为何在出现或涉及国家、民族荣誉的体育热点事件中反应是那么的强烈。因此,在体育网络情绪传播过程中,极易触及和唤醒大众心中的爱国的媒介记忆。尤其是在5G技术赋能的网络新媒体推动下,这种爱国的媒介记忆会迅速席卷网络。如果我们能把由体育网络情绪传播而唤醒的爱国的媒介记忆有效利用,在社会中弘扬正能量,不仅有助于营造清朗的网络传播环境,促进体育危机事件的健康发展,而且可以帮助大众树立正确的体育观和价值观,推进和谐社会的不断进步与发展。

(3) 有利于提升公民的体育话语权

"体育话语权"是话语主体在体育事务中身份和权益的象征,具体而言,是话语主体"围绕国内外体育发展问题和体育事务,自由发表意见、申述立场、陈述主张、表达意愿的权利和资格"②。而体育话语权利的主体一般是指社会大众,即公民。近年来,随着我国体育事业的飞速发展,无论是在国内经济发展方面,还是在国外文化交流方面,我国体育话语权的影响力均不断提升。当然,体育话语权的传播和提升自然离不开媒体的宣传和报道,媒体作为体育话语权传播和提升的重要载体和平台,在塑造体育形象、消除区域文化差异等方面都发挥着重要的作用。

随着5G时代的来临,5G技术赋能下的新媒体,为体育网络情绪传播提供了新的平台势能,一定程度上提升了公民的体育话语权。首先,

---

① 邵鹏:《媒介记忆理论——人类一切记忆研究的核心与纽带》,浙江大学出版社2016年版,第6页。
② 梁立启、栗霞、邓星华、荆雯:《我国体育话语权的产生基础与有效发挥研究》,《武汉体育学院学报》2017年第7期。

5G时代下的体育网络情绪传播赋予了公民更多的体育知情权。在5G技术助力下，体育网络情绪传播获得了更加便利的载体和渠道，不仅拥有了更快的传播速度，而且进一步提升了受众的范围。一方面，体育网络情绪在多元化的网络新媒体平台上自由传播，在一定程度上加强了公民之间关于体育事务的交流与沟通，在网络裂变式的传播优势助推下，更多的公民可以及时了解和关注到国家体育的相关方针政策、国家体育改革的发展进程等相关资讯，从而有效地保障了公民的体育知情权。另一方面，5G时代下体育网络情绪拥有了更加多元化的表达手段，不仅可以利用文字、图片、动画、视频向其他公民传播自己的体育网络情绪，而且可以利用3D全息投影、VR虚拟技术、机器人写作等方式实现"面对面"地公民之间体育网络情绪交流，这对于提升公民了解体育相关信息的准确感和全面感无疑具有一定的促进作用，同时也进一步拓宽了公民体育知情权的手段。其次，5G时代下的体育网络情绪传播赋予了公民更多地参与体育事务研讨、发表体育事件意见和态度的权利。在5G技术赋能下，大众通过体育网络情绪传播来表达心中对于体育事务的态度、体育热点事件的看法等。同时依托于5G技术赋能的智媒体平台，公民可以通过微信、微博、微视、QQ、BBS等，全天候、随时随地传播体育网络情绪。多元化的体育网络情绪传播渠道在一定程度上不仅拓宽了公民参与体育事务、议论体育事务的广度，而且提升了公民体育话语权的维度。公民体育话语权的提升将会进一步推动国家体育事业改革与治理的高质量发展。

2. 体育网络情绪传播的"危"效应

诚如上文所述，伴随着5G时代的到来，在5G技术赋能的全媒体助推下，体育网络情绪传播在有效提升体育危机管理的效能、唤醒大众爱国的媒介记忆、提升大众的体育话语权方面发挥着一定的正面效应，但同时也会因自身缺陷而造成体育网络情绪极化传播，催生网络谣言并引发体育舆论危机，给体育危机事件的发展，社会的和谐与稳定，甚至国家体育改革与治理都会造成更为复杂的影响。正如水能载舟亦能覆舟，体育网络情绪传播所带来的危机效应犹如一把"双刃剑"。这种由媒介技术所引起的"创造性破坏"则需要我们对体育网络情绪传播所造成的危害效应进行理性审视。

(1) 容易催生"群体极化"效应,引发舆论危机

"群体极化"这一名词,最早是由美国传播学者詹姆斯·斯托纳于1961年提出,他发现群体决策往往比个人决策冒险,容易走向一个极端。随后,美国传播哲学家凯斯·桑斯坦在其著作《网络共和国:网络社会中的民主问题》中提出并分析了网络群体极化现象,他认为:"在网络社会人们获取信息具有选择性特征,接受喜欢的信息、排斥不喜欢的信息成为人们的本能,因此信息窄化不可避免,信息窄化的结果就会导致社会的凝聚力降低,舆论极化与不满情绪升级,最终可以导致社会分裂。"① 可见,在互联网拟态空间内,群体极化现象更容易发生,而且极化的程度会比现实中更高。在传播实践过程中,公众个性化、分散化的体育网络情绪经过不断地分离、消解和重组等活动得到了一定的消弭,然后不断汇聚、融合,最后形成较为一致的体育网络情绪。加之在5G技术赋能的智媒体助推下,大众的体育网络情绪聚合速度更快、更便捷,且聚合的能量也更大,从而形成了体育网络情绪的群体极化传播。当然,并不是所有的体育网络情绪都会形成网络群体极化传播现象,只有当某个体育网络情绪触及大众心中的共愤记忆,才会引发群体共鸣,进而催生网络群体极化现象,从而给体育危机事件的解决、社会的良性运行造成影响。

首先,网络匿名性和"把关人"的缺失,助推了体育网络情绪传播的"群体极化"效应。随着5G时代的来临,5G技术与大数据、VR虚拟技术、人工智能等新技术不断融合,为我们创设了一个沉浸化的拟态匿名空间。这个拟态匿名环境,虽然给大众的体育网络情绪传播提供了自由、宽松的氛围,但同时也导致了大众传播体育网络情绪的随意性不断增加,加之在群体匿名和法不责众的群体心理驱使下,极易出现极端体育网络情绪表达和传播。同时,网络赋予了每个人传播的权利,使得网络"把关人"传播信息的能力几乎被大众所分享。网络缺少了"把关人"这个屏障保护,在网络"圈层化"和"群体情绪感染"的作用下,容易引发网络群体极化传播现象,给体育危机的管理造成干扰。

---

① [美]凯斯·桑斯坦:《网络共和国:网络社会中的民主问题》,黄维明译,上海人民出版社2003年版,第45页。

第二章　5G 时代的来临与网络情绪传播的内爆倾向

其次，网络媒体与商业沆瀣一气，助推了体育网络情绪传播的"群体极化"效应。随着经济全球化的不断推进，资本的逐利化也呈现出不断增大的趋势。尤其是在 5G 技术赋能下，资本已全面介入媒介传播领域，其不仅引发了传播媒介的变革，丰富了体育网络情绪传播的信息资源，同时也成为导致体育网络情绪群体极化传播的重要因素。众所周知，在传统媒体时代，由于资源和权力的集中性，媒体对传播内容有着严格的把关。然而，在 5G 技术赋能下，网络媒体摆脱了"把关人"的控制，从而使网络媒体的资本逐利化程度进一步加大。在资本逐利加大的驱使下，网络媒体与商业联姻使大众不再沉迷于体育事件或问题本身，而是把目光投向各种体育明星的八卦新闻、广告代言和体育事件的"黑幕"上。网络媒体为了满足大众的猎奇心理与商业沆瀣一气，追求关注度和商业利润最大化，经常采用标题效应、体育名人效应、标签化解读、视觉冲击以及动漫、视频等多种媒介元素，无底线地对体育事件和问题进行夸大其词的报道，抑或利用 5G 技术赋能的大数据、人工智能等技术来精准匹配大众的个性化体育需求来吸引大众眼球，引发社会关注，从而来左右体育网络情绪传播的走向，以此来实现资本价值的目标追求。尤其是当一些体育事件被曝出运动员违背职业道德、贪污腐败时，会立即唤醒大众心中的负面情绪，在 5G 技术赋能的网络媒体助推下，大众的这种负面情绪会迅速呈现出"广场效应"，致使极端化的体育网络情绪快速发酵升级，进而催生出体育网络情绪"群体极化"效应。例如，在 2020 年"张某家暴事件"中，网络媒体为了吸引大众眼球，在报道标题上采用"运动员家暴""出轨""丑闻"等标签化的词语来提高大众点击率以实现增加商业利润的目的，致使网上谩骂声此起彼伏，负面的、极端化的体育网络情绪迅速蔓延。

最后，现实生活中的种种矛盾和压力以及发泄渠道的缺失，助推了体育网络情绪传播的"群体极化"效应。在经济社会发展快节奏的驱动下，大众现实生活中的焦虑、工作上的困扰、升学上的压力等矛盾心理与日俱增。这迫切需要一定的发泄渠道和方式来宣泄大众心中的消极情绪。相较于传统的大众传播时代，5G 赋能下的智能互联网传播时代为大众提供了更加自由化、多元化的体育网络情绪表达、宣泄和传播的通道。这对于需要情绪宣泄的大众无疑是像发现一片新大陆一样，大众借力体育热点事件,通过各种网络新媒体平台,采用各式各样的表达形式(如文字、动画、表情包等),来释放心中积压已久的情绪。同时,在诸如"微信朋友圈""篮球粉丝俱乐部"等网络虚拟社区组织和群体的影响下,大众所进行的体育网络情绪传播一般都是在自己的朋友、同事、球友等网络社会关系中,由于自己圈层中的大部分人都是基于相同的兴趣、爱好,相似的体育观、人生观、价值观和世界观而聚集在同一个网络组织里,因而很容易形成"群体情绪传染效应",引发舆论危机。尤其在体育明星、网络"大V"、体育社会组织发言人、体育媒体等意见领袖的助推下,群体情绪传染的速度会进一步加快,进而出现群体内部体育网络情绪大范围的同质化演变趋势,从而催生体育网络情绪的群体极化传播现象。如果不对其进行及时把控,极易酿成体育危机事件,危害社会公共安全。

(2) 容易滋生网络谣言,引发体育危机事件

谣言作为人类信息传播的一种行为,自古有之。无论是在国内,还是在国外,关于谣言的定义可谓是莫衷一是。在中文里,谣言强调的是"凭空捏造,虚构之词",并且以"口耳相传"的方式广为传播,带有强烈的贬义色彩;而西方则更强调谣言是"未经证实"的信息,信息的来源不可靠。[1] 可见,中西方语境下都强调谣言在内容上有很大程度上的不确定性,是一种真实性不确定性的社会表征,体现的是大众对于信息透明度和重要性的关切和共鸣。随着互联网信息技术的不断革新,使谣言的传播方式已从传统的人际传播和口头传播模式,发展为大众传播和群体互动传播模式。在网络环境下,传统的谣言已逐渐被网络谣言的传播数字化和内容数字化取代。所谓的"网络谣言"是伴随着互联网的不断发展而逐渐催生出的概念。简单来说,"网络谣言"就是以互联网为媒介进行传播的谣言,具体而言,"网络谣言"以网络传播为基础,以互联网传播能够到达的范围为传播边界,跨越不同的语言文化、宗教历史和社会阶层,在互不相识的网民之间进行传播。[2] "网络谣言"其本质上还是谣言,相较于传统的谣言,其传播的及时性更高、覆盖面

---

[1] 严富昌:《网络谣言研究》,中国书籍出版社2016年版,第31页。
[2] 严富昌:《网络谣言研究》,中国书籍出版社2016年版,第57页。

第二章 5G 时代的来临与网络情绪传播的内爆倾向

更广、煽动性更强、形式更多元（如无中生有、捕风捉影、夸大其词、断章取义等）。从社会性的角度来看网络谣言，微观上是公众内心情绪的投射，是内心刻板成见的反映；宏观上是一种群体选择的结果，反映的是群体共识和社会焦虑，是在特定时期和社会背景下，公众的社会心态使然。①

随着 5G 时代的来临，在 5G 技术助推下，Web 2.0 时代逐渐向 Web 3.0 时代迈进，以微博、微信等为代表的网络新媒体现已成为网络谣言产生和传播的聚集地。特别是在体育危机事件频发的状态下，大众的认知偏差、措手不及、情绪宣泄等因素更是催生网络谣言的温床。而作为洞察社情民意窗口的体育网络情绪，在传播上对于网络谣言的产生有着重要的推动功效。一方面，体育网络情绪传播中所使用的新奇网络语言，助推了网络谣言的产生。5G 技术赋能下的互联网，在给大众体育网络情绪传播提供便利的同时，也进一步丰富了网络语言的表现形式。网络语言作为一种视觉语言，极大地突破传统书面语言的常规和法度，现已成为大众体育网络情绪表达的重要手段。在当前体育网络情绪传播实践过程中，大众经常采用一些谐音、缩略、表情符号、数字、表情包、网络段子、叠字、再造等表达心中的情绪，如"杯具""蓝瘦""☺""😂""这里痛""☺""5376（我生气了）"等。然而，由于网民认知结构和年龄化的差异，使得并非所有的诙谐、幽默、戏谑的情绪表达方式都能被其他网民理解，一旦有文本被误解，极易造成网络中出现虚假信息蔓延的传播景象，从而助推谣言的生成，影响体育热点事件的健康发展。另一方面，消极、负面的体育网络情绪在传播中，容易滋生网络谣言。在 5G 技术赋能下，互联网呈现出席卷天下，包举宇内之势，大众借力体育热点事件在网上进行情绪宣泄和传播已成为其生活的重要组成部分。在网络上肆意责骂体育明星，痛责运动员服用兴奋剂，谴责体育比赛"黑幕"等消极的、负面的体育网络情绪早已司空见惯。然而，在这些消极的、负面的体育网络情绪中，有一部分很可能是大众为了"粉丝经济"和提高知名度而进行了无中生有、以偏概

---

① 严富昌：《网络谣言研究》，中国书籍出版社 2016 年版，第 1 页。

全的情绪表达。如果这种负面情绪在网络中不断传播蔓延，很容易造成不实的信息不断扩散，进而催生出网络谣言；加之在群体情绪传染和网络"圈层化"的影响下，极易形成负面体育网络情绪极化传播现象，并可能诱发群体性的过激行为，从而引发体育危机事件，给社会造成一定的危害。

综上所述，5G技术的发展将会为社会公众提供更加广泛的参与体育网络情绪表达和引导的空间、渠道及体验，同时也将极大地改变体育网络情绪的存储、表达和引导的格局。5G技术赋能下的媒介生态无疑会进一步助推体育网络情绪的传播与发展。

诚然，5G时代的来临为网络情绪传播的内爆倾向提供了全新的媒介生态环境，在5G技术赋能下，不仅全媒体传播获得了重要的发展契机，而且体育网络情绪传播也获得了新动能。但在5G时代所创设的拟态环境中，体育网络情绪传播在带来提高体育危机管理效能，唤醒大众心中爱国的媒介记忆，提高大众体育话语权等"机"效应的同时，也带来了容易催生"群体极化"效应，引发舆论危机，滋生网络谣言，引发体育危机事件等诸多"危"效应，影响体育热点事件健康发展，甚至干扰国家体育治理与改革。由此也产生了利用5G来监控体育网络情绪传播的时代使命。然而，想要对体育网络情绪传播进行科学、合理、高效的监控和治理，首先需了解其是如何形成的，内在的逻辑又是如何连结的，这样才能为后续提出针对性的治理策略提供逻辑基点。

第三章
5G时代体育热点事件中
网络情绪生成机理探究

  自人类诞生以来，就有了传播。从面对面说话的人际传播，到印刷术、电视发明而形成的大众传播，再到互联网推动下而产生的互动传播。传播已悄无声息地渗透到我们生活的时空中，并呈现出越来越强烈地控制着我们生活的趋势。诚如学者李沁所言，传播有史以来一直是推动社会前行的关键动力，这种力量让人类在不知不觉中被一种全新的信息传播方式、人际交往方式、生产方式和生活方式全面包围，它无时不在、无处不在、无所不能。① 近年来，随着移动互联网信息技术的发展，网络空间与现实空间融合度不断提升，尤其是伴随着5G时代的到来，在5G技术赋能下，物联网、泛在网甚至生物传播技术都得到了飞速的发展，人类对于智慧传播、智能传播的构想正在一步步变为现实。

  无疑，在5G技术赋能的智能传播时代，网络社交媒体和体育移动互联取得了蓬勃的发展，其不仅赋予了大众极大的自主权以及传播资源的泛社会化，使得"人人都有麦克风、人人都是通讯社"；而且深刻改变了我们的生活方式和价值理念，也深刻影响着大众参与体育热点事件或问题的讨论、交流以及网络情绪的表达与传播。在5G技术赋能所创设的互联网"拟态空间"内，现实体育热点事件得以在此空间再现，体育网络情绪已成为大众消遣娱乐和参与政治生活的一部分，同时网络空间也成为大众表达体育网络情绪的重要场域和洞察社情民意的集散地。大众借力当下频发的体育热点事件，通过微博、微信等新媒体网络

---

① 李沁：《沉浸传播：第三媒介时代的传播范式》，清华大学出版社2013年版，第9页。

平台尽情地宣泄心中的情绪。在5G技术赋能的新媒体所引发的"后真相"时代助推下，大众的体育网络情绪表达更加激烈，传播更加迅速，时常干扰体育热点事件的健康发展。

诚然，体育网络情绪是伴随移动互联网而逐渐产生的概念，是人们对现实体育热点事件心理反应的网络化再现；相较于传统的情绪，体育网络情绪的内涵更加丰富，表现形式也更为多元。众所周知，任何新事物的产生都是多种因素相互融合、共同作用的结果，体育网络情绪的产生也不例外。5G技术赋能下的智能互联网不仅是体育网络情绪传播的工具，更是一种具有时代特色的生态系统。在这样的生态系统中探析体育网络情绪的生成机理，对于我们厘清体育网络情绪的传播规律有着重要的作用，同时这也是本章需要探讨的重点问题。从表征上看，体育网络情绪是零散的并非系统化的，但实际上它有自己内在的发生模式和运行规律，其本质上也依赖一定的要素经过一定的过程机理而产生，并随着环境的变化而变化。由此，在5G时代背景下，体育网络情绪的发生机理也是由其生成的现实基础、实践动力与理论渊源相互交织，并在网络体育议题、网络体育交往和网络体育传播等各方面交互作用下形成的结果。

第一节 5G时代体育热点事件中网络情绪生成的现实基础

所谓的现实基础是指在考察体育热点事件中网络情绪生成问题时，要从体育热点事件的客观事实出发，以体育热点事件的客观事实为依据，严格按照引发和形成体育热点事件中网络情绪各客观事物的逻辑关系，探析体育网络情绪生成过程中的基础因素和生长土壤。体育热点事件中网络情绪作为一种社会意识，也是社会存在客观现实的反映。因此，对于5G时代体育热点事件中网络情绪生成的现实基础的探析，不仅需要关注体育网络情绪的表象，还要透过现象看本质，深刻揭示体育网络情绪表象中的偶然性与必然性、理性与感性的逻辑关系，进而从整体上把握和厘清体育网络情绪生成的现实基础。

第三章　5G时代体育热点事件中网络情绪生成机理探究

一　客观载体：体育热点事件提供了体育网络情绪生成的介质

随着体育全球化的不断深入和发展，尤其是在5G技术赋能下，新媒体与体育的联姻打造了视觉体育奇观化的局面，从奥运会到世界杯，从NBA到网球大满贯，从体育赛事8K高清直/转播到体育新闻虚拟呈现，等等，一场场体育盛宴令我们眼花缭乱，诸如此类的体育热点事件现已成为我们生活的一部分。所谓的体育热点事件是指通过线上和线下渠道传播，在社会中引起民众广泛关注、参与讨论，激起民众情绪，引发强烈反响的体育事件。然而，体育网络情绪是大众借力体育热点事件，将现实中的情绪在网络虚拟空间内进一步的延伸。可见，体育网络情绪毕竟是现实情绪的一种网络化再现，它必然也会打上社会的烙印，并成为社会情绪和现实的缩影，同时，它也是由现实社会中的人所掌控和传播，并以现实中发生的体育热点事件为依据。因此，从人与社会意识之间的作用机理来看，体育热点事件中网络情绪的生成源于体育热点事件这个客观的事实，与体育热点事件相关的客观事物构成了体育网络情绪生成的议题和内容的源泉。

首先，体育网络情绪的生成源于体育热点事件的客观存在。体育网络情绪的生成不仅是现实体育热点事件的客观社会存在，而且是对社会客观体育热点事件及其变化发展过程的反映。但值得我们注意的是，并非与体育热点事件相关的所有议题或问题都能形成体育网络情绪，只有反映体育热点事件客观情况的焦点、敏感点或具有争议的公共议题，并能够引发大众广泛参与讨论和情绪仪式互动与表达，同时对体育舆情和体育热点事件的发展具有重要的影响，才有可能催生体育网络情绪。

其次，体育网络情绪作为社会意识，对体育舆情防控具有能动的反作用。就体育网络情绪而言，其能动的反作用主要通过影响体育热点事件发展和体育舆情防控的实践活动而实现。这种实践活动主要表现为两个方面：一方面，正面的体育网络情绪有利于形成理性的网络体育舆论，进而助力体育舆情的良性发展，推动体育热点事件的健康发展；另一方面，负面的体育网络情绪极易在5G技术赋能所创设的"沉浸化"空间中聚集，进而产生极化传播现象，从而引发网络谣言，引起体育网络舆情"海啸"，有时甚至会造成网络危机事件，影响和干扰体育热点事件的防控与治理。

可见，在5G时代背景下，一旦与体育热点事件相关并反映体育热点事件的网络议题在互联网平台上出现，随着体育网络情绪的主体互动交往实践活动的不断推进，个体或群体的情绪就可能伴随体育热点事件在网络上进行传播、分享与交流。在此过程中，由体育热点事件而引发的网络议题不仅为体育网络情绪的生成提供了前提条件，而且也成了体育网络情绪生成和发展的客观基础。

二 技术赋权：互联网创造了体育网络情绪宣泄的新空间

邓小平曾提出："科学技术是第一生产力。"可见，科学技术对于人类发展和社会进步有着重要的推动作用。学者郑永年在其著作《技术赋权：中国的互联网、国家与社会》中对互联网作为信息技术的一种形式，能够在国家和社会之间相互进行赋权和改造进行了详细的论述。他提出以下几点。第一，互联网对国家和社会都进行了赋权，因为这二者都从互联网的发展中受益。国家能够利用互联网来提升它的治理，而治理水平的提升则能够对社会有益。第二，互联网的发展产生了分权的效果，也就是说，它的益处以分权的方式扩散。即使存在着"数字鸿沟"，但互联网的发展不仅使中间阶层和上层阶层受益，也有助于中下阶层努力改善自身经济和社会福利。第三，互联网为国家和社会靠近（或摆脱）对方创造了一个新的基础结构。这是开展政治的一个新论坛。与其他的环境相比，互联网更能够对国家进行约束。第四，互联网在国家和社会之间制造了一种递归关系，相互改造二者之间的互动。[①]可见，在互联网技术赋权下，国家和社会在互联网上互动，最终重塑了国家和社会。

随着5G时代的来临，5G将与大数据、云计算、人工智能等信息技术紧密协同，开启第四次工业革命，进而驱动人类社会迈向新纪元。在5G技术赋能下，人类将进入一个把移动互联、智能感应、大数据和智能学习整合起来的智能互联网时代。5G技术凭借其超大带宽、超低时

---

① 郑永年：《技术赋权：中国的互联网、国家与社会》，邱道隆译，东方出版社2013年版，第15页。

第三章 5G 时代体育热点事件中网络情绪生成机理探究

延、泛在网、超低功耗等优势,将为我们创设一个"万物皆媒、万物互联"的新型传播业态。5G 技术赋能所创设的"拟态狂欢"空间,不仅颠覆了传统的自上而下的权力的运行空间,赋予了公民参与体育的自主权和主动权,互联网空间也由此成为大众表达体育见解、实现体育诉求、宣泄体育情绪、影响公共体育政策的新空间。

首先,5G 技术赋能的智能互联网为大众创造了体育网络情绪宣泄的新领域。在 5G 技术赋能下,体育移动互联技术以摧枯拉朽之势迅速席卷了体育的各个领域。随着 5G 技术赋能的智能互联网的蓬勃发展,越来越多的人喜欢在网络所营造的"拟态空间"内观看体育比赛、发表体育见解、宣泄体育情绪、参与体育焦点问题研讨等。据艾瑞咨询发布的《2016 年中国互联网体育用户洞察报告》数据,2016 年 3 月,主流互联网体育平台(腾讯体育、乐视体育、新浪体育、央视体育、PPTV 体育)的月度覆盖人数已达 1.36 亿,月度总有效浏览时间已达 16.3 万小时,近八成五用户选择通过新浪体育、央视体育等新媒体平台获取赛事信息,近九成用户会自发参与赛事讨论,选择新媒体渠道的用户超六成。[①] 在这样的网络体育发展态势下,尤其是在 5G 技术赋能的智能互联网助推下,360 度全景观赛、虚拟演播室、VR 虚拟观赛等新媒体直播和观赛技术得到了快速的发展。这将为用户创设更具现场感的"沉浸化"体验空间,从而让大众能够身临其境地感受运动员和观众的情绪。无疑,5G 技术赋能下智能互联网营造了一个庞大的、似乎无所不能的网络生态空间,大众在此网络空间内可以尽情地、随时随地进行体育网络情绪的分享、交流与传播。

其次,5G 技术赋能下,大众的体育网络情绪表达的话语权不断提升。5G 赋能的新媒体技术不仅打破了传统体育媒体的话语权垄断,迎来了"个人赋权"的体育媒体话语权新格局;改变了体育话语传播方式和渠道单一性、传播空间的局限性等劣势,创造了体育话语传播方式和渠道的多元性、互动性、即时性等新优势,为体育网络情绪表达的话语权提升提供了新的平台。

一方面,5G 赋能的新媒体变革了传统媒体的传播方式,开启了用

---

① 《2016 年中国互联网体育用户洞察报告》,2016 年,艾瑞咨询。

户互动传播的新时代，使"人人都是通讯社、人人都有麦克风"，让传播走向了多向度的综合传播，从而为大众表达体育网络情绪提供了便捷的平台和渠道。从主体上看，5G赋能下的新媒体技术解放了传者，打破了中心化的媒体传播格局，创造了自由、平等和开放的传播空间秩序。从内容上看，5G赋能下的新媒体技术为用户提供了自制短视频、自拍图片秀、网络直播等个性化的展示平台，可以方便用户及时发布并传播自己的观点和宣泄内心的情绪。从传播方式上看，在5G技术助推下，以微博、微信、论坛为代表的多样化新媒体平台实现了主体与受众之间的深入互动和交流，从而有利于大众及时、便捷地传播体育网络情绪。从传播速度上看，5G赋能下的新媒体依托高度发达的互联网技术和超低时延的传输速度，不仅成为体育网络情绪传播的集散地和社会舆论的发酵地，而且使得体育网络情绪传播呈现出裂变性的特点。从用户角度看，在5G技术赋能下，用户表现出信息消费者和生产者的统一性，实现了体育网络情绪的"产销一体化"。

另一方面，正因为5G技术赋权的功能，互联网赋予了大众进行体育网络情绪表达、宣泄的新空间和新渠道，但与此同时，5G技术赋能下的互联网也加大了体育网络情绪表达的非理性化和情绪化倾向。当前，越来越多的人会基于可行性高、风险性低、现实成本低、实际效果好等方面的考量，进而选择互联网所创设的"拟态空间"和平台来进行体育网络情绪的表达和传播。也正是由于网络具有赋权和控制的双重功能，大众在进行体育网络情绪传播的过程中会带有更多的不可预测性和对现实社会秩序造成威胁。大众在"匿名性"的状态下，可能会肆无忌惮地宣泄心中的体育网络情绪，进而在"圈层化"和群体情绪助推下，大众表达的负面体育网络情绪很可能会产生极化传播现象，从而造成公共体育安全事件，影响体育改革与发展。

第二节　5G时代体育热点事件中网络情绪生成的实践动力

体育网络情绪反映的是网络参与主体及受众对体育热点事件中的各

种相关问题所形成的态度认知和情绪表达,而从社会实践的角度来看,体育网络情绪体现的是网络参与主体与受众之间的网络交往的实践关系。具体而言,体育网络情绪是网民能动地将现实中的情绪在客观虚拟世界进行改造,通过借力微博、微信等网络新媒体的实践中介来实现网络主体与客体之间交互的实践过程。在这个实践过程中,网民无疑是作为主体地位来参与体育网络情绪的实践,而充斥和散落在网络"拟态空间"中的与体育热点事件相关的各种话语、表情符号、动画、视频等网络信息流则成为体育网络情绪的客体。所以,体育网络情绪是网络参与主体(即网民)通过网络媒介对与体育热点事件相关的态度、情绪反应进行加工、搬运、改造和传播的交往实践活动。由此,网络参与主体的间性交往、利益搅和等都会对体育网络情绪生成的实践动力造成影响。

一 利益博弈:体育网络情绪生成的原动力

当前,伴随着新型公共治理理念的兴起,我国政府开始转型,强调服务型政府的塑造,与此同时,公众的利益诉求也呈现出不断增加的趋势,再加上社会贫富差距问题、官员贪污腐败问题、法制机制尚需进一步健全等,致使社会公众的情绪日益复杂化。如今 5G 时代来临,在 5G 技术赋权的互联网空间内,公众被赋予了更加自由、便利的情感表达、分享与传播的权利。众所周知,体育作为一种社会活动和一种文化现象,以身体叙事作为主要表达方式,其本身所具有的交流、传承、娱乐等文化魅力对大众生活和价值观念有着广泛的影响。因此,在当下互联网空间内,体育不仅成为大众消遣娱乐的重要方式,也成为大众进行情感诉求和利益诉求的重要载体。

(一)体育网络情绪是网络空间利益表达和利益博弈的结果

自人类社会诞生以来,利益问题就一直伴随人类生活的各个方面。从哲学上来说,利益是一定的利益主体对于客体价值的肯定,它所反映的是某种客体(物质的以及精神的东西)能够满足主体(个体、集体和社会)的某种需求。[①] 法国哲学家霍尔巴赫认为利益是人类行动的一

---

① 桑玉成:《利益分化的政治时代》,学林出版社 2002 年版,第 1 页。

切动力。① 利益是决定人们意志和行为的重要因素，是人们追求目标和行动的指南之一，对于激发人们的积极性和推动社会的进步与发展具有重要的作用。现阶段，虽然在科学技术的助推下，人们的生活水平有了大幅度的提高，但正如习近平总书记在党的十九大报告中提出的那样："中国特色社会主义进入新时代，我国社会主要矛盾已经转化为人民日益增长的美好生活需要和不平衡不充分的发展之间的矛盾。"② 上述矛盾不仅仅体现在经济层面上，还体现在政治、文化、体育等层面上。随着我国经济体制改革的不断深化、社会结构不断转型，人们的行为方式、生活方式、价值体系都发生明显的变化，进而也引发了彼此之间的各种利益不断变化和调整。这也导致大众通过各种渠道来进行利益诉求和情绪表达，以此来达到维护自身利益和公共权益的目的，而互联网的快速变革为大众提供了一个自由、便捷的利益诉求和情绪表达的新通道。

在 5G 赋能的媒介技术助推下，传统的自上而下的信息传播模式被公众话语的日益重视，公民意识的逐渐增强，公众参与公共体育事务的活跃度日渐提升打破，公众现已成为体育网络情绪传播的活跃主体。无疑，5G 时代的来临，为大众的利益表达、情感宣泄提供了更加便利的渠道和自由的环境。加之在体育热点事件频发的当下，体育热点事件依托其具有的大众性、娱乐性、跨文化性等特点，不仅成为大众消遣娱乐的一种方式，而且也成为大众宣泄心中情绪的"减压阀"和利益诉求的"传声筒"。某种程度而言，体育网络情绪的生成也是大众在网络空间进行利益表达和利益博弈的结果。

（二）网络利益分化是体育网络情绪生成的重要动因

利益分化主要是指由于社会结构性的变革而使具有相对独立利益的利益主体之间不断分化、组合，以及各利益主体因利益实现渠道和实现程度不同而引起利益差别的过程。③ 我国学者桑玉成也在其《利益分化

---

① 罗国杰：《马克思主义伦理学》，人民出版社 1995 年版，第 261 页。
② 习近平：《决胜全面建成小康社会　夺取新时代中国特色社会主义伟大胜利——在中国共产党第十九次全国代表大会上的报告》，人民出版社 2017 年版，第 11 页。
③ 王先、万峰宇：《论利益分化对当前政治文化的影响》，《山东农业工程学院学报》2016 年第 2 期。

第三章 5G时代体育热点事件中网络情绪生成机理探究

的政治时代》中将利益分化界定为，由于社会结构性的变革而使得一种既定的利益关系发生重组并进而使社会成员的利益关系发生急剧变化的过程。同时认为利益分化具有三个基本特征：第一，利益分化表明一种既定的利益关系被打破；第二，利益分化表明一种新的利益关系迅速形成；第三，利益分化表明新的利益差别迅速扩大。[①] 因此，人们在追求各自利益的过程中不可避免地存在着这样或那样的利益分化。此外，学者吴兆雪、叶政等也在其《利益分化格局下我国主流意识形态建设研究》一书中提出，利益分化是指各利益主体因利益实现渠道和实现程度不同而引起的收入差别状态，以及社会利益群体在此基础上所形成的不断分化与组合的过程，并指出利益分化是人类社会一切冲突的最终根源，也是所有冲突的实质所在。[②] 由此可见，利益分化实际上是利益格局重新调整的过程，这样也就不可避免地会使社会产生一定的利益分歧。近年来，随着移动互联网技术的迅猛发展，网络不仅成为信息传播的工具，成为人们生活中的必需品，现已全面渗透到社会的各个方面；而且大众利用网络的匿名性、开放性、便利性、自由性等优势进行利益表达、参与公共决策体系，现已成为大众参与政治生活的一大亮点。

毋庸置疑，在5G技术赋能下，互联网赋予了大众利益表达更多的自主权。我们也确实看到，5G赋能下的媒介技术让相隔千里的人"在一起"，通过传播媒介感知他人的存在，共同在场，分配注意力，实现信息理解、情感理解、利益表达上的自由化。可见，网络介入利益表达机制，不仅有效地增加了现实中的大众利益表达通道，而且极大地增强了公共政策的传导和反馈效率。一定程度而言，利益表达和维护是大众参与网络公共生活的重要起因，同时也是体育网络情绪生成的原动力。在5G技术赋能所创设的互联网空间内，政府和大众都是网络的参与者，但由于网络自身的缺陷，导致了大众的利益表达受损。一方面，网络的虚拟性给大众的利益表达的真实性带来质疑；另一方面，网络的非理性传播极易造成大众利益表达的极化现象，如网络谣言、网络"水军"、网络诈骗等。同时，由于政府在网络空间治

---

① 桑玉成：《利益分化的政治时代》，学林出版社2002年版，第4—5页。
② 吴兆雪、叶政等：《利益分化格局下我国主流意识形态建设研究》，合肥工业大学出版社2015年版，第26—28页。

理的缺位和错位，容易造成政府和大众之间的矛盾，一旦大众的网络政治权利没能得到充分满足，政府和大众之间的话语冲突不但会增加，大众也会通过借力体育热点事件这一具有传播广泛性、跨文化性、娱乐性等优势的天然载体，积极地表达自身的利益诉求，进而产生体育网络情绪，并诉诸行动。

二 主体间性：体育网络情绪生成的推动力

主体间性概念最初步的含义是主体与主体之间的统一性，但在不同的领域中，主体间性的意义是有差异的。从社会学的视角来看，主体间性是指作为社会主体的人与人之间的关系，关涉到人际关系以及价值观念的统一性问题。德国哲学家尤尔根·哈贝马斯在其著作《交往行为理论》中提出，现实社会中的人际关系分为工具性行为和交往行为，工具性行为是主客体关系，而交往行为是主体间性行为；并进一步指出，当具有言语和行为能力的主体相互进行沟通时，他们就具备了主体间性关系。交往行为者在主体间性关系中所使用的是一种自然语言媒介，运用的则是传统的文化解释，同时还和客观世界、共同的社会世界以及各自的主观世界建立起联系。[①]

从当前的网络空间的运行逻辑来看，尤其是在5G技术赋能的"沉浸化"空间内，各网络参与的主体可以在此空间内进行自由、平等的交往实践活动。换言之，在当前5G技术赋能所创设的互联网空间内，网络各主体间的交往实践是通过网络社会交往行为，在"拟态化"环境中不断建立起相互理解、相互沟通的关系而逐渐促成的。由此来看，体育热点事件中的网络情绪的生成也是一个网络社会主体间性的交往实践过程。虽然网络交往实践构成了体育网络情绪生成的过程机理，但并不是所有的网络交往实践都能形成体育网络情绪，只有与体育热点事件相关的问题或议题被网络参与主体捕捉到，并引发不同网络主体参与情绪表达和宣泄，才能形成体育网络情绪。也就是说，如果只有体育热点事件相关的议题，没有不同的网络主体参与交

[①] [德] 尤尔根·哈贝马斯：《交往行为理论》第1卷，曹卫东译，上海人民出版社2018年版，第485—486页。

第三章 5G时代体育热点事件中网络情绪生成机理探究

往实践，体育网络情绪也就很难生成。可见，网络社会主体间性是体育网络情绪生成的重要的实践推动力，在体育热点事件中，网络情绪的生成就表现为一个在网络交往实践驱动下而形成的网络信息交互和沟通的过程。

首先，网络主体间对体育热点事件相关议题的关注为体育网络情绪生成提供牵引动力。诚如前文所述，体育网络情绪一般由体育赛事、体育焦点问题等体育热点事件所引发，网民依托互联网平台对相关体育赛事或体育热点问题进行讨论并发表自己的看法，同时对于体育舆情和体育事件的发展具有重要的影响。可知，体育网络情绪的生成着力点在于网络主体间对于体育热点事件相关焦点、敏感点等议题的广泛持续关注，然后通过社交媒体这一重要的媒介来进行情绪的表达与传播。一旦缺少与体育热点事件相关的议题，体育网络情绪的生成犹如无米之炊、无源之水。在体育网络情绪的生成过程中，社交媒体也起到了重要的保障作用。

社交媒体作为一种新的人际协作方式，在5G赋能的媒介技术助推下，社交媒体的生态系统得以良好运转。在此生态系统下，5G技术赋能的媒介技术让连接无所不在、无所不能，这不仅刺激了网络主体参与体育热点事件研讨的积极性，而且让本属于不同现实场景下的人们实现了共同在场，并在5G技术赋能的互联网空间内实现话语行为自由表达，进而达到参与主体间的情绪理解和情绪共鸣，从而促进了体育网络情绪的生成。

其次，网络主体间对同一个议题的话语交往实践为体育网络情绪的生成提供合成力。从符号学的视角来看，社会是一个由一系列符号建构起来的集合体。[1] 体育网络情绪之所以会生成，本质上是表达和解释体育网络情绪的符号体系助推所致。法国社会学家皮埃尔·布尔迪厄也认为，可以把社会世界看成一个符号交换的领域，并且把行动简化为一种交流行为，而这种交流行为注定要被一种符码或代码，即语言或文化的方式破译。[2] 体育网络情绪是大众在移动互联网所创设的"拟态空间"

---

[1] 陈虹：《颠覆与重构：危机传播新论》，国家图书馆出版社2019年版，第7页。
[2] [法]皮埃尔·布尔迪厄：《言语意味着什么——语言交换的经济》，储思真、刘晖译，商务印书馆2005年版，第6页。

内，通过各类网络平台，基于个体的心理反应和自我认知，针对体育热点事件所做出的情感仪式互动与表达，而大众对体育热点事件所做出的情感仪式互动与表达主要是通过话语交往实践来完成。法国哲学家米歇尔·福柯也认为不应再把话语当作符号的总体来研究（把能指成分归结于内容或者表达），而是把话语作为系统地形成这些话语所言及的对象的实践来研究。[1] 在体育网络情绪生成的实践过程中，无论是参与主体还是客体都是借助"话语流通"抑或"话语交往"来进行体育网络情绪的表达、分享和传播。可见，话语实践作为语言实践和社会实践相结合的产物，现已成为体育网络情绪生成的重要资本。毋庸置疑，随着5G时代的来临，以互联网为主的新媒介凭借其个性化、裂变性、互动性等优势，开启了"人人都有麦克风、人人都是通讯社"的互动传播新时代。这使体育网络情绪的各参与主体被赋予了较强的能动性与反思性，他们通过符号、话语等方式有意识地建构有关体育热点事件的议题，从而形成自我的认识，引发情绪的表达与宣泄。简言之，在当前5G技术赋能的移动互联网"拟态空间"内，网络主体间对同一个体育热点事件的相关议题，通过话语交往实践的方式为体育网络情绪的生成提供了有效的助推力和合成力。

第三节　5G时代体育热点事件中网络情绪生成的理论渊源

体育网络情绪作为现实情绪在网络上的实践，从理论渊源上看，网络参与主体思想行为交互传播推动体育网络情绪的生成。而网络参与主体思想行为交互传播从本质上看是一种心理行为，一种社会文化表征，一种情感互动仪式，一种思想政治教育传播。因此，探析体育网络情绪生成的理论渊源要从心理学、社会学、传播学和教育学的相关理论进行审视和观照。

---

[1] Michel Foucault, *The Archaeology of Knowledge*, New York: Vintage Books, 1972, p. 49.

第三章　5G 时代体育热点事件中网络情绪生成机理探究

一　心理学视角：个体心理倾向助推体育网络情绪的生成

体育网络情绪作为情绪的一种独特表现形式，是伴随着移动互联网的发展而逐渐形成的概念。而情绪又是一种常见的心理现象，其生成往往伴随着一定的主观体验、外部表现和生理唤醒。[①] 因此，体育网络情绪的生成也必然是由个体的心理所引发和催生，虽然需要网络赋权这一技术前提，但同时也具有浓厚的心理学基础。不可否认，如今 5G 时代来临，体育移动互联网以摧枯拉朽之势迅速成为大众观看体育赛事和新闻，参与体育焦点问题研讨，分享体育比赛心中之感，抒发体育议题之情的重要媒介。在 5G 赋能的智能互联网时代，当体育热点事件发生后，人们对于事件的讨论大多集中表现为网络新媒体中的线上交流。在这种"拟态化"空间中，网络主体可以以独立化、匿名化和非真实化存在，而且所进行的情绪表达和宣泄可以不受时间、空间、内容、社会道德规范、人际关系等方面的限制。恰如欧文·戈夫曼在其著作《日常生活中的自我呈现》中提出的"拟剧理论"，他将人类活动日常互动的区域划分为"前台"和"后台"区域。在前台，人们维持着某种标准化的外观或行为，呈现出能够被他人和社会接受的形象；而在后台，人们可以摆脱前台的规范化限制，无须按照前台严格规定的角色来扮演，后台可以使自己"放松"下来，呈现更真实的自己。[②] 因此，在 5G 赋能所创设的沉浸化网络"后台"空间内，各参与体育热点事件的网络主体，不仅在表达方式上更加多元化，而且具有高度的自主权和表达权，在网络的开放性和包容性的环境中大众更易表达和宣泄心中的情绪。同时，在圈层文化的影响下，个体的情绪极易在网络群体中相互感染并迅速传播，也更容易引发更多人的共鸣。

所谓的情绪感染是指人们可以通过捕捉他人的情绪来感知周边人的情绪变化，这一交互过程被称为情绪感染。[③] 毋庸置疑，5G 赋能下的网络，打破了传播的物理空间的限制，不仅为个体的体育网络情绪传播和

[①] 傅小兰主编：《情绪心理学》，华东师范大学出版社 2015 年版，第 5 页。
[②] [美] 欧文·戈夫曼：《日常生活中的自我呈现》，冯钢译，北京大学出版社 2008 年版，第 70—71 页。
[③] 傅小兰主编：《情绪心理学》，华东师范大学出版社 2015 年版，第 404 页。

发酵提供了便利的渠道，同时也为群体情绪感染创设了自由、舒适的环境。加之在"圈层化"的影响下，大众借力体育热点事件在互联网上所进行的情绪表达与宣泄，极易在自己的社交关系网络中，抑或在志同道合的虚拟社区中传播，进而引发群体情绪感染。尤其是在网络"大V"、网络明星、知名媒体评论人、群主、网红等网络意见领袖的助推下，个体的体育网络情绪很容易在网络拟态空间内快速传播和扩散。某种程度而言，个体的这种群体情绪感染倾向助推了体育网络情绪的生成与传播。

此外，在网络群体情绪感染过程中，由于网络群体的无约束性，处于网络群体中的个体极易受到大众心理的影响，古斯塔夫·勒庞将群体的这种心理归纳为五个特点——冲动、多变和急躁，轻信而易受暗示，夸张与单纯，偏执、专横和保守，道德。[①] 在群体这种心理特点的影响下，个体极易表现出有意识人格的消失，无意识人格的得势，思想和感情因暗示和相互传染作用而转向同一个方向，以及立刻把暗示的观念转化为行动的倾向，个体变成了一个不再受自己意志支配的玩偶，从而使其往往失去理性，催生出"群体极化"现象。而群体极化是指在群体中进行决策时，人们往往会比个人决策时更倾向于冒险或保守，向某一个极端偏斜，从而背离最佳决策。[②] 这种极端化的个人观点或情绪往往会在网络空间中凝聚成为"同仇敌忾"的群体情绪，并迅速恶化整个网络公共情绪氛围。特别是涉及能够勾起大众集体记忆或民族记忆的体育热点事件，如"孙某兴奋剂判罚事件""莫某事件""刘某奥运会退赛事件"等，大众的极端化情绪可能会被迅速点燃，在群体心理感染的作用下，可能会在短时间内产生群体情绪极化传播。

在群体情绪极化传播中，不仅使得大众在虚拟空间中不断完成对现实体育热点事件的解构，而且使得个体对现实体育热点事件中的伦理道德、规章制度等社会价值观也逐渐被抹杀，进而致使体育网络情绪成为主导群体行动的力量。由此来看，网络群体情绪极化也是催生体育网络情绪生成的重要因素。

---

① ［法］古斯塔夫·勒庞：《乌合之众：大众心理学研究》，冯克利译，中央编译出版社2014年版，第14页。
② 陈至立：《辞海（第七版）》，上海辞书出版社2022年版，第1844页。

二 社会学视角：社会文化建构助推体育网络情绪的生成

毋庸讳言，情绪作为基本的心理现象之一，不仅会受到政治、经济因素的影响，还会受到深层次的社会文化影响。从社会学的视角来看，人的情绪虽然以生物性反应为基础，但同时也会深深地打上社会建构的烙印。一定程度而言，情绪的生成主要是社会文化建构的结果。与传统的心理学认为情绪是个体内部的心理状态，其反应取决于心理机制不同，社会建构论则是将情绪置于社会关系中来考察，认为情绪是人际互动的产物，其产生、表达和传播深受社会文化的影响。[1] 情绪的社会建构论肇端于20世纪下半叶心理学领域所逐渐掀起的第二次认知革命，在第二次认知革命中，认知过程被看作人使用语言和话语的结果，而语言和话语是社会性的，是人际交流的产物。[2] 由此，基于这一基本认识，社会建构论开始兴起。而社会建构论的形成和确立得益于学者Harré的"情绪的社会建构"[3] 与Gergen的"人的社会建构"[4] 两项成果的出现，其从社会文化角度来阐释情绪的社会功能、特征和结构，为情绪社会建构论奠定了理论基础。社会建构论主要立足情绪的社会性，其并不否认情绪的生理属性，其重点强调社会文化对于情绪的表达、生成和影响。换言之，情绪的社会建构重点在于强调情绪的认知功能和文化特征，主要是一种社会文化建构，是在人际交往互动中话语建构的产物。正如学者尹弘飚所言，"社会脉络决定了谁在何时、何地、以何种基础、以何种方式体验到哪些情绪"[5]。

首先，体育网络情绪的社会文化建构事实上也是双向的。一方面，社会文化中约定俗成的习惯、规章制度、价值观念、道德秩序等被用于选择和组织该群体的社会心理过程，通过支持或限定特定的日

---

[1] 隋岩、李燕：《论网络语言对个体情绪社会化传播的作用》，《国际新闻界》2020年第1期。

[2] 叶浩生：《第二次认知革命与社会建构论的产生》，《心理科学进展》2003年第1期。

[3] Harré Rom, *The Social Construction of Emotion*, New York: Basil Blackwell, 1986, pp. 1-14.

[4] Kenneth J. Gergen, "The Social Constructionist Movement in Modern Psychology", *American Psychologist*, Vol. 40, No. 3, March 1985, pp. 266-275.

[5] 尹弘飚：《情绪的社会学解读》，《当代教育与文化》2013年第4期。

常活动影响群体中交往主体的体育网络情绪表达、感知和体验。从整个过程来看,作为个体心理现象的体育网络情绪实际上是一种社会和文化共同作用的过程。另一方面,体育网络情绪反过来也建构社会文化。诚如学者 Doyle 所言,情绪是一种社会客体,具有行为对象和表意符号双重身份,其不仅是精心的社会仪式和实践的作用对象,而且能够作为符号指示我们是谁,指示我们处理自我认同的其他事物。[①]可见,情绪的这种双重身份使得体育网络情绪也具有认知功能,能够帮助人们认识自我,进而指导人们的行为。从社会宏观层面来看,体育网络情绪作为社会内化的载体,其表达和使用将对社会的宗教、制度、社会实践等文化体系产生重要的指引作用。在体育热点事件中,当一个人的网络情绪表达出现违背社会集体价值观或道德规则时,周围群体会表现出愤怒、仇恨等情绪来迫使当事人感到羞愧,进而约束自己的行为;而当一个人的网络情绪表达符合社会主流文化价值观时,周围群体会表现出鼓励和表扬的态度,以积极的网络情绪拥护这一行为。体育网络情绪通过谴责违反道德规范行为,鼓励遵守道德规范行为等方式来维护社会文化价值观和价值体系,从而来完成体育网络情绪对社会文化的塑造和建构。

其次,语言是建构体育网络情绪的重要手段。社会建构论还认为,情绪不能脱离其所经历、体验和表达的社会文化意义而存在,语言是建构情绪的重要手段。[②]而体育网络情绪作为现实情绪在互联网空间的再现和延伸,正是个体借助语言抑或网络语言在网络空间内进行情绪表达、生成和传播。语言作为人类特有的沟通和交流的手段,具有显著的认知功能,可谓是最高级的表意形式,在体育网络情绪的认知、表达和传播等建构过程中具有重要的作用。人们在通过语言或网络语言表达体育网络情绪时,能够利用语言建立起体育网络情绪表征与相关概念之间的关系,从而形成体育网络情绪解释的逻辑框架,以此来指导人们的体育网络情绪体验。从某种程度而言,语言或网络

[①] Doyle Mccarthy, "Emotions are Social Things: An Essay in the Sociology of Emotions", *Social Perspectiveson Emotion*, No.1, January 1989, pp.50-73.

[②] Doyle Mccarthy, "Emotions are Social Things: An Essay in the Sociology of Emotions", *Social Perspectiveson Emotion*, No.1, January 1989, pp.50-73.

语言驱动了体育网络情绪的表达、生成与传播。

一方面，人们将体育热点事件概念化后，把想要表达的情绪通过将其意义内隐于语言在互联网上进行传播。另一方面，网络语言作为互联网时代特有的体育网络情绪表达载体，通过谐音、表情包、段子、表情符号、数字等方式连接深层次丰富的情绪（如抱怨、讽刺、赞美、骄傲等），进而建立起体育网络情绪表征与相关概念之间的对应关系来指导人们的情绪体验行为。此外，人际交往中的体育网络情绪的表达、生成、传播等活动事实上是一种话语实践。正如法国哲学家米歇尔·福柯提出的"话语即权力"一样，话语中隐含权力的关系，谁掌握了话语谁就能够建构"真理"，它允许我们感受某些体育网络情绪而禁止其他体育网络情绪，从而塑造我们的体育网络情绪表达，同时我们也可以利用体育网络情绪创造社会或政治抵制。[①] 由此，语言或网络语言不仅成为体育网络情绪建构的重要手段，而且还让体育网络情绪成为话语操作的产物。

三 传播学视角：信息的有效传播所形成的公众注意力催生体育网络情绪

自人类社会产生以来，传播这一现象就时刻伴随我们左右，从远古时代的结绳记事，到近代的报刊、电视的发明，再到现代的移动互联网的狂飙突进，传播已全面渗透到我们生活的各个方面。所谓传播是指人与人之间通过符号传递信息、观念、态度、感情，以此实现信息共享和互换的过程。[②] 我国传播学家郭庆光教授将传播定义为，社会信息的传递或社会信息系统的运行，并指出人类社会传播所具有的5个基本特点：（1）社会传播是一种信息共享行动；（2）社会传播是在一定社会关系中进行的，又是一定社会关系的体现；（3）从传播的社会关系而言，它又是一种双向的社会互动行为；（4）传播成立的重要前提之一，是传受双方必须要有共同的意义空间；（5）传播是一种行为，是一种过程，也是一种系统。[③] 美国传播学家哈罗德·拉斯韦

---

① 尹弘飚：《情绪的社会学解读》，《当代教育与文化》2013年第4期。
② 陈至立：《辞海（第七版）》，上海辞书出版社2022年版，第305页。
③ 郭庆光：《传播学教程》，中国人民大学出版社2011年版，第4—5页。

尔也在其著作《社会传播的结构与功能》中提出："在一定程度上传播是人类世界生物体每一个生命层次上的特征。"① 由此可见，在当今5G技术赋能下的网络信息社会，传播不仅构成了网络时代信息的基本特征和发展要求，也是信息化进程下个体与社会之间进行实践沟通与存在的方式。

体育网络情绪是大众将现实中的情绪，借力体育热点事件在互联网空间内，通过语言或网络语言所进行的信息传播与互动。信息传播是个人、组织和团体通过符号和媒介交流信息，向其他个人或团体传递信息、观念、态度或情意，以期发生相应变化的活动。② 而体育网络情绪作为大众进行情感交流与沟通的一种重要形式，其本身就是信息传播内容的一部分。因此，从传播学的视角来看，体育网络情绪的生成，可以看作一个信息的有效传播所形成的公众注意力集合的过程，并具有明显的过程性和系统性特征。根据传播学家哈罗德·拉斯韦尔提出的构成传播过程的五种基本要素，也就是我们所熟悉的"5W"模式或"拉斯韦尔程式"，即谁，说了什么，通过什么渠道，向谁说，有什么效果。③ 由此，我们可以将体育网络情绪的生成机理概括为这样一个过程：作为网络参与主体的大众，依托网络及多媒体终端，基于个体的心理反应和自我认知，通过网络交往实践，对相关的体育赛事或体育热点问题等进行讨论并发表自己的看法，并与其他受众进行互动沟通与交流，进而使得所有参与此议题的个人和组织都联结在一起的传播学结构过程。换言之，体育网络情绪的生成就是网络参与主体和受众，在互联网所创设的拟态空间内，通过各类网络媒体平台就体育热点事件相关议题发表意见、态度和看法，并与其他网络主体和受众之间进行观点和意见相互交流的过程。可见，体育热点事件中网络情绪的生成就是一个网络体育议题，经由个体间不断交互传播，并在网络群体交互认识助推下所形成的话语影响较大的网络信息传播的过程。

---

① ［美］哈罗德·拉斯韦尔：《社会传播的结构与功能》，何道宽译，中国传媒大学出版社2015年版，第38页。
② 姜玉洁、李茜、郭玉申编著：《促销策划》，北京大学出版社2011年版，第123页。
③ 郭庆光：《传播学教程》，中国人民大学出版社2011年版，第50页。

第三章　5G 时代体育热点事件中网络情绪生成机理探究

随着 5G 时代的来临，5G 技术赋能引发了传播媒介生态格局的巨变，进而助推了体育网络情绪生成的速度与广度。相较于传统媒体时代的信息传播条件，5G 技术赋能下智媒体时代已完全突破了美国社会学家柯林斯所强调的"亲身参与的在场性"是人们进行互动的重要条件。在 5G 赋能的智能媒体时代，人类社会现已进入"人人都能发声、传播无处不在"的群体传播时代。所谓的"群体传播时代"是指非组织群体内成员与成员之间自发的、非制度化的传播活动。其最大的特点是群体成员自发集聚，彼此之间互不相识。[①] 在 5G 技术赋能所催生的群体传播时代，不仅极大地改变了体育网络情绪传播的条件，而且能够使个人的社会网络关系更容易扩张，从而在无形之中增加人们获取额外的社会资源的能力，进而拓宽体育网络情绪传播的广度和深度。一方面，在 5G 技术赋能所创设的互联网空间内，其凭借实时性、高速性、万物互联等优势，使得即使大众之间间隔千里，也能够通过网络群体传播进行体育网络情绪的互动，如 2020 年"孙某兴奋剂判罚事件"，正是个体的愤怒、不满情绪借助该事件，通过网络群体的传播，在网络上短时间内就引发了轩然大波。另一方面，5G 赋能下的互联网群体传播，可以帮助人们通过建立弱关系扩大社会网络，促进个体体育网络情绪在传播范围上的量变和体育网络情绪性质上的质变，形成社会体育网络情绪型舆论，进而影响体育热点事件的发展。

概言之，体育热点事件中网络情绪的生成，是体育热点话题或议题经由网络主体间性交往实践，不断传播的过程。从传播学的视角来看其生成的逻辑，体育网络情绪就是信息的有效传播形成的公众注意力所催生的，并在 5G 技术助推下，使其形成的速度更快、传播范围更广、影响更深远。

行文至此，我们已经对 5G 时代背景下，体育网络情绪生成的现实基础、实践动力和理论渊源进行了探究。然而，体育网络情绪的生成是人们生活实践的产物，受到政治、经济、制度、文化、技术等各方面因素的影响和制约，是一个不断变化发展的过程。因此，需要我们以发展

---

① 隋岩、李燕：《从谣言、流言的扩散机制看传播的风险》，《新闻大学》2012 年第 1 期。

的眼光，以理论联系实践的方式去看待体育网络情绪的生成，进而从宏观和微观层面全面窥探其生成规律，从而加深我们对体育网络情绪传播规律的理解和把握。所以，这又要求我们将目光转向体育网络情绪的演化规律。在 5G 时代背景下，体育热点事件中的网络情绪究竟会呈现出什么样的表达特色和演进特征，这对准确把握体育网络情绪传播的规律，以及后续提出具有针对性的体育网络情绪引导和化解路径尤为重要。

第四章
5G时代体育热点事件中网络情绪表达与演进规律

  体育热点事件在5G技术赋能的网络媒介助推下也进入了频发阶段，从"奥运会"到"世界杯"，从"NBA"到"F1"，从"孙某兴奋剂判罚事件"到"莫某事件"，等等，一个个体育热点事件以摧枯拉朽之势迅速席卷全球，现已成为人们生活、工作、学习和娱乐的重要组成部分。近年来，在体育移动互联的狂飙突进下，大众通过借力各种网络平台，对体育热点事件的发生和发展保持着高度且密切的关注。尤其是5G技术赋能下的新媒体诸平台，俨然演变成了体育网络情绪产生和传播的一个不容小觑的集散地。加之，随着传统社会不断向现代社会和消费社会转变，由新媒体所引发的"后真相"时代使得受众较少关注体育热点事件本身，而对于体育热点事件背后的绯闻、流言以及公众的情绪反应却异常关注。更值得关注的是，由于网民对于体育热点事件发表的个人观点和看法越来越倾向于情绪化的表达，极易造成网络情绪聚合和极化现象，从而影响到体育热点事件的健康发展，同时也给公众正确认知体育本身、体育管理部门及运动员形象带来一定的影响。

  那么，在5G时代背景下，体育热点事件中网络情绪表达到底会呈现出什么样的特点，传播过程中又会表现出哪些演进特征及规律？为什么？有何影响？这一系列追问突出了对其进行演化规律审视的必要性。接下来，我们将基于演化视角对体育热点事件中的网络情绪表达与传播展开讨论。

第一节　5G时代体育热点事件中网络情绪的表达特色

体育热点事件中网络情绪是人们对所处的客观世界中的体育热点事件产生的心理反应的间接表达和虚拟延伸，主要依靠文本、图片、动漫等形式呈现。相较于传统的情绪，体育网络情绪的内涵更加丰富，表达形式也更为多元和复杂。尤其是在5G技术赋能下，媒介化社会的日臻成熟从技术层面加快了情绪表达和利益诉求的议程设置，而网络情绪传播则成为贯穿体育热点事件的一项重要因子。据中国互联网络信息中心（CNNIC）发布的《第48次中国互联网络发展状况统计报告》数据，截至2021年6月，我国网民规模达10.11亿，手机网民规模达10.07亿。[①] 伴随着5G时代的到来，移动互联网得到了快速的迭代升级，极大地促进了以微信、微博为代表的新媒体使用的急剧升温，进而使得社会舆论场域产生了巨大的变革。

无疑，在5G技术助推下，各级各类的网络社交媒体为体育热点事件评论、传播和情绪的生成、发酵提供了自由、宽松的平台，大众获得了便捷的渠道来表达态度、观点和立场，致使传统的媒介监督范式逐渐被打破。诚然，体育作为当前大众健身、休闲、娱乐、文化传承的重要方式，在社会中充当了"调节阀"的角色，这也使得体育热点事件往往成为大众关注和热议的重要议题。一场重要的比赛、一件兴奋剂丑闻抑或是一个著名球星的转会等，在5G技术赋能的网络新媒体助推下，往往能迅速掀起大众的网络情绪表达狂潮。与此同时，在5G技术赋权下，大众的网络参与意识不断增强，体育热点事件中的网络情绪表达更是呈现出爆发式传播，网民的体育网络情绪表达较现实生活中更激烈、更主观、更直接，体育网络情绪的表达已然成为研究体育热点事件中网络情绪演化规律的一大突破口。此外，学者陈力丹认为，公众情绪通常

---

① 《中国互联网络发展状况统计报告》，2021年，中国互联网络信息中心。

较为含糊地表达了公众对于舆论客体的态度。① 可见，体育网络情绪作为大众现实体育情绪的网络化再现，在表达上其不仅仅表现为一种较为一致的社会情绪体验，而且表现为网络情绪的独特体验。由此，本章将从体育热点事件中网络情绪表达的语言、形式、时效等方面来对其表达特色进行剖析，希冀能够准确把握体育热点事件中网络情绪表达的基本规律。

一 语言上呈现出情感化和娱乐化

众所周知，语言作为人类进行沟通交流的基本方式，也是体育网络情绪表达和分享的重要载体。随着5G时代的来临，在5G技术赋能下，"三微一端"（微信、微博、微视和客户端）得到了快速的变革与发展。当前，大众利用各种网络新媒体在互联网拟态空间内分享观看体育比赛之感，发表体育焦点议题之态，谋求体育评论之赞等不胜枚举，现已成为人们消遣娱乐、博得他人关注、宣泄情绪的重要方式。在5G技术赋能的网络媒介助推下，人与人之间的体育网络情绪表达、分享与互动日趋频繁，进而促使体育情绪逐渐由私人领域走向公共领域。正如学者尹弘飚所言："人类社会正在由后现代社会步入'后情绪（post-emotion）社会'。"② 可见，在5G技术赋能的网络化和信息化社会背景下，情绪在我们日常生活中的重要性日益凸显。

纵观当前网络流行的体育评论软件（微信、微博、BBS、QQ等），几乎每一分钟都有大众在网络平台上就体育热点事件发表观点、态度和晒心情、求点赞、盼支持，也几乎每一条评论文本都内含一定情感倾向。可见，在当前5G技术赋能的网络新媒体平台上，体育网络情绪可谓是充斥着整个体育评论软件的空间。就当前覆盖面和流行度较为广泛的微博平台而言，新浪体育官方微博作为当下流行的、网络用户关注体育热点事件的社交软件，虽然对于用户评论和转发都必须要求在140字以内，但用户的每条评论都包含了众多词语和文字，即便是剔除无相关的词，剩余的文字也包含着不同的情感或情绪。一般来说，网民在微博上对于体

---

① 陈力丹：《舆论学：舆论导向研究》，上海交通大学出版社2012年版，第34页。
② 尹弘飚：《情绪的社会学解读》，《当代教育与文化》2013年第4期。

育热点事件的分析和预测，能够更加具体、准确地反映出网民对于该事件的即时情感或情绪。加之，体育热点事件本身也是体育迷抑或体育"粉丝"情绪宣泄的对象，由于每个人对体育热点事件都有不同的喜好，所以体育迷或体育"粉丝"在网络平台上的语言评论文本就会呈现出更加强烈的情感或情绪倾向。如在 2019 年女排世界杯期间的中国女排官方微博评论文本中，多次出现"必胜""加油""漂亮""自豪""棒棒"等表示相信、赞扬的情感词语来表达正面体育网络情绪，同时也出现"垃圾""黑洞""不行"等表示愤怒、贬责的情感词语来表达负面体育网络情绪。此外，还会出现"我觉得""我认为""应该"等带有心理动词的评论语来表达对该事件的意见和态度，虽然这种词语没有明显的情感倾向，但也是从自身理性的角度来表达对此事件的观点和主张，某种程度而言，这种类型的词语也或多或少地隐含着自身对于该事件的喜好倾向。由此可见，无论是网民对包含正面和反面情感词的使用，还是网民富含心理动词的自身观点表达，都在一定程度上说明体育热点事件作为网络用户情绪宣泄的对象，其本身就是大众茶余饭后评论的高频率话题，因而在网络情绪表达的语言上更具情感化和大众化。

然而，随着 5G 时代的来临，在 5G 技术助推下，移动互联网得到了更快的普及和发展，进而催生出了网络语言这一特殊语言形态。网络语言是伴随移动互联网的发展而兴起的一种有别于传统平面媒介的语言形式，是指从网络中产生或应用于网络交流的一种语言，包括中英文字母、标点、符号、拼音、图标（图片）和文字等多种组合。① 在当前互联网环境下，网络语言具有两种含义：一是指跟互联网及计算机技术与应用有关的术语和词汇；二是人们利用计算机互联网媒介进行交际与表达活动时所使用的语言。② 学者俞香顺在其著作《传媒·语言·社会》中将网络语言分为广义和狭义两类：广义的网络语言包括计算机编程语言、网络术语（如"点击""链接"等）和网民交流用语三类；狭义的网络语言特指第三类，即网民交流用语。③ 本书关注的是狭义的网络语言，即网民在网络空间中交流时所创造和使用的文字、图像、表情包等

---

① 孙国英：《正确对待网络语言及其影响》，《语文建设》2020 年第 12 期。
② 王炎龙、刘丽娟：《网络语言特征审视的多元思维路径》，《新闻界》2008 年第 12 期。
③ 俞香顺：《传媒·语言·社会》，新华出版社 2005 年版，第 120 页。

表意符号，往往以网络群体传播方式广为流传，成为网民之间的"行话"。[①] 网络语言不仅可以公开表达自身对于体育热点事件的情感，而且可以隐约表达对于体育热点事件的态度。诚如学者王仕勇所言："网络语言虽然主要在虚拟空间传播，却是人们对现实社会关注和情绪表达的产物。"[②]

相较于传统的日常交流语言，网络语言的一大特色就是富含游戏性、娱乐性、幽默性的情绪特征。网络语言常用一些谐音、缩略、数字、旧词新解、表情符号、表情包、网络段子、方言、外来词语等时尚、有趣和娱乐的方式来表达心中观点、态度和情绪。尤其是5G技术赋能下，伴随微信、微博等移动社交媒体的狂飙突进，几乎所有的移动社交媒体为了获取更多的受众，都在致力于为大众提供各种娱乐性商品和服务。正如尼尔·波兹曼在其《娱乐至死》一书中所言，我们已进入了一个娱乐化的时代，在这个时代，我们的问题不在于媒介展示具有娱乐性的内容，而是在于所有的内容都以娱乐的方式表现出来。[③] 在这个娱乐化时代的影响下，谈论体育热点事件已成为大众娱乐生活中的重要组成部分，以娱乐化和幽默化的网络语言在网上发表评论已成为时代的潮流。例如，在2020年"孙某兴奋剂判罚事件"中，新浪体育官方微博上就出现了一系列或幽默或比喻或流行的评论话语。此外，还有网民用反讽的话语来表达对于此次孙某判罚结果的不满。由此可见，用网络语言表达通常会显得比传统语言更为时尚、娱乐和幽默，在"嬉皮笑脸"的外表之下，网络语言还暗含"一本正经"的本心，更能反映和表达出网民心中对于体育热点事件的情绪和态度。

二 时效上展现出快速化和高度化

无疑，互联网的发展拉近了人与人之间的距离，使得信息流通更加的方便和迅速。尤其是随着5G时代的来临，5G技术凭借其超高速率、超低时延和超广覆盖等特性，不仅打破了传播的物理空间限制，而且给

---

① 隋岩、李燕：《论网络语言对个体情绪社会化传播的作用》，《国际新闻界》2020年第1期。
② 王仕勇：《我国网络流行语折射的社会心理分析》，《探索》2016年第6期。
③ [美] 尼尔·波兹曼：《娱乐至死》，章艳译，中信出版集团2015年版，第106页。

大众的体育网络情绪表达创设了"沉浸化"的场景,进而让大众可以"身临其境"地体验运动员、教练员和观众的即时情绪。在5G技术赋能的互联网空间内,无论是信息还是情绪,其传播过程都会因5G技术的发展而变得与传统方式大相径庭。伴随着5G技术的狂飙突进,各类网络媒介和各种类型虚拟社区如雨后春笋般不断涌现,这为体育热点事件这一刺激源提供了更大的接受范围,进而促使大众在当前嗅觉灵敏的社交网络中能够唤醒更多人的共鸣和记忆,从而促进大众体育网络情绪表达的快速扩散和高度参与。

(一)5G技术赋能,加速了大众之间体育网络情绪表达的互动与反馈

体育网络情绪表达是大众对于现实中客观体育热点事件所做出的评价、态度和意见的反映,体现的是一个情感宣泄的动态过程。可见,体育网络情绪的表达是以体育热点事件为载体,并通过体育热点事件这一刺激源不断催生而成。换言之,在互联网的海量信息中,当某个体育热点事件具有极强的敏感性和争议性时,网民的体育网络情绪表达会在短时间内爆发和蔓延。尤其是伴随着5G时代的来临,在5G技术赋能下,人类将进入一个把移动互联、智能感应、大数据、智能学习整合起来的智能互联网时代。在这个"后互联网+时代",移动互联的能力突破了传统宽带的限制,同时时延和大量终端得到根本解决。[①] 在5G技术赋权的网络新媒体助推下,大众获得了更加便利的发声渠道和平台,使得大众的话语权和自主意识不断增强,进而促使人类社会进入"人人都能发声、传播无处不在"的互联网群体传播时代。

在5G技术助推下,丰富多彩的网络传播平台和灵活的分享方式为体育热点事件这一刺激源的传播提供了便捷的通道。加之5G技术凭借其超高速率(5G的下载速率约为1Gbps,是传统4G的20倍)和超低时延(4G网络的时延为20—80毫秒,5G网络的理论时延为1毫秒,一般介于1毫秒至10毫秒之间)等优势,一旦具有强唤醒度的体育热点事件进入网络传播系统不仅会很快引发大众的体育网络情绪表达,而

[①] 项立刚:《5G时代:什么是5G,它将如何改变世界》,中国人民大学出版社2019年版,第94页。

且能够提升大众之间体育网络情绪表达的互动沟通、交流和反馈的速率。例如，2020年东京奥运会的开幕式上就运用了"5G+奥运"的直/转播模式，而且在网络平台直播后，1小时内就在新浪体育官方微博上引发数以万计的体育网络情绪表达，且部分主帖被转发超过1000次。

（二）5G技术赋能，提高了大众的体育网络情绪表达波动的频率

不可否认，在很大程度上，多数网民在体育热点事件中都是处于旁观者的角色，在体育热点事件的外围参与围观；加之在5G技术赋能的互联网匿名化、自由化的环境中，大众可以毫无顾虑地表达和宣泄自身的情绪；一定程度而言，体育热点事件的新闻信息的重要性要逊色抑或让位于网络情绪的宣泄。随着5G技术赋能的移动互联网和社交媒体的广泛应用，近年来体育热点事件中的网络情绪表达更是越来越表现出"强情绪、弱信息"的特征，不同立场的观点在网络所创设的虚拟空间中相互杂糅，进而使得网民的体育网络情绪表达很容易产生波动和从众倾向。从大众个体的角度来看，由于体育热点事件的发生具有一定的猝然性，任何新的信息都有可能会刺激到个体的情绪。比如，个体内心潜在的负面情绪被激活，传统媒体和网络媒体的持续跟进报道，等等，这些新补充的信息会促使大众个体的体育网络情绪表达处于不稳定的状态。此外，在5G技术赋能的互联网拟态环境中，权威信息可能存在缺位情况，使得大众信息会呈现出不对等的状态，这也会对大众个体的体育网络情绪表达产生影响。从大众群体的角度来看，在网络拟态环境中，在大众"圈层化"的影响下，网民的体育网络情绪极易受到群体身份认同以及群体情绪感染等效应的影响，进而使得网民的体育网络情绪表达达到高度的一致，从而形成群体性的体育网络情绪表达。

值得警惕的是，一旦体育热点事件中的某个信息引发了群体的情感共鸣，大众的体育网络情绪表达极有可能会迅速形成群体体育网络情绪表达极化现象，致使大众借力体育热点事件在网络空间中表达和释放心中的负面情绪，进而给体育热点事件的健康发展造成影响。

（三）5G技术助推媒介记忆发展，推动了大众体育网络情绪表达的高度参与化

媒介记忆作为人类记忆的高级形态，是人类一切记忆研究的核心

和纽带,更是人类历史发展、文明传承的基础和条件。① 媒介记忆概念的提出者卡罗琳·凯奇提出"媒介记忆"是作为媒介研究与记忆研究的交叉领域而提出来的概念,试图从中探讨在媒介运作中媒介是如何通过扮演一个记忆代理的角色来完成与社会其他领域的互动过程。② 学者邵鹏也在其著作《媒介记忆理论——人类一切记忆研究的核心和纽带》中把媒介记忆界定为是一种介质记忆,是一种过程记忆,是一种聚合记忆,是一种权威记忆。③ 此外,媒介记忆理论也认为,人类的集体文化和历史在很大程度上由"媒介记忆"塑造与延续,媒介记忆的代际相传为共同体记忆与个人记忆的保存、延续、意义诠释以及再生产提供了重要的基础和更加广阔的空间。④ 由此可见,媒介记忆的发展是以媒介技术为基础,对社会记忆、集体记忆和个人记忆都有着重要的影响。

然而,随着5G时代的来临,在5G技术赋能的媒介技术助推下,人类的记忆已从过去以语言、书写和电讯为主的革命时代,发展到当前的数字革命时代。5G技术也凭借其高速率、低时延和泛在网等特性与大数据、云储存等技术不断融合,从而也促进了媒介记忆进入高智能记忆时代。在这个时代,媒介已不再是简单的记忆载体或记忆工具,而是被置于更加广阔的"高智能语境"中进行运作与管理。任何一个体育热点事件背后都是成千上万的各种形式的深度信息。媒介记忆正在逐步由"记录者""报道者"转变为"存储者""深耕者"和"保护者",由"记忆载体"转变为"记忆银行"和"全球大脑"。⑤ 所以,在5G技术赋能的媒介记忆助推下,体育热点事件背后的深度信息都将被挖掘和存储到云空间,并通过新闻报道、赛事传播、体育明星对话等形式在

---

① 邵鹏:《媒介记忆理论——人类一切记忆研究的核心和纽带》,浙江大学出版社2016年版,第1页。

② Carolyn Kitch, *Pages from the Past: History and Memory in American Magazines*, Chapel Hill: The University of North Carolina Press, 2005, p.48.

③ 邵鹏:《媒介记忆理论——人类一切记忆研究的核心和纽带》,浙江大学出版社2016年版,第5—6页。

④ 刘宏亮、顾文清、王璇、高亮:《中国传统武术话语权危机与提升策略》,《武汉体育学院学报》2018年第12期。

⑤ 邵鹏:《媒介记忆理论——人类一切记忆研究的核心和纽带》,浙江大学出版社2016年版,第311页。

互联网平台上呈现给大众,进而唤醒和勾连起大众心中的个体记忆、社会记忆和集体记忆,促使其积极主动地参与到体育网络情绪的表达和宣泄中。值得注意的是,尤其是涉及国家、集体荣誉的体育热点事件,其更能快速地唤醒和激发大众心中的体育网络情绪表达。如在2020年"孙某兴奋剂判罚事件"中,孙某被禁赛8年的判罚结果一经国际仲裁法庭官网公布,国内大众支持孙某的爱国情绪短时间内就在互联网平台上引发了轩然大波。

三 形式上表现出间接化和多元化

相较于传统的信息表达机制不对等,表达通道不畅通的状态,5G技术赋能下的网络社交媒体平台的快速发展不仅为大众体育网络情绪表达提供了有力的技术支撑和保障,也为大众体育网络情绪表达的形式提供了更多的渠道和平台。体育网络情绪是伴随互联网的兴起而逐渐形成的,其在表达的呈现方面和传统的情绪表达有着较大的差异。传统的情绪表达是刺激在心理和生理层面的直接反应,而体育网络情绪的表达则较为间接,主要通过语言文本、图片、视频、表情符号等形式来表达。尤其是在5G技术赋能的互联网和新媒体平台上,体育网络情绪表达的形式将呈现出更加多元化的趋势。

(一)文字与多元媒介话语融合运用样态

伴随着5G技术的狂飙突进,媒介终端技术得到了快速的更新与发展,尤其是终端技术与新媒体平台的不断融合,使得体育网络情绪表达的话语生产和传播技术逐渐多元化。同时,多元主体沟通的体育网络情绪传播理念的兴起也推动了话语表达偏向的变化,从而使得体育网络情绪表达不再局限于口语和文字,图像运用的日益增多极大地丰富了体育网络情绪表达的模式。在5G技术赋能的新媒体助推下,体育网络情绪表达的话语生产技术和话语传播技术取得了巨大的进步,如用于图像生产的摄影技术的出现,用于视频传输的互联网技术的发展,等等,进而使得体育网络情绪表达不再仅仅依托口语和文字,而是逐渐转向了运用听觉、视觉、触觉等多种感觉,通过语言、图像、动画、声音、动作等符号手段进行表达的多种媒介话语融合运用的趋势。

但不可否认的是,文字依然是当前体育网络情绪表达的常用载体。不过在5G技术赋能的网络空间中,由于网络对信息生产和传播方式的颠覆,使得当前网络情境下的体育网络情绪的文字表达呈现出新的特征。首先,体育网络情绪的文字表达会呈现出情绪态度的一致性。我国传播学者李良荣曾指出,网络中前10条评论和后续的评论具有议题上的相关性以及网民的态度倾向。[①] 在5G技术赋能的互联网空间内,网民拥有了更加自由、舒适的话语表达的权利,加之在网络空间内文字的表达门槛较低,也没有字数和版面的限制,进而使得网民的文字表达更具随意性和主观性,在"圈层化"和"意见领袖"的影响下极易受到影响,从而催生出诸多相似或相近的文本表达。其次,体育网络情绪的文字表达中呈现的情绪强度较高。体育热点事件通常是比较容易引发网民关注的焦点话题,官方报道、网络意见领袖、权威专家的观点很容易给网民带来共鸣,使其产生认同心理并通过文字表达的方式在网络空间中呈现。蕴含着体育网络情绪的文字文本不仅能够影响个体对于信息的理解,而且可以促进个体行动意向的实践。正面的文字表达会给个体带来积极的认知,而负面的文字表达则会给个体带来消极的认知。尤其是在群体情绪感染效应的影响下,个体的情绪极有可能被不断强化,进而导致行动的倾向。例如,在2020年"孙某兴奋剂判罚事件"中,在中国游泳协会发文支持孙某上诉的态度后,新浪体育官方微博评论中多次出现"加油""相信"等情绪强度较高的字眼,表现出网民积极支持孙某维权的态度和爱国的荣誉感。最后,体育网络情绪的文字表达中呈现的非理性情绪较多。由于现实的生活、学习、工作等重重压力,无形之中会给个体造成越来越大的心理压力,进而产生焦虑、烦躁等负面心理情绪。然而,5G技术赋能的互联网给大众提供了现实情绪宣泄和表达的空间,让大众在这个拟态环境中可以借力体育热点事件尽情地释放心中积累已久的情绪。由此也产生了在当下公共网络平台的体育热点事件评论中,很大一部分的情绪表达仅仅停留在宣泄的层面,抱怨居多,理性的体育网络情绪表达较少。

---

① 李良荣、余帆:《网络舆论中的"前10效应"——对网络舆论成因的一种解读》,《新闻记者》2013年第2期。

第四章　5G 时代体育热点事件中网络情绪表达与演进规律

如今，在体育网络情绪表达过程中，多元媒介话语样态的融合应用，一方面，可以进一步丰富体育网络情绪表达主体的话语表达形式，提高各表达主体对体育网络情绪的全方位感知和认知。在 5G 技术赋能的新媒体语境下，可以通过 GIF 动图、三维动画、视频等信息呈现形式，将图像符号所具有的直观性、生动性和形象性等优势嵌入体育网络情绪的表达中，从而提高公众参与体育网络情绪表达的积极性和互动性。另一方面，多元媒介话语样态的融合应用，能够更好地呈现体育网络情绪表达主体对事件认知的建构及其背后的意旨，推进各表达主体间的互动与沟通。5G 技术赋能的新媒体语境下，多元媒介话语样态的融合应用不仅可以满足政府偏重理性文字、口语的体育网络情绪表达样式需求，而且可以满足媒体偏重真实性图像的体育热点事件建构方式以及公众情绪化的体育网络情绪表达话语形式需求，从而加深体育网络情绪表达的各主体对事件的认知和理解，推动各表达主体间的高效交流与沟通。

(二) 图像话语生产主体的扩大与网络图片意义的重构

在 5G 技术助推下，图像生产制作技术、设备以及传播渠道得到了快速的发展，使得图像开始日益侵占我们的视野，进而推动了以视觉文化为主导的时代的快速推进。这里不妨借助马丁·海德格尔在 20 世纪中期提出的著名说法来表述，他认为现时代就是"世界图像时代"：从本质上看来，世界图像并非意指一幅关于世界的图像，而是指世界被把握为图像了……世界图像并非从一个以前的中世纪的世界图像演变为一个现代的世界图像；毋宁说，根本上世界成为图像，这样一回事情标志着现代之本质。[①] 我国学者周宪也在其著作《视觉文化的转向》中提出，今天，我们正处于一个图像生产、流通和消费急剧膨胀的"非常时期"，处于一个人类历史上从未有过的图像资源富裕乃至"过剩"的时期；当代文化的各个层面越来越倾向于高度的视觉化，可视性和视觉理解及其解释已成为当代文化生产、传播和接受活动的重要维度。[②] 因此，也有人形象地把当今这个时代称为"读图时代"。当前，在以互联

[①] [德] 马丁·海德格尔：《海德格尔选集》，孙周兴译，上海三联书店 1996 年版，第 899 页。

[②] 周宪：《视觉文化的转向》，北京大学出版社 2016 年版，第 5 页。

网和手机终端为代表的新媒体体育图像呈现和传播的狂飙突进下,其不仅颠覆了传统的以文字为主的体育网络情绪表达的生产方式,催生出了诸如体育 GIF 动图、数字表情包、虚拟动画等图像表达的新形式,而且演化出崭新的图像"产销一体化"的传播格局,扩大了体育网络情绪表达中的图像话语主体,促使体育网络情绪表达的图像话语生产主体呈现出政府、媒体和公众并存的格局。

在 5G 技术助推的视觉化传播时代,视觉产品的日益增多已成为现代社会文化形态的一个重要特征。大众利用图片、表情包、动画等图像符号来进行体育网络情绪表达,这种方式几乎充斥在各类网络化平台之中,各种网络图片和表情符号的使用、创造也给大众的体育网络情绪表达带来了新的特点。

首先,体育网络情绪表达的识别度更显著。相较于文字文本的表达,图片、动画、表情符号亦是意义的载体,在视觉呈现上更具有冲击力和吸引力,能够进一步丰富文字表达,提供多视角、多维度的诠释,同时能够凭借其易识别性、可读性、通俗易懂性、直接性、生动性等优势,让大众传递复杂的体育网络情绪表达,并且可以让受众产生独特的视觉体验。比如,在当前流行的微信、微博评论中,大众经常采用各种小黄脸的表情符号(如 等)来表达心中的体育网络情绪,大众以此类图片和表情符号为载体更能准确地表达当时心中的高兴、伤心、难过、无奈等情绪状态,同时也可以最大限度地博取受众的眼球。

其次,体育网络情绪表达呈现出泛滥的趋势。在 5G 技术助推下,图像的传播和生产技术不断革新,使得表情符号、图片、动画等在网络中随处可见。大众利用直观的图片或表情符号来表达体育网络情绪,虽然在传播效果上表情和图片更具吸引力和视觉冲击力,但网民在图片或表情中时常会带入自身的情感预设,加之在群体感染效应的影响下,极易造成他人对此类视觉符号的引用、转发和滥用,进而导致此类体育网络情绪表达的失控和泛滥,影响体育热点事件的健康发展。

最后,体育网络情绪表达的意义呈现出不断解构和重构的趋势。诚如传播学家霍尔的"编码与解码"理论所表述的那样,一旦讯息以符号的形式被编码,它就向受众使用的各种阅读策略开放,允许受众对媒介讯息进行各种解读。① 由于图片、表情符号等视觉表达的特性,大众在借力此类图像符号表达体育网络情绪时都会赋予自己对图片和表情符号的解读,而对于信息的接收者来说,通常也会依据自身理解对其进行个性化的解读,因而在传者与受者之间就存在一定的解码风险,进而使得网络中的图片和表情在传播过程中会产生诸多意义的延伸、变异和重构。由此,大众不断借用网络中的表情和图片等视觉符号来服务于自身的体育网络情绪表达,再用其建构意义去影响他人,经过反复的传播和扩散,致使图片和表情等视觉符号的意义呈现出被多次解构和重构的趋势。然而,值得警惕的是,一旦大众用于体育网络情绪表达的图片和表情符号的意义被解构为负面的内涵,就容易引发体育网络情绪极化传播现象。

四 情感上表露出多样化和负面化

情绪作为一种异常复杂的心理概念,具有独特的内部结构,虽然目前心理学界对情绪的结构尚未形成一致的看法和理论观点,但对情绪的结构进行理论分析和实验探索的取向主要有分类取向和维度取向两类。② 在当前情绪表达研究的领域,引入情绪维度视角,根据情绪的方向和强度(情绪的效价)对其表达特征进行评估和测量是比较常用的研究视角。体育网络情绪作为情绪的一种特殊表现形态,对其表达研究当然也离不开情绪效价的研究视角。学者王晓晨采用了情绪的效价研究视角对2019年女排世界杯的微博评论文本进行了研究,发现其中大众的积极情绪倾向占比为52.42%,中性情绪倾向占比为34.17%,负面情绪倾向占比为13.41%。③ 在涉及国家荣誉和集体荣誉的无争议的体育赛事话题中,公众常见的情绪有支持、加油、相信、高兴、好样、恭喜,这些主要表达的是正面体育网络情绪;此外,讽刺、谩骂、愤怒等

---

① 张安琪:《基于霍尔"编码与解码"理论对传播与接受主体的行为研究》,《新闻传播》2022年第10期。
② 傅小兰主编:《情绪心理学》,华东师范大学出版社2015年版,第6页。
③ 王晓晨、关硕、于文博、李芳:《体育赛事网络舆情的传播特征研究——基于2019年女排世界杯的文本情感分析》,《成都体育学院学报》2020年第5期。

负面的体育网络情绪也同样存在，同时同情、认同和中立态度等几种体育网络情绪也比较常见。由此可见，当前大众的体育网络情绪表达中呈现出正面、负面等多样化的情绪特征。

然而，在网络群体情绪感染和"沉默的螺旋效应"影响下，大众的从众心理会进一步强化，进而使得情绪压倒理智，促使大众会不断深挖体育热点事件背后容易引起争议的细节，甚至有些缺乏素养的大众会捕风捉影，对体育热点事件添油加醋，肆意散发谣言，使得负面体育网络情绪不断扩散和蔓延。正如学者 Antonietta 和 Guglielmo 所发现的那样，无论是积极情绪还是消极情绪，都能引发再次分享行为，[1] 不过，出于寻求情感支持和社会同情的需要，人们更容易大肆分享高度负面的情绪。[2] 由此可见，消极的体育网络情绪抑或负面的体育网络情绪更易激发人们的分享欲望。

第二节　5G 时代体育热点事件中网络情绪的演进特征

体育热点事件作为社会公共事件的重要组成部分，其演进的逻辑始终遵循着事件的发展规律，即事件的生命周期。其实，生命周期的概念应用很广泛，特别是在政治、经济、环境、技术、社会等诸多领域经常出现，其基本含义可以通俗地理解为"从摇篮到坟墓"（Cradle-to-Grave）的整个过程。[3] 由于引起网络情绪的体育热点事件具有互动性和延续性，使体育网络情绪的产生和发展也成为一个不断发酵的动态的生命周期过程。对此，前期不同学者也基于差异化的视角对网络情绪的发酵过程进行了探究，有学者从心理学的视角把网络上的情绪表达分为初

---

[1] Antonietta Curci, Guglielmo Bellelli, "Cognitive and Social Consequences of Exposure to Emotional Narratives: Two Studies on Secondary Social Sharing of Emotions", *Cognition and Emotion*, Vol. 18, No. 7, July 2004, pp. 881–900.

[2] Christophe Véronique, Delelis Gérald, et al., "Motives for Secondary Social Sharing of Emotions", *Psychological Reports*, Vol. 103, No. 1, January 2008, pp. 11–22.

[3] 陈至立：《辞海（第七版）》，上海辞书出版社 2022 年版，第 1997 页。

始、反馈和强化三个阶段;① 有学者从社会学的视角将网络情绪的演进分为出现期、高峰期、发酵期和衰退期四个阶段;② 还有学者从管理学的视角将网络情绪的发展划分为潜伏期、酝酿期、爆发期、消散期和影响期五个阶段。③ 此外，学者周莉从突发事件视角出发，将突发事件中网络情绪的生成和演化划分为出现期、高峰期、持续期和衰退期四个时期。④ 体育网络情绪作为网络情绪的特殊表现形态，在体育热点事件的发展过程中同样会呈现出较为显著的阶段性特征。尤其是伴随着5G时代的来临，体育网络情绪借力5G技术赋能，在生成和传播上将更加迅速，在演化阶段上也越来越清晰，在演进阶段所表现的特征也越来越突出。

基于此，借鉴以上学者关于网络情绪传播过程划分的成果，本书将体育热点事件中网络情绪的演进阶段划分为唤醒、爆发、持续和消退四个阶段，以期把脉出5G时代体育热点事件中网络情绪演进各个阶段的特点，进而为准确洞悉5G时代体育热点事件中网络情绪传播的规律以及提出具体的体育热点事件中网络情绪应对之策提供帮助。

一 唤醒阶段：体育网络情绪呈现出强情绪和弱信息的特征

毋庸置疑，伴随着5G时代的来临，5G技术凭借其高速度、低时延、泛在网、万物互联和万物皆媒等优势，不仅给体育热点事件中网络情绪的生成和发展提供了技术支撑和保障，而且给体育热点事件中网络情绪的演化和传播提供了便捷的渠道和环境。然而，在5G技术赋能下，体育热点事件中网络情绪的生成与发展不仅受到体育热点事件自身发展的影响，同时也受到体育网络舆情的影响。从心理学的视角来看，体育热点事件中网络情绪的形成实质上是一个"刺激—反应"的过程。具体而言，体育热点事件中网络情绪的唤醒发端于刺激源的出现，即体

---

① Carmina Rodriguez Hidalgo, Ed S. Tan, Peeter Verlegh, "The Social Sharing of Emotion (SSE) in Online Social Networks: A Case Study in Live Journal", *Compu-ters in Human Behavior*, Vol. 52, No. 11, September 2015, pp. 364–372.
② 唐超：《网络情绪演进的实证研究》，《情报杂志》2012年第10期。
③ 赵卫东、赵旭东、戴伟辉：《突发事件的网络情绪传播机制及仿真研究》，《系统工程理论与实践》2015年第10期。
④ 周莉：《突发事件中的网络情绪研究》，武汉大学出版社2018年版，第64页。

育热点事件爆发，并通过传统媒体或网络新媒体公之于众，促使体育网络舆情涌现，进而引发大众在网络上进行情绪表达与宣泄。

首先，体育网络情绪在唤醒阶段的刺激源主要来源于公开消息。一般而言，体育网络情绪是由体育热点事件这一刺激源的出现而引发的，主要是通过电视、报纸等传统媒体报道以及微博、微信、微视等网络新媒体社交平台上的信息公示和转发，但无论是传统媒体报道，还是新媒体网络新闻传播，其主要的信息来源多为官方公布的体育热点事件内容，不过也有部分信息是来源于普通网民在网络化平台上的爆料。特别是在当前5G时代背景下，在5G技术赋能的新媒体助推下，网络新闻凭借其较强的时效性、互动性、易传播性、可视化性等优势，往往成为传统媒体和新媒体平台上新闻报道的首要落脚点，现已成为体育热点事件首发曝光率最高的媒介类型。据中国互联网络信息中心（CNNIC）发布的《第48次中国互联网络发展状况统计报告》数据，截至2021年6月，我国网络新闻用户规模达7.60亿，较2020年12月增长1712万，占网民整体的75.2%。[①] 毫不夸张地说，网络新闻作为信息类基础应用，目前已成为即时通信和搜索引擎之外的第三大互联网应用。如此庞大的用户规模也使得网络新闻一旦将体育热点事件信息进行推送，在5G技术赋能的互联网助力下，短时间内就可让数以万计的大众知晓，从而快速唤醒大众的体育网络情绪表达与宣泄。与此同时，在5G技术赋能下，政府的电子政务服务也得到了快速的发展，体育热点事件的相关信息大部分由政府的官方网站、官方微博、微信等平台发布，因而在信息的权威性上具有一定的保障。所以，大众的体育网络情绪多针对的是事件本身，而对信源的质疑情绪则较少出现，加之在网络新媒体平台信息传播广泛和便利的驱动下，体育热点事件信息一旦在网络化平台上出现，大众的体育网络情绪将以极快的速度唤醒和扩散。

其次，体育网络情绪在唤醒阶段的时间比较短。前期诸多学者都认同网络情绪演化的每个阶段之间都有一定的间歇，即过渡期；然而，随着5G时代的到来，5G技术凭借其超大带宽、超广覆盖、超低时延等优势，与大数据、云计算、人工智能等先进技术不断融合，促使人类进入

[①] 《第48次中国互联网络发展状况统计报告》，中国互联网络信息中心，2021年。

第四章 5G 时代体育热点事件中网络情绪表达与演进规律

了一个"万物互联、万物皆媒"的智能互联网传播时代。在 5G 技术赋能的智能互联网传播时代，体育热点事件在微博、微信、微视等自媒体平台上的传播速度大大提升（5G 的下载速率约为 1Gbps，是传统 4G 的 20 倍；4G 的上传速率为 6Mbps，而 5G 的上传速率为 100Mbps），这使大众的体育网络情绪在唤醒后短时间内就会进入情绪爆发阶段，致使体育网络情绪的唤醒阶段和爆发阶段之间过渡很快，同时也会导致体育网络舆情从产生期迅速进入高峰期。此外，在 5G 技术赋能推动移动互联网迅速发展的同时，也引发了媒介生态环境的巨大变革，这不仅使得体育明星、体育专家、"网红"等意见领袖和媒体（尤其是自媒体）等介入体育热点事件的时间越来越早，而且使体育网络情绪的累积时间也越来越短，进而促使体育网络情绪的唤醒阶段也随之相应缩短，从而致使唤醒阶段和爆发阶段之间的界限也变得日趋模糊。值得关注的是，对于体育赛事这类体育热点事件而言，由于体育赛事结果的不确定性和未知性，大众的体育网络情绪唤醒不易被察觉，可能紧随赛事的推进而被迅速唤醒进而爆发。例如，在 2019 年女排世界杯比赛中，大众的体育网络情绪可能会在某一场比赛中因中国队赢得一个"漂亮球"而唤醒，进而在网络化平台和"圈层化"的助推下，迅速爆发和扩散。

最后，体育网络情绪在唤醒阶段主要呈现出强情绪和弱信息的特征。随着 5G 技术赋能的网络新媒体的狂飙突进，使得当前传统媒体已不再是体育热点事件的首爆平台，多数体育热点事件的刺激源都来自网络平台。一旦具有争议的体育热点事件在网络平台发布，大众心中的共同情感和社会记忆会被快速唤醒，进而促使大众参与该事件的积极性越来越高，情绪反应也越发高涨，从而使得大众在体育网络情绪唤醒期过多关注体育热点事件的本身，而对于该事件缺乏理性分析，致使大众体育网络情绪在唤醒期呈现出强情绪和弱信息的特征。例如，在 2020 年"孙某兴奋剂判罚事件"的微博评论中，网民在新浪体育官方微博上对"孙某兴奋剂判罚事件"的评论情感词显示，出现较多的是"不公平""质疑""诬陷"等，加之由于孙某被禁赛八年是由国际体育仲裁法庭（CAS）所裁决，而且奥运冠军孙某作为体育界家喻户晓的明星和广大民众心中的榜样，极易唤醒网民的爱国情感共鸣和记忆。在这种情感的驱动下，公众极易形成广泛的心理共鸣，致使网民只关注判罚结果，而缺乏对事件深入理性的分析，在愤怒、质疑和支持声中影响着该事件不断发酵和升温。

二 爆发阶段：体育网络情绪呈现出快速化和同质化的特征

当在唤醒阶段的体育热点事件所反映的是大众所关注的公共问题或社会问题时，大众的敏感神经会被迅速触发；在5G技术赋能的互联网助推下，传统媒体和网络新媒体以及新闻门户网站迅速响应并对事件进行跟踪报道，事件的影响力在短时间内急遽扩大，网络体育热点事件的焦点议题逐步形成。大众围绕体育热点事件的焦点议题，通过微博评论、微信转发、新闻跟帖、BBS讨论等形式进行情绪表达与宣泄，并在群体心理感染的影响下产生"动员—认同"效应，[1] 进而使得越来越多的网络群体带来网络意见的聚集和趋合并形成主流情绪，致使大众在网络上形成一场情绪狂欢的"飓风"，即标志着体育网络情绪进入爆发阶段。此阶段，由于更多的社会力量和网络化媒体介入事件的发展，比如网络"大V"、体育明星借助其自身的影响力和号召力表达对体育热点事件的看法，资深体育专家或学者对体育热点事件进行了专业性的解读和剖析，政府或体育相关职能部门或体育协会出于公共管理职能抑或社会舆论的压力而发布更多关于体育热点事件的细节信息以试图控制体育网络舆情的走向，等等，在不同主体共同参与体育热点事件爆料和分析的作用下，大众的体育网络情绪将呈现出以下特征。

首先，体育网络情绪在爆发阶段呈现出快速化的特征。随着体育热点事件的进一步发展，传统媒体及其网络新媒体不断对体育热点事件进行跟进并设立相关的专题进行实时报道，进而使得双方的信息不断相互应证，致使体育热点事件不仅在网络上引发广泛关注，而且在现实社会中形成更大范围的再次关注，从而促使体育热点事件在网络上和现实社会中相互影响、相互促进，不断推进体育网络情绪的发展。一方面，在5G技术赋能的网络新媒体助推下，体育热点事件的事实信息不断更新，加之不同媒体基于差异化的视角对体育热点事件进行剖析，从而引发了

---

[1] 唐超：《网络舆情与现实社会的"动员—认同"模式研究》，《情报探索》2013年第10期。

第四章　5G时代体育热点事件中网络情绪表达与演进规律

不同的热议话题，进而在互联网传播的广泛性、实时性、互动性等优势的助力下，使得新产生的刺激源能够得到及时有效的互动反馈，进而导致大众的体育网络情绪在单位时间内出现多次情绪集中爆发的现象，呈现出体育网络情绪大范围快速迸发局面。另一方面，随着主流媒体的不断介入，体育热点事件的相关细节逐渐被披露，其影响力和感召力逐渐得以显现，尤其是利益相关者的网络情绪表达更容易引发其他网民的情感共鸣，进而在群体从众心理和"沉默的螺旋效应"作用下，造成自发性的体育网络情绪在短时间内大规模地聚集和爆发。例如，2017年的"国家乒协风波"，其本身是由于中国乒协深化改革的需要，却引发了教练员和运动员集体退赛事件，进而造成网民反向情绪加剧，一边倒地支持教练员和运动员，纷纷表达对于乒协改革的质疑，致使改革事业举步维艰。

其次，体育网络情绪在爆发阶段呈现出同质化的趋势。在5G技术赋能的移动互联网时代，体育热点事件中的网络情绪呈现出持续周期短、发展迅速的特点，大众的体育网络情绪在经过唤醒阶段的积累和发酵后，在5G技术赋能的网络新媒体和"圈层化"的助推下，主流的体育网络情绪通过相互感染而得到不断强化，并逐渐聚集和整合，进而使得大众的体育网络情绪呈现出同质化的演变趋势。具体而言，当体育热点事件中的网络情绪进入爆发阶段，在传统媒体与网络新媒体的推动下，体育热点事件的相关焦点信息犹如井喷一般，从而使得大众对体育热点事件的了解程度不断提升。此阶段，大众的关注焦点不再像唤醒阶段那样只关注体育热点事件的本身，而是转向了对体育热点事件的评判、反思和问责，这不仅提升了大众的主体意识，同时也促使了在相对集中的体育热点事件议题中网民的观点得以不断交锋，进而在群体心理和"沉默的螺旋效应"影响下，网民中产生共鸣的观点逐渐聚合，他们通过不断排除异己观点，吸纳志同道合者观点，最终在网络虚拟的公共空间内形成趋同的舆论群体。在这种趋同的舆论群体中，体育明星、体育专家、网络"大V""网红"等意见领袖凭借其感召力和影响力，通过极具感染的文字描述和情感召唤，现已成为体育网络情绪爆发的重要推动者。在这些意见领袖的助推下，大量网民会出于对意见领袖的认同感和崇拜感，短时间内产生理性思考和自我意识弱化，加之在群体心理的情绪感染下，使得意见领袖对于体育热点事件的情绪表达倾向逐渐成为广大网民的情感共鸣，从而致使单一的甚至是极端的体育网络情绪大范围的传播和扩散，即同质化演变。比如，在 2020 年"孙某兴奋剂判罚事件"结果公示后，中国泳协第一时间做出回应支持孙某上诉，从中国泳协回应孙某禁赛的内容来看，其印象关键词为"支持、维护、权利"，这进一步激发了网民的爱国情绪，提高了网民对于该事件的参与感，同时也更加强化了网民对于 CAS 判罚的不满情绪，造成相似的情绪体验，形成心理方向极为统一的群体行为，促使负面网络情绪表达同质化范围不断扩大。

总体而言，体育热点事件中的网络情绪在 5G 技术赋能的网络新媒体助推下，在唤醒阶段之后，逐渐形成网络体育舆论并与体育热点事件相互促进、相互影响，经过不断地累积网络体育舆论，使得体育网络舆情逐渐达到一个顶峰，此时大众的体育网络情绪也进入了爆发阶段。相较于体育网络情绪在唤醒阶段的分散性，爆发阶段的体育网络情绪在意见领袖的引领下，以及在群体情绪感染作用下，极易形成大范围的体育网络情绪表达同质化演变的趋势。

三 持续阶段：体育网络情绪呈现出标签化和动态化的特征

在 5G 技术赋能的网络新媒体助力下，体育热点事件通过便捷的传播平台得到了快速的宣传和报道，一些体育热点事件相关的焦点议题不断引发社会大众的关注，导致大众的各种意见和观点在网络上呈现井喷式扩散，体育网络情绪也因此进入爆发阶段。然而，随着体育热点事件经过短促复杂的爆发阶段之后，在政府及官方媒体的不断介入（如体育行政部门、《人民日报》、《新华日报》等），并启动相关的疏导机制对体育网络舆情进行调控下，使体育网络舆情出现波动，大众的体育网络情绪也在传播过程中不断分化、组合，并逐渐形成具有动态化和标签化的情绪特征，从而也促使体育网络情绪进入持续阶段。

首先，体育网络情绪在持续阶段呈现出动态化的波浪式发展特征。在 5G 技术赋能下，体育热点事件借力各类网络新媒体平台和互联网时代信息传播的及时性和迅速扩展性优势，相关信息在被爆料之后便能很快得到大众的关注、分享和传播，进而促使大众的体育网络情绪表达和宣泄呈爆发式扩散。而后，体育热点事件中网络情绪在经过爆发阶段之后，便会进入一个持续阶段。相较于唤醒阶段和爆发阶段，体育网络情绪在持续阶段的周期明显增长，但此阶段体育网络情绪的变化趋势并非呈直线式上升或下降，而是在多元刺激源和多种因素综合作用下，呈现出动态化的波浪式发展趋势。一方面，随着官方机构和媒体的不断介入，体育热点事件相关的信息被陆续报道，体育热点事件也被各大媒体从多视角解析。面对如此繁杂的事件信息，大众受自身文化程度、社会地位、个人情感等方面的制约，使得不同人对于体育热点事件和相关信息的认知，以及对体育热点事件的后续发展趋势预测也截然不同，致使大众的体育网络情绪在这些因素的综合作用下不断分化组合，从而呈现出多个起伏的发展趋势。另一方面，随着体育热点事件中的相关信息被不断公开，体育热点事件发展的信息也得以更加全面的呈现，使得大众对体育热点事件的信息期待也得到了一定的满足，从而致使其在主观上会减少对体育热点事件的关注度，进而促使大众体育网络情绪表达的热度相应下降。然而，随着体育热点事件相关的焦点议题不断被更新，网络上能够调动和激发网民体育网络情绪表达和宣泄的刺激源也相应增加，在这些新刺激源的不断助推下，网民可能会因某一刺激源的触发而引起体育网络情绪表达的狂欢，进而形成情绪宣泄的小高峰。由此，在不断更新的刺激源交替出现过程中，大众的体育网络情绪表达和宣泄呈现出波浪式的运动特征。

其次，体育网络情绪在持续阶段呈现出标签化的特征。随着体育热点事件中网络情绪进入持续阶段，各大媒体对体育热点事件及其相关的信息持续报道，为大众全面了解事件的来龙去脉提供了帮助。然而，在5G技术赋能的互联网所催生出的"眼球经济""网红经济"和"流量经济"的影响下，一些媒体为了提高自身的关注度和知名度，通过将某一体育热点事件打上标签抑或是将某一体育热点事件中的体育明星赋予幽默、搞笑、戏谑的称谓来博取网民的关注，以此来提高自身的流量和热度。网民在这些媒体的引导下，也逐渐形成对某一体育热点事件及其相关人的固有成见，并开始效仿和引用"贴标签"方式来进行体育网络情绪的表达和宣泄，进而使大众标签化的体育网络情绪表达方式不断扩散。例如，在2020年"孙某兴奋剂判罚事件"中，随着官方媒体的介入，对"孙某兴奋剂判罚事件"的具体细节的报道持续展开，听证会视频、药检证据、仲裁报告要点等信息不断被公开，民众看到了真相，舆论开始大反转，孙某本人的"黑历史"也被扒出，谩骂批判声此起彼伏。一些媒体为了博取公众眼球而给此次体育热点事件的主角——孙某贴上"无知、无视、失信、妈宝"等标签，进而引发网民对于这类标签群体的刻板成见，网民通过"贴标签"方式来表达对"孙某兴奋剂判罚事件"的态度和认知，致使体育网络情绪表达呈现出"标签化"的特征。

最后，体育网络情绪在持续阶段呈现出理性不断增强的特征。在5G技术赋能下，以微信、微博为代表的新媒体平台得到了快速的迭代升级，为体育热点事件的快速传播提供了便利的渠道。在这些新媒体平台的助推下，当某一体育热点事件在网络上爆出后便可得到网民大范围的关注，进而引发大众的体育网络情绪进入爆发阶段。由此，在体育网络情绪的爆发阶段，由于缺乏对体育热点事件具体情况的了解和掌握，网民之间相互碰撞冲突的根据往往来源于不完整的未经核实的信息。然而，在政府及其官方媒体的不断介入下，通过体育热点事件调查、媒体发声等方式使得体育热点事件的相关真相及其具体细节被逐渐披露，在媒体议程设置的影响下，致使网民的关注点逐渐由分散趋于集中，进而促使网民由之前的主观臆测转向官方媒体调控的理性方向思考。

由此，我们不难发现，在体育热点事件中网络情绪的持续阶段，在官方媒体和网络媒体的持续报道和议程设置引导下，大众逐渐对体育热点事件的相关细节和真相有了进一步的了解，从而使得大众对于体育热点事件有了更加理智和全面的把握。在官方及其主流媒体的引导和助力下，大众的体育网络情绪不仅表现出动态化和标签化的特征，而且呈现出理性化逐渐增强的趋势。

四 消退阶段：体育网络情绪呈现出遗忘性和理智性的特征

伴随着体育热点事件发展进程的不断推进，在5G技术赋能的各类网络化平台的助力下，体育热点事件中的相关信息和焦点议题被不断曝出，大众的正面、负面和中立的体育网络情绪也随着体育热点事件的发

第四章 5G 时代体育热点事件中网络情绪表达与演进规律

展而交锋和杂糅。但是，大众在经历较长时间持续关注某一体育热点事件后，其注意力也会随着体育热点事件的合理解决，抑或是被其他新近发生的社会焦点事件所吸引，致使原先的体育热点事件不再是大众关注的焦点，从而也使得大众参与原先体育热点事件的网络情绪表达热度降低，致使原先体育热点事件中网络情绪进入消退阶段。此阶段，由于官方机构和媒体对于体育热点事件的具体细节进行了多方位的解读和报道，使得大众对体育热点事件的前因后果有了比较清晰的认识，并开始逐渐接受、认同和依赖官方机构和媒体的信息报道，大众体育网络情绪逐渐转向较为理性的表达。与此同时，随着时间的不断推移，大众的体育网络情绪在缺乏新刺激源的情况下开始逐渐消散，网络评论量也日趋减少，进而呈现出遗忘性的特征。

其一，体育网络情绪在消退阶段呈现出理智性的特征。在 5G 技术赋能的网络化媒体助推下，体育热点事件的相关细节信息被不断挖出和报道，使得大众对体育热点事件的来龙去脉了解得比较清楚，从而致使大众对于体育热点事件的意见和看法从之前个人情绪化的自由表达转向统一社会认识下的理性情绪表达。此阶段，随着体育热点事件的发展逐渐走向尾声，大众不再有像爆发阶段那样井喷式的情绪宣泄，也不再有持续阶段的情绪反复，而是站在一个比较客观的角度，去看待体育热点事件所带来的影响及其一系列的延伸问题，进而大众的体育网络情绪表达呈现出理智性的特征。尤其是在具有争议性的体育热点事件中，在经过官方媒体的澄清事实、辟谣基础上，大众的体育网络情绪表达逐渐倾向于理性、客观的表述。例如，在 2020 年"孙某兴奋剂判罚事件"中，随着最高人民检察院的《检察日报》以及《人民日报》对"孙某兴奋剂判罚事件"的细节做出客观的评论后，网民的关注点由分散趋于集中，并开始关注"孙某兴奋剂判罚事件"的具体细节及其背后的原因，进而促使大众的体育网络情绪逐渐回归冷静和理性。

其二，体育网络情绪在消退阶段呈现出遗忘性的特征。随着体育热点事件的具体细节被不断公示，政府及体育相关管理部门对于体育热点事件的解决措施不断跟进，使得体育热点事件得到了妥善的处理。同时，在体育网络情绪持续阶段后，随着网络媒体和传统媒体对体育热点事件的关注度和报道量降低，在体育热点事件相关的焦点议题和新刺激源不断减少的状态下，大众对于体育热点事件的关注在心理上也产生了疲惫感，进而促使大众逐渐降低对体育热点事件的关注度和热度，致使大众的体育网络情绪表达呈现出遗忘性的特征。一方面，此阶段大众的体育网络情绪一部分是自然性遗忘。由于体育热点事件发展的来龙去脉已被大众知晓，政府部门和媒体也采取了一定的解决措施，使得体育热点事件的发展渐近尾声。由此，随着体育热点事件在传播和扩散过程中，传统媒体和网络新媒体对于事件的信息报道消耗殆尽，从而导致体育热点事件的突发性、新鲜性、不可预知性已不再能调动大众的情感动能，大众的体育网络情绪也随之自然消退。另一方面，此阶段大众的体育网络情绪一部分是替代性遗忘。在某一体育热点事件中的网络情绪经历持续阶段后，社会上突然出现了新的体育热点事件或社会焦点事件，转移了大众对于原体育热点事件的关注，大众开始被新的体育热点事件或社会焦点事件吸引，从而导致原体育热点事件中网络情绪表达热度下降，呈现出替代性遗忘的特征。不过，值得警惕的是，大众的体育网络情绪在消退阶段并非一成不变，一旦有新的刺激源或类似的体育热点事件出现，体育网络情绪将会被迅速唤醒而进入新一轮的演化周期。

综上，体育热点事件中网络情绪的形成呈现出阶段性演进特征，网络情绪经历了从唤醒阶段的强情绪和弱信息表现特征，到爆发阶段的快速化和同质化表现特征，再到持续阶段的标签化和动态化表现特征，最后到消退阶段的遗忘性和理智性表现特征的演化过程。换言之，体育热点事件中网络情绪经历了从同质化情绪占主导地位到逐渐回归理性，从各方媒体多方面爆料到官方媒体介入和引导，从多种情绪相互作用到回归稳定趋于均衡的过程。同时，相较于一般的社会热点事件网络情绪，体育热点事件（尤其是竞技体育比赛）网络情绪的阶段性演进过程中，每个阶段都有显著的关键节点且更加明晰。在唤醒阶段体育网络情绪主要以体育热点事件最初的媒体信息发布或网民爆料为关键节点；在爆发阶段体育网络情绪主要以网络意见领袖（组织、媒体、体育明星等）凭借其强大的网络号召力和影响力的助推为关键节点；在持续阶段体育网络情绪主要以官方媒体的调控为关键节

第四章 5G 时代体育热点事件中网络情绪表达与演进规律

点；在消退阶段主要是以新的热点事件出现或网民的微博评论转发量急遽减少为关键节点。

第三节 体育热点事件中网络情绪表达与演进的实证分析

本书在 5G 时代背景下，以 2020 年"孙某兴奋剂判罚事件"为切入点，采用目前学界较为公认的 Russell 提出的情绪模型，他认为情绪可划分为两个维度：愉快度和强度。其中愉快度分为愉快和不愉快，强度分为中等强度和高等强度。由此可以组合成四种类型：愉快—高等强度是高兴，愉快—中等强度是轻松，不愉快—中等强度是厌烦，不愉快—高等强度是惊恐（如图 4-1 所示）。① 以此来探讨和佐证体育热点

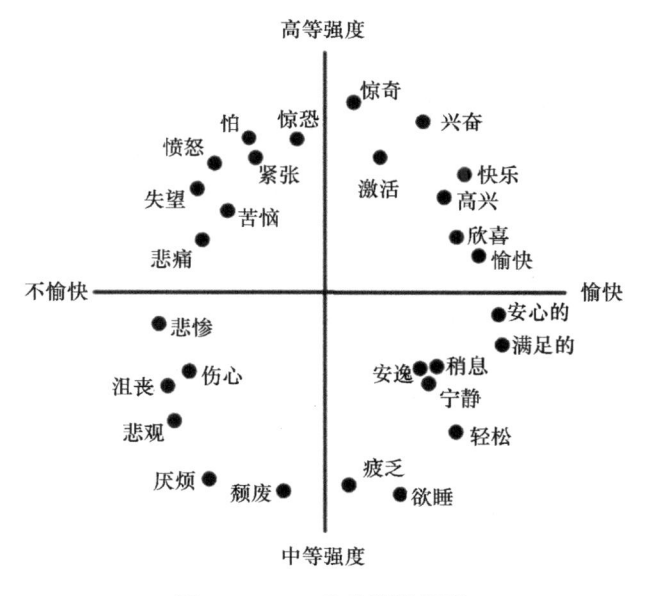

图 4-1 Russell 的情绪模型

---

① J. A. Russell, et al., "Core Affect, Prototypical Emotional Episodes, And Other Things Called Emotion: Dissecting the Elephant", *Journal of Personality & Social Psychology*, Vol. 76, No. 5, May 1999, pp. 805-819.

事件中网络情绪的表达与演进特征，以期达到窥斑见豹之功效，希冀为进一步探明体育热点事件中网络情绪的传播规律提供服务。

一　案例的选取

（一）研究对象

本书以 2020 年"孙某兴奋剂判罚事件"中的微博评论为研究样本。选择此次孙某事件作为研究案例是因为其是一个典型的体育热点事件，孙某作为著名体育明星，在国内外影响力巨大，这次判罚事件引发了众多网民的关注和多元情绪表达，为本书提供了优质样本和切入点。

1. "孙某兴奋剂判罚事件"复盘

事件源于 2018 年 9 月 4 日，国际兴奋剂检查管理公司（IDTM）三名工作人员来到孙某住处对其进行赛外反兴奋剂检查，孙某对检测人员资质质疑未能完成药检。随后，在 IDTM 提供给国际泳联的报告中表示，孙某"暴力抗检"。2018 年 11 月 19 日，国际泳联就孙某"暴力抗检"行为举行听证会，并于 2019 年 1 月 3 日做出裁决：IDTM 此次执行的兴奋剂检查无效，孙某没有兴奋剂违规行为。2019 年 3 月 12 日，世界反兴奋剂机构（WADA）因不满国际泳联做出的裁决上诉国际体育仲裁法庭（CAS）。2019 年 11 月 15 日，孙某暴力抗检事件在瑞士举行听证会。2020 年 2 月 28 日，国际体育仲裁法庭做出裁决：世界反兴奋剂机构上诉成功，国际泳联之前做出的孙某没有违规的裁定无效，孙某的抗检行为违反了《世界反兴奋剂条例》，他将遭到禁赛 8 年的处罚，即时执行。这一判罚结果一经公示就在国内外社交媒体平台上引发轩然大波。

2. "孙某兴奋剂判罚事件"：一个媒介技术逻辑催生下的网络情绪表达案例

2020 年初，国际体育仲裁法庭公布了孙某被禁赛八年的裁决书。表面看起来，此次判罚事件只是一件普通的运动员兴奋剂处罚案件，但其实是这个判罚事件在互联网和社交媒体的驱动下，把国际体育仲裁法庭和孙某推至风口浪尖，进而引发网民大量情绪化的评论。

那么，问题是，为何"孙某兴奋剂判罚事件"就能够在极短时

第四章 5G 时代体育热点事件中网络情绪表达与演进规律

间内引发如此舆论狂潮？除了孙某作为中国乃至世界优秀的游泳运动员所具有的实力和影响力之外，无疑媒介技术的推动正是这一事件中网络情绪和舆论得以快速传播的重要基础。所谓媒介技术，也称传播技术，指的是人类驾驭信息传播，不断提高信息的生产与传播效率所采用的工具、手段、知识和操作技艺的总称。① 毋庸讳言，网络情绪经由网络而聚集，自然要受到网络技术的影响。随着 Web 2.0 时代不断向 Web 3.0 时代迈进，网络技术的裂变式发展不仅引发了媒介格局的巨大变革，也对公众的网络情绪表达产生了重要影响。首先，网络技术的发展为公众网络情绪表达提供了便利的平台。近年来，在 5G 技术赋能下，互联网技术不断更迭，以互联网为主的新媒介成了网络情绪表达和传播的主要平台。以微博、微信等为代表的新媒体媒介，依托强大的互联网平台及自身的便捷性、高效性、互动性等传播优势正在逐步瓦解传统的信息传播模式，真正实现了"人人都有麦克风、人人都是通讯社"，现已成为体育热点事件传播的重要载体。在互联网和社交媒体的推动下，人们的沟通交流越来越多地从线下交流转移到网络在线沟通。在"孙某兴奋剂判罚事件"结果公布后，新浪体育微博发布了一条"Breaking：#孙某遭禁赛8年#"的评论，在短短的两个小时内，网民转发、评论和点赞的人数已经突破数十万。

由此可见，网络技术推动了新媒体媒介的革新，为网民的情绪表达提供了便利的渠道。其次，网络传播的匿名性为网民的情绪表达提供了安全感。社会心理学表明，匿名性使人们的自我意识减弱，群体意识增强，更容易对情境线索做出回应，无论线索是消极的还是积极的。② 网络传播的匿名性不仅可以使网民摆脱社会角色关系和社会规范的束缚，尽情地表达自己的观点和情绪，而且可以为网民提供一种"窥视"体育热点事件的独特视角，使其沉迷于"旁观者"的安稳之中，而又不必身陷该事件的纠纷中。同时，在网络传播匿名性的推动下，网民围绕体育热点事件容易在短时间内形成一个匿名群体。在这

---

① 郭庆光：《传播学教程》，中国人民大学出版社 2011 年版，第 116 页。
② ［美］戴维·迈尔斯：《社会心理学》，侯玉波、乐国安、张智勇译，人民邮电出版社 2016 年版，第 277 页。

个群体内，网民对于体育热点事件的情绪表达极易受到群体内部其他成员的感染，进而产生"沉默的螺旋"效应，致使网民对于该事件的情绪表达呈现出同质化的倾向。如对于"孙某兴奋剂判罚事件"结果，中国泳协第一时间做出回应：支持孙某维护合法权益，使得网民的爱国情绪被点燃并迅速形成支持孙某的正面情绪倾向。新浪微博热搜榜单在2020年2月29日显示，仅"中国泳协回应孙某被禁赛"这一话题参与讨论人数就高达9万并拥有7.3亿次的阅读量，而且95%以上的评论都表现出支持孙某的立场和态度。

（二）研究方法

1. 样本分析法

（1）样本选取：综合考虑当前社交媒体发展的成熟度和普及度，本书选取了微博这一目前国内代表性的社会化媒体进行样本观测。微博作为重要的网络舆论场域，不仅可以在前台进行交流，也可以在后台进行私密宣泄，符合对网络情绪研究的全面性要求。综合考虑国内各大主流媒体官方微博和自媒体微博平台的成熟度，本书选取了国内知晓率高、传播力强的新浪微博中体育权威性强、影响力大的新浪体育官方微博作为样本选取的平台。

鉴于"孙某兴奋剂判罚事件"发生在北京时间2020年2月28日，结合前期的研究发现，截至北京时间3月10日左右，新浪体育官方微博上关于"孙某兴奋剂判罚事件"的主帖和评论数量下降趋势明显。因此，本书截取了2月28日到3月10日新浪体育官方微博上的主帖。本书所采集的主帖是指新浪体育官方微博上发布的关于"孙某兴奋剂判罚事件"相关的原创内容。

首先，进入新浪体育官方微博的高级搜索页面，以"孙某""孙某事件""兴奋剂"作为关键词进行微博主帖的采集，即得到了新浪体育官方微博发布的关于"孙某兴奋剂判罚事件"的所有主帖，共计45条。其次，将所有的微博主帖按不同的报道主题分为"直击判决""判决结果讨论""孙某本人回应""上诉进展"四个类别（如表4-1所示）。最后，运用GooSeeker数据采集软件，把45条主帖下的网民评论全部采集作为本书的网络情绪语料库。

第四章 5G时代体育热点事件中网络情绪表达与演进规律

表4-1 新浪体育官方微博关于"孙某兴奋剂判罚事件"的主帖信息采集统计

报道主题	序号	日期	主帖内容	转发数/评论数/赞
直击判决	1	2020.2.28	【体育仲裁法庭今日公布孙某听证会结果】#孙某案今天宣判#	406/1512/32149
	2	2020.2.28	【Breaking：#孙某遭禁赛8年#】	103500/213808/2302721
	3	2020.2.28	【现场视频：国际体育仲裁法庭裁决#孙某遭禁赛8年#】	448/3045/15642
	4	2020.2.28	【#CAS官网崩了# #孙某案结果公布#】	92/249/1019
	5	2020.3.4	【#孙某听证会全程视频#去年11月15日，CAS在瑞士举行听证会来调查抗检事件】	1885/2335/23665
	6	2020.3.4	【CAS公布仲裁报告：保安用锤砸瓶 孙某撕毁检测表】CAS公布了#孙某案仲裁报告#	436/1897/20703
	7	2020.3.5	【#孙某案仲裁报告# 孙某从未对其行为表达遗憾 将错误归咎他人】	428/2208/20874
	8	2020.3.5	【#孙某案仲裁报告#发布，对仲裁过程中所有实体与程序问题作了阐述】	506/2273/13660
	9	2020.3.5	【CAS公布#孙某案仲裁报告# 要点！】	983/5069/51371
	10	2020.3.5	【WADA指控孙某威胁证人：检测人员未出庭因怕被报复】	320/958/11640
	11	2020.3.5	【CAS认定：检测人员资质均符合条例 身为建筑工人并无影响】	494/5496/33173
判决结果讨论	1	2020.2.28	【#孙某遭禁赛8年# 你认为这个判罚是否合理?】	1555/7977/452865
	2	2020.2.28	【#孙某遭禁赛8年# 仍有转机 可向瑞士联邦法院上诉】	2597/21272/146299
	3	2020.2.28	【孙某事件542天大事记：据理力争仍难逃禁赛处罚】	671/1500/7715
	4	2020.2.28	【孙某此前成绩依旧生效】	91/1910/3830
	5	2020.2.28	【100秒视频回顾孙某事件 据理力争仍难逃禁赛处罚】	2722/6532/62041

续表

报道主题	序号	日期	主帖内容	转发数/评论数/赞
判决结果讨论	6	2020.2.28	【#孙某遭禁赛8年#中国游泳协会发声：将继续支持孙某以法律手段维护合法权益！#中国泳协支持孙某上诉#】	222/128/6329
	7	2020.2.28	【#孙某遭禁赛8年#CAS：他第二次违反药检规则】	2203/26249/181827
	8	2020.2.28	【知情人士：孙某训练中得知结果 练到一半就走了】	826/2885/20480
	9	2020.2.28	【#孙某禁赛中国游泳靠谁#】	275/1786/36266
	10	2020.2.28	【#孙某遭禁赛8年# 理性思考孙某案！】	153/521/1827
	11	2020.2.28	【#孙某遭禁赛8年# CAS仲裁报告：孙某没有呈现正当理由放弃检测】	217/1232/5477
	12	2020.2.28	【体坛大V评#孙某遭禁赛8年#】	26/294/1005
	13	2020.2.28	【孙某案为第二次公开审理 首例当事人后来当了律师】	115/2399/9303
	14	2020.2.28	【#孙某遭禁赛8年# 此前@孙某提供的证据】	543/5944/37630
	15	2020.2.28	【#霍顿回应孙某禁赛8年#：孙某禁赛不改变立场，游泳要作为一项干净的运动】	837/11515/77720
	16	2020.2.29	#中国泳协回应孙某被禁赛#【中国泳协支持孙某维护合法权益】	58/733/3312
	17	2020.2.29	【杨旺：孙某事件，折射出我们时代的病】	324/1503/6894
	18	2020.3.1	【看律师复盘孙某案：真正的胜负手在哪儿？】	68/508/2364
	19	2020.3.3	【#孙某世锦赛400米自游泳金牌或罚判给霍顿#】	1490/10747/104843
	20	2020.3.5	【#孙某案仲裁报告#关于那位未经孙某许可拍照的男性助理及其之后引发的问题】	214/1414/9433
	21	2020.3.5	【#孙某案仲裁报告# 成绩不能凌驾于法律之上】	675/3055/30635
	22	2020.3.7	【#检察日报评孙某案# 针对最近的孙某因抗检被禁赛8年的案件，最高人民检察院的《检察日报》做出评论】	1472/18098/255058

续表

报道主题	序号	日期	主帖内容	转发数/评论数/赞
孙某本人回应	1	2020.2.28	【#孙某回应禁赛#:"愤怒,不能理解!"同时,孙某已经委托上诉!#孙某上诉#】	52/631/2922
	2	2020.2.28	【#孙某回应禁赛#:对裁决结果愤怒 已委托上诉】	89/466/1211
	3	2020.2.28	【#孙某回应禁赛# 孙某对"暴力抗检"提出质疑!】	49/788/3269
	4	2020.2.29	【孙某贴关键证人证词:准备作证被放鸽子!】	117/1226/4946
	5	2020.3.2	【#孙某公布完整血样瓶# 】#孙某称未砸坏检验血样#@孙某晒出完整血样瓶照片	3378/23853/435884
	6	2020.3.4	【#孙某删光全部四条证据微博#】	701/5374/77230
上诉进展	1	2020.2.29	【#孙某律师声明# 30日内上诉】	68/646/5210
	2	2020.2.29	【孙某顾问律师:#孙某律师称团队有人不资深# 将更换团队部分成员】	31/398/2880
	3	2020.2.29	【#孙某律师称将起诉伪证人#】	123/307/1618
	4	2020.2.29	【孙某律师:全力还孙某清白 力争能参加奥运会】	117/1443/5957
	5	2020.3.8	【#孙某外教宣布离任# 直言不支持孙某上诉】	64/544/3510
	6	2020.3.8	【#孙某外教离开中国游泳队#:不支持孙某上诉】	52/258/1898

(2)分析程序:第一,对语料库进行筛选和清洗。为保证研究的科学性和精确性,本书将采集到的网民评论进行统一的筛选和清洗。情绪的测量一直是传统情绪分析的难点,在网络情绪的认知过程中,由于测量的载体是网民在网络上发表的文字、图片和表情,无法使用传统的

情绪测量常规的情绪诱导的实验法与量表法等。本书主要运用更具有可行性的文本测量，因此，对文本中不适用于测量的数据进行剔除。本次数据清洗剔除了两种内容的评论文本：一种是无意义地评论文本，包括空白、广告、表情符号以及"转发微博"；另一种是与微博内容无关的评论内容，主要指含有"@XX"的评论以及"回复@XXX"的内容，因为此类文本大多是朋友间在评论区的聊天或者是对骂，不是对微博正文内容的看法或者讨论，如果将其加入分析容易影响分析效果。对语料库的数据进行筛选和清洗后，最终得到有效评论86309条。第二，分词。在文本测量中，分词是进一步分析情绪的基础。为了使计算机能够准确识别出词语，需要对中文语料进行分词处理。第三，关键词词频分析。词语出现的频率或比例能够较为清晰地反映信息的情感特征。[1] 本书将采用ROST CM 6.0软件对样本中的关键词进行统计，进而来把握网民的情绪态度倾向。由于统计结果中并不是所有的高频词语都对情绪分析有实际研究价值，如"我们""法律""的"等。因此需要在统计结果中筛选出与"孙某兴奋剂判罚事件"和网民情绪紧密相关的词语，即关键词。如"相信""禁赛""上诉""正义"等。第四，情绪词效价分析。情绪词是文本中具有感情倾向性的词语，在分词基础上，对情绪词效价分析有助于进一步反映网民的情感态度偏向。[2] 本书将选用目前应用最为广泛的情绪分析软件——LIWC软件，将情绪词分为正面情绪词和负面情绪词。第五，情绪词分类。在情绪词效价分析的基础上，对情绪词进行分类有助于对语料进一步的量化分析，进而有助于对网民的态度有更直接的认知。本书将根据Russell情绪模型，结合关键词统计结果，将情绪词分为兴奋、愉快、信任、焦虑、生气、悲伤六个类别。六类情绪词与效价和唤醒度相结合，将正面情绪词由低唤醒度到高唤醒度标识为信任、愉快和兴奋；将负面情绪词由低唤醒度到高唤醒度标识为悲伤、焦虑和生气（如表4-2所示）。

---

[1] 费洪晓、康松林、朱小娟：《基于词频统计的中文分词的研究》，《计算机工程与应用》2005年第7期。

[2] 陈晓东：《基于情感词典的中文微博情感倾向分析研究》，硕士学位论文，华中科技大学，2012年。

表 4-2　　　　　　　　　　样本中部分情感词示例

正面情绪		负面情绪	
正面情绪类型	情绪词	负面情绪类型	情绪词
信任	清白、理智、放心、重审	悲伤	禁赛、迟到、缺席、拒检
愉快	支持、成功、上诉、有理	焦虑	质疑、怀疑、假的
兴奋	骄傲、加油、爱国、正义	生气	愤怒、诬陷、不公平

（3）信度检验：为确保样本处理的准确性和客观性，我们随机选取了 10% 的样本进行信度检验。采用人工编码的方式，将人工分析结果与软件统计结果进行对比，再通过 SPSS 软件进行信度检验，得出二者内部一致性 Cronbach Alpha 值为 0.74，达到科学研究的信度。

2. 过程—事件分析法

过程—事件分析法倡导把社会现实当作一种动态的、流动的过程来看待，这样才能够对社会现实做出更为适当的描述和理解。[①] 2020 年"孙某兴奋剂判罚事件"是一个动态发展的过程，本书运用过程—事件分析法对此次判罚事件中的网络情绪演变阶段划分进行整体把脉，并对网络情绪 4 个阶段中的关键节点、网民认知及其影响因素进行动态过程分析，进而从整体上审视体育热点事件中网络情绪表达与演进特征。

二　体育网络情绪表达与演进的实证分析

（一）体育网络情绪表达呈阶段性演进的特征

体育热点事件作为社会公共事件的重要组成部分，其发展逻辑始终遵循着"出生—成长—衰老—生病和死亡"的生命周期过程。本书通

[①] 谢立中:《结构-制度分析，还是过程-事件分析？——从多元话语分析的视角看》，《中国农业大学学报》（社会科学版）2007 年第 4 期。

过借鉴唐超[①]、赵卫东等[②]、Carmina 等[③]学者关于网络情绪演进周期的划分成果，将体育热点事件中网络情绪传播的阶段划分为唤醒、爆发、持续和消退四个阶段，同时结合学者卢兴提出的体育热点事件微博传播关键节点影响因素，[④] 依据网民每日微博评论量变化节点对此次事件中网络情绪演化的具体时间段进行了划分：情绪唤醒阶段（2020年2月28日）、情绪爆发阶段（2020年2月29日）、情绪持续阶段（2020年3月1日至3月7日）、情绪消退阶段（2020年3月8日至3月10日）。

1. 情绪唤醒阶段

情绪唤醒阶段作为网络情绪的首要环节，发端于刺激源的出现，即体育热点事件爆发——2020年"孙某兴奋剂判罚事件"结果公布，网络舆情显现。在选取的新浪体育官方微博评论样本中，在2月28日官方公布"孙某兴奋剂判罚事件"结果后，网民情绪迅速被唤醒，评论量不断增加，经过较短时间后迅速进入爆发期（如图4-2所示）。

奥运冠军孙某作为体育界家喻户晓的明星和广大民众心中的榜样，极易唤醒网民的爱国情感共鸣和记忆。情绪唤醒是网民接触体育热点事件后的第一反应，由于网民对于"孙某兴奋剂判罚事件"的了解程度仅仅停留在表面，网络情绪主要关注判罚结果，从唤醒网民评论的关键词统计发现，在此阶段网民评论使用的兴奋词214个，愉快词157个，信任词168个，生气词358个，焦虑词289个，悲伤词427个（如表4-3所示），由此可知网民评论所呈现的情绪状态倾向于负面，负面情绪的产生多为爱国主义情感引起对CAS判决结果的不满心理所导致。对选取的样本进行词频统计后发现，此阶段网民评论使用的词频最多的是"质疑""不公平""诬陷"等。

总体而言，体育热点事件中网络情绪的生成往往是以体育热点事件

[①] 唐超：《网络情绪演进的实证研究》，《情报杂志》2012年第10期。
[②] 赵卫东、赵旭东、戴伟辉：《突发事件的网络情绪传播机制及仿真研究》，《系统工程理论与实践》2015年第10期。
[③] Carmina Rodriguez Hidalgo, Ed S. Tan, Peeter Verlegh, "The Social Sharing of Emotion (SSE) in Online Social Networks: A Case Study in Live Journal", *Compu-ters in Human Behavior*, Vol. 52, No. 11, September 2015, pp. 364-372.
[④] 卢兴：《体育热点事件微传播特质研究——基于微博传播关键节点的实证分析》，《上海体育学院学报》2016年第4期。

第四章 5G 时代体育热点事件中网络情绪表达与演进规律

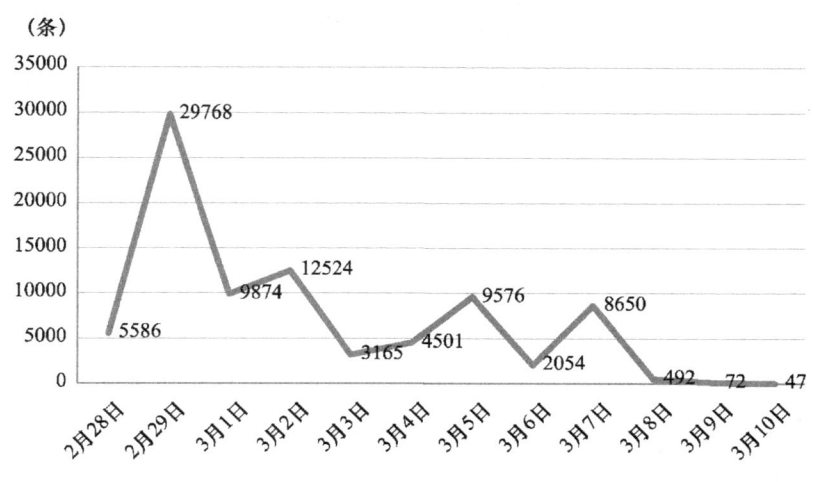

(条)

图 4-2 网民每日评论数量统计

最初的媒体信息发布或网民爆料为关键节点，进而唤醒网民的网络情绪表达。在"孙某兴奋剂判罚事件"中，由于网民的共同情感和社会记忆被唤醒，使得网民参与该事件评论的积极性越来越高，情绪反应也越发高涨，致使网民只关注判罚结果，而缺乏对事件深入理性的分析，在愤怒、质疑和支持声中影响着该事件不断发酵和升温。因而此阶段的网络情绪表达在维度上往往以负面情绪为主且具有很强的主观性，呈现出"强情绪、弱信息"的非理性特征。

表 4-3 "孙某兴奋剂判罚事件"中各阶段网络情绪词使用频率统计（单位：个）

	正面情绪			负面情绪		
	兴奋	愉快	信任	生气	焦虑	悲伤
唤醒阶段	214	157	168	358	289	427
爆发阶段	541	497	444	1284	1140	1185
持续阶段	927	829	706	553	618	528
消退阶段	34	38	46	31	32	42

2. 情绪爆发阶段

随着事件的进一步发展，传统媒体及新闻门户网站报道不断跟进，

· 147 ·

事件影响力在短时间内急剧扩大。网民围绕"孙某兴奋剂判罚事件"的公正性、体育话语权等焦点问题，通过微博评论、转发等形式呈现出高度集聚状态，在网络意见领袖的推动下，如在"孙某兴奋剂判罚事件"后，中国泳协发文支持孙某上诉、霍顿回应态度等，与网民的爱国情绪进一步产生共鸣，网民评论数量不断增多，仅"霍顿回应孙某禁赛八年"这一条微博评论和回复就高达11515条，网络情绪正式进入爆发阶段。这一阶段由于微博平台传播的及时性、互动性等特征，使网络情绪被唤醒后，在较短时间内网民评论呈井喷式增多，集体情绪一时被推向高潮，使得"孙某兴奋剂判罚事件"的社会关注度迅速扩大。网络情绪经过唤醒阶段的积累，到爆发阶段逐渐聚集和整合，在爱国情绪的影响下，网络负面情绪呈现出大范围同质化演变趋势（如表4-3所示）。2020年2月29日，"孙某兴奋剂判罚事件"因社会关注度高，成为新浪微博热门话题且频频登上热搜榜，仅"中国泳协回应孙某被禁赛"这一话题参与讨论人数就高达9万并拥有7.3亿次的阅读量。随后这一话题被新浪体育官方微博转发，从中国泳协回应孙某禁赛的内容看，其印象关键词"支持、维护、权利"，进一步激发了网民的爱国情绪，提高了网民对于该事件的参与感，同时也更加强化了网民对于CAS判罚的不满情绪，造成相似的情绪体验形成心理方向极为统一的群体行为，促使网络情绪同质化范围不断扩大。

可见，体育热点事件中网络情绪表达的爆发阶段是以网络意见领袖（政府、媒体、体育明星等）凭借其强大的网络号召力和影响力的助推为关键节点。大量网民出于对意见领袖的认同感，短时间内自我意识弱化，群体心理在情绪感染下空前一致，继而相互刺激形成情感共鸣。单一甚至极端的网络情绪为网民狂热化表达提供了内在动力，网民的理性思考和自我控制弱化，进一步促进了网络情绪表达的同质化演变。

3. 情绪持续阶段

当"孙某兴奋剂判罚事件"得到社会的广泛关注后，网民评论观点呈井喷式扩散，随着官方媒体（如《检察日报》《人民日报》等）的介入，启动相关疏导机制监管舆情，网络情绪在传播过程中不断分化组合，并逐渐汇集和整合，进入网络情绪持续阶段。情绪持续阶段是一个延续的过程，其周期较唤醒阶段和爆发阶段来说更长，具体表现出两个方面的特征。首先，网络情绪呈现出波浪式运动状态。随着官方媒体的介入，对"孙某兴奋剂判罚事件"不同方位的报道持续展开，孙某听证会视频、孙某药检证据、孙某仲裁报告要点等信息不断公开，民众看到了真相，舆论开始大反转，孙某本人的"黑历史"也被扒出，谩骂、批判此起彼伏。面对纷繁的信息，受自身文化程度、所处地位以及认知模式的限制，不同网民主体对事件的认知以及对后续发展的推测各不相同，网民的情绪在各种因素的综合作用下不断分化组合形成多个起伏，网络正、负面情绪交替出现，呈现出波浪式运动的状态（如图4-2所示）。

其次，网络情绪逐渐向理性转变。在网络情绪唤醒和爆发阶段，由于缺乏对"孙某兴奋剂判罚事件"具体情况的掌握，网民的情绪表达具有随意性和主观性，相互碰撞冲突的根据只是源于判罚的结果，而对于判罚的具体过程、细节等信息缺乏了解，但随着最高人民检察院的《检察日报》对孙某判罚事件的细节做出客观的评论，不仅提到"孙某不配合药检取样的决定是错误的"，而且指出孙某一方本有机会将他塑造成欧洲足坛的博斯曼一样"挑战错误制度的英雄"，网民的关注点由分散趋于集中，开始朝着官方媒体调控的方向发展。从对情绪持续阶段7天内网民的微博评论内容词频统计后生成的标签云（如图4-3所示）可以看到，网民评论内容多次出现了"血样"（6869次）、"问题"（2522次）、"法庭"（1250次）、"证人"（1145次）等词，这说明网民在此阶段开始关注"孙某兴奋剂判罚事件"的具体细节及其判罚事件背后的原因，理性情绪开始出现并不断发散扩大，情绪表达也逐渐集中，但非理性的声音，如"嘲笑"（729次）、"丢人"（258次）等也依旧存在。

由此可见，网络情绪表达的持续阶段主要是以官方的调控为关键节点。此阶段网民的认知在官方媒体的舆论调控和引导下由最初对事件本身的关注逐渐转移到探讨更深层次的事件背后原因，进而使得网民的情绪表达由正面、负面情绪相互杂糅不断向理性化方向转变。

4. 情绪消退阶段

网民在持续较长时间关注"孙某兴奋剂判罚事件"后，注意力随着事件的具体细节越来越多地被揭开而逐渐分散，其关注点被其他更具

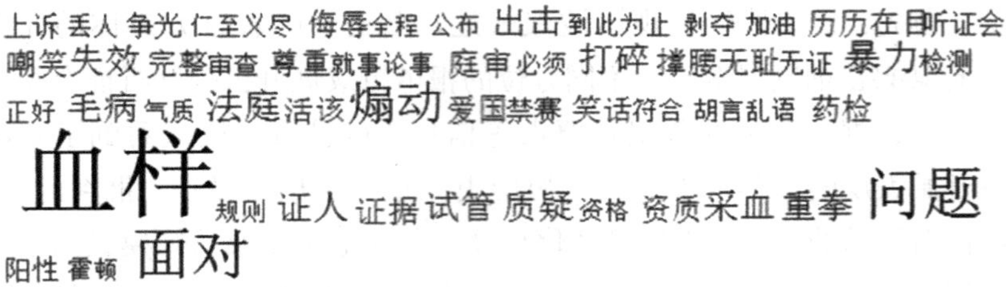

上诉 丢人 争光 仁至义尽 侮辱全程 公布 出击 到此为止 剥夺 加油 历历在目 听证会
嘲笑 失效 完整审查 尊重就事论事 庭审必须 打碎 撑腰 无耻无证 暴力检测
正好 毛病 气质 法庭 活该 煽动 爱国禁赛 笑话符合 胡言乱语 药检
血样 规则 证人 证据 试管 质疑 资格 资质 采血 重拳 问题
阳性 霍顿 面对

图4-3　"孙某兴奋剂判罚事件"微博评论词频标签云

（3月1日到3月7日样本统计）

话题性或新近发生的事件吸引，如新冠疫情在美国、意大利等多个国家快速蔓延，使得"孙某兴奋剂判罚事件"不再是被关注的焦点，网络情绪就会进入消退阶段。在这一阶段，网民已对"孙某兴奋剂判罚事件"的来龙去脉了解清楚，同时接受和认同了官方媒体报道的信息，网络情绪表现出两个方面的特征。第一，网络情绪消退比较快。从图4-2的网民每日评论量可知，3月7日至3月8日，网民的评论量从8650条迅速下降到492条，随后两天内评论量逐渐下降。这说明网络情绪在经过持续阶段后，热度迅速降低，网民对于体育热点事件的网络情绪反应快速衰退。第二，网络情绪回归冷静和理性。从表4-3可见，在"孙某兴奋剂判罚事件"的消退阶段，正面情绪词使用频率要高于负面情绪词使用频率，但二者之间的差距在不断缩小；网民所呈现的正面情绪和负面情绪多为对官方媒体（如《检察日报》《人民日报》等）给出的客观评论的认同。此阶段网民不再有像爆发阶段那样井喷式的情绪宣泄，也不再有持续阶段的情绪反复，而是站在一个比较客观的角度，看待体育热点事件带来的影响，网络情绪回归冷静和理性，但此阶段的情绪冷静和理性并不是一成不变的，若有新的刺激源介入，网络情绪可能会再次进入唤醒和爆发阶段。事实证明，随着瑞士联邦最高法院在2021年1月15日撤销了"国际体育仲裁法庭对孙某的8年禁赛处罚"[①] 这一新的刺激源介入，网民此前冷静的情绪被打破，新浪体育官方微博在1月

---

① 熊超然：《官方公布孙某禁赛判决撤销原因：仲裁员存在偏见歧视》，观察者网，2021年1月16日，https://baijiahao.baidu.com/s?id=1689006865530423173&wfr=spider&for=pc。

16 日发布的与孙某禁赛判决被撤销相关的主帖评论数量显示，仅一天时间就已达到数十万条，并且主帖评论的主题关键词多为"公正""支持""加油"，这表明网民的正面积极情绪又被迅速唤醒，而进入新一轮网络情绪演进周期。而后，虽然在 2021 年 6 月 22 日，CAS 宣布了孙某案经二次听证会后的仲裁结果，即孙某的禁赛期从八年减至四年零三个月（51 个月），但从新浪体育官方微博对于这次判罚结果的评论数量和内容显示，网民并未产生大范围的评论和情绪扩散现象，这可能因当时正值东京奥运会比赛期间，网民的注意力都被这一新刺激源吸引，而较少关注此次孙某仲裁结果。

一言以蔽之，网络情绪表达的消退阶段是以新的热点事件出现或网民的微博评论转发量急遽减少为关键节点。网民在此阶段对事件的认知从个人情绪的自由表达发展到统一社会认知下的趋同情绪表达，直至回归情绪博弈后的理性情绪表达。此阶段的网络情绪表达主要呈现出冷静性和理智性的特征。

（二）体育网络情绪表达呈现出较为一致的情绪反应

1. 负面化与快速化

通过对采集的 8 万多条微博评论样本中情感词统计后发现，网民的负面情绪词的使用量共计 64238 个，占总词数的 22.6%；而正面情绪词的使用量共计 26675 个，仅占总词数的 9.4%。此外，在直击判决、判决结果讨论、孙某本人回应、上诉进展四个类别中，网民的负面情绪也都超过了正面情绪（如图 4-4 所示）。这种结果显示了网络情绪在此次"孙某兴奋剂判罚事件"传播中表现出了一致的负面情绪倾向，每个类别下的微博主帖评论都显示了压倒性优势，尤其在"直击判决"类微博主帖下，网络负面情绪表现最为突出。此外，通过对样本的关键词词频统计后得出的关键词出现频率前四的分别是："愤怒" 7445 次，"诬陷" 6495 次，"相信" 5918 次，"不公平" 5226 次。由此可见，这四个出现频率最多的关键词有三个都属于负面情绪词，并且这三个词的词义都表现出网民的负面情绪集中在对判罚结果的不满上，但关键词"相信"也表明网民期望孙某能够继续上诉并获得成功。这说明在体育热点事件中，尤其是关系到国家荣誉的事件，网民的爱国情绪会被迅速唤醒并相互传染，对事件判罚的不满会逐渐形成群体情绪，促使网络负面情绪传播的快速化和主导化。同时在"孙某兴奋剂判罚事件"中,网民的情感表达呈现显著的负面情绪也表明,微博、微信等多媒体传播平台在网络负面情绪的唤醒已经不容小觑,其对于网络情绪表达具有重要作用。

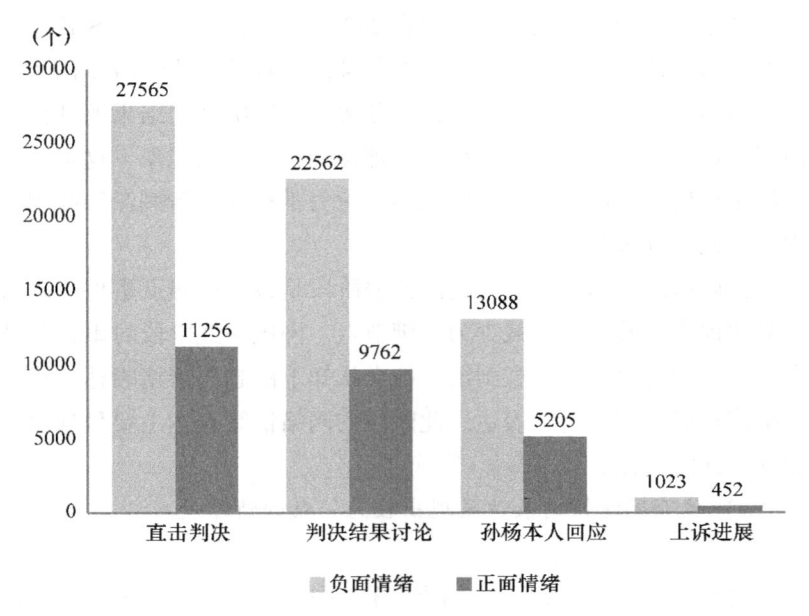

图 4-4 四个类别样本中网民的正负情感词使用情况

2. 高唤醒度与高参与度

通过对样本中网民微博评论的正负情感词使用量统计发现,网民在"孙某兴奋剂判罚事件"中正负情感使用词分别以兴奋词和生气词居多(如图4-5所示)。其中正面情绪词中的兴奋词主要包括"相信""加油""爱国"等,反映了网民强烈的爱国情绪,希望该事件能够向利好的方向发展,同时还包含了对孙某能够上诉成功的信心。负面情绪词中主要包括"愤怒""诬陷""不公平"等,这充分折射出了网民对于CAS判罚的不满,同时也反映出在涉及国家荣誉的体育热点事件中,网民的情绪极易被唤醒并引发较高参与度。根据 Russell 提出的情绪模型[1],兴奋词和

---

[1] J. A. Russell, et al., "Core Affect, Prototypical Emotional Episodes, And Other Things Called Emotion: Dissecting the Elephant", *Journal of Personality & Social Psychology*, Vol. 76, No. 5, May 1999, pp. 805-819.

第四章　5G 时代体育热点事件中网络情绪表达与演进规律

生气词都属于高唤醒度和高参与度的情绪效价组合。这说明此类高唤醒度情绪在被刺激源唤醒后，极易引发网民的高度参与和评论，进而产生社会性传播行为，促使网络情绪的快速生成和传播。

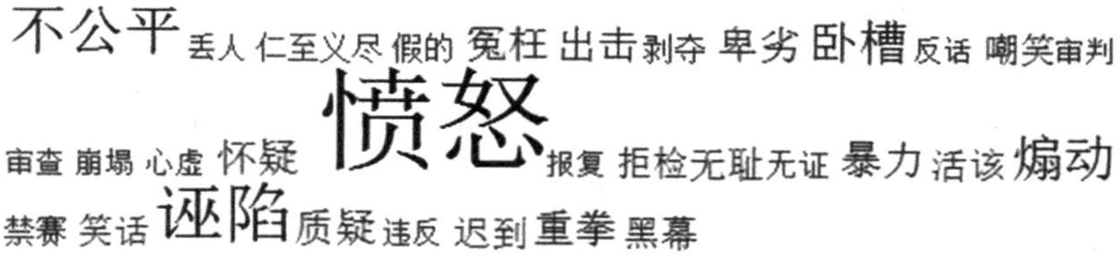

不公平 丢人 仁至义尽 假的 冤枉 出击 剥夺 卑劣 卧槽 反话 嘲笑 审判
审查 崩塌 心虚 怀疑 **愤怒** 报复 拒检 无耻 无证 暴力 活该 煽动
禁赛 笑话 **诬陷** 质疑 违反 迟到 重拳 黑幕

A. 样本中生气词的标签云

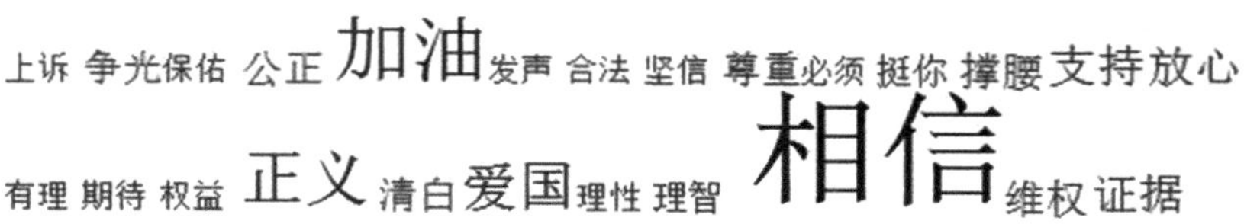

上诉 争光 保佑 公正 **加油** 发声 合法 坚信 尊重 必须 挺你 撑腰 支持 放心
有理 期待 权益 **正义** 清白 爱国 理性 理智 **相信** 维权 证据

B. 样本中兴奋词的标签云

图 4-5　样本中的高唤醒度情感词标签云

综上可知，通过对 2020 年"孙某兴奋剂判罚事件"中的网络情绪表达及演进特征进行了探析后发现：体育热点事件中网络情绪呈现出明显的阶段性情感演化特征，网络情绪表达经历了从负面化转向理性化、从错综复杂走向均衡稳定；体育热点事件中网络情绪表达呈现出较为一致的情绪反应，具体表现为网络情感表达呈现显著的负面化和快速化倾向，同时网络情感态度又表现出高唤醒度和高参与度的特征。值得关注的是，在体育热点事件中网络情绪的消退阶段，若是事件得到合理的解决，各利益相关方的权益都得到了满足，网络情绪会逐渐消散；然而，一旦在该阶段有新的刺激源出现，大众的体育网络情绪可能会被再次点燃，而进入新的演化周期。

毋庸置疑，随着 5G 时代的来临，在 5G 技术赋能下，体育热点事件中网络情绪表达与演进不仅获得了更加便捷的平台和渠道，而且促使其呈现出明显的阶段性演化规律以及表达情感化、娱乐化，方式多元

· 153 ·

化、快速化等特征。然而,正如米歇尔·福柯在其著作《词与物——人文科学考古学》中所说的那样"我们在注视一幅油画,而画家反过来也在画中注视着我们"。① 同样,当我们沉浸于5G时代中的体育网络情绪表达时,政府机构、媒体、商人等也正在这种体育情绪传播中暗中观察和审视我们所具有的社会学、经济学、管理学等方面的价值。殊不知,正是在这种多元主体利益杂糅和"流量经济""眼球经济"等商业利润的过分考量下,体育网络情绪的传播有可能突破理性的边界,逐渐向失控方向迈进,从而影响社会的和谐与稳定。那么,为何5G时代背景下体育网络情绪表达与演进会呈现出这样的特征和规律?并给社会带来如此严重的影响?其究竟受到哪些因素的影响和制约?背后的深层原因又是什么?这对于我们后续提出科学化、高效化的体育网络情绪引导策略尤为重要和迫切。

---

① [法]米歇尔·福柯:《词与物——人文科学考古学》,莫伟民译,上海三联书店2001年版,第5页。

第五章
5G 时代体育热点事件中网络情绪传播的影响因素与归因

5G 时代的来临，以及由 5G 技术所带动的智能化给人类社会的生产生活带来深刻变革。在 5G 技术赋能下，以互联网为主的新媒介变革了体育的传播方式和内容，其不仅为体育热点事件中网络情绪传播提供了便利的平台和渠道，同时也促使我们进入一个情绪过剩抑或情绪浸染的时代。诸如在网上借力体育热点事件晒心情、求安慰、盼支持已成为当前大众日常生活的重要组成部分。作为公众心理的集中体现，网络情绪因其表达的直接性和较强的感染力日益成为网络舆情中最为活跃和易变的因子。[①] 特别是在体育热点事件中，特殊的刺激源会迅速唤醒和促进网络情绪的产生和变化，促使网络舆论传播表现出"强情绪、弱信息"的特征；加之在 5G 技术赋能的网络公众平台的快速性和互动性优势助推下，使得网络情绪对网络舆论的态度和认知影响越来越深，逐渐成为影响体育热点事件舆论发展走向的重要因素。

体育网络情绪作为大众发表体育意见、监督体育工作的重要方式和手段，从国家角度而言，其本身就传递着大众对于体育热点事件的态度和看法，对于推动体育热点事件进展、体育事业改革与发展具有重要的影响。从社会角度而言，体育热点事件中网络情绪具有一种道德意义上的规范力量，对于社会的发展具有一定的规范力和约束力。可见，体育网络情绪在 5G 技术赋能的互联网助推下，正在以民意为载体，并逐渐成为一种强有力的想象式社会思想力量，进而促进着我国体育精神文明

---

① 周莉：《突发事件中的网络情绪研究》，武汉大学出版社 2018 年版，第 137 页。

建设和体育制度改革的不断深入和发展。然而，值得关注的是，由于体育热点事件的突发性、不可预测性和潜在破坏性，加之在5G技术赋能下的互联网匿名性、自由性、开放性和快速传播性的叠加影响下，体育网络情绪传播呈现出明显的阶段性演进特征，且在表达上也呈现出情感化、娱乐化等特点。尤其是在演化过程中，体育网络情绪传播所产生的负面化、极端化、非理性化的发展走向，极易给政府及体育相关部门处置体育网络舆情造成影响。那么，为何体育网络情绪传播会呈现出这样的阶段性演进特征，又为何会有这样多元化的表达特点？这迫切需要我们对其背后的根源进行挖掘和剖析，进而为政府及体育相关部门高效监控和治理体育网络情绪提供帮助。

第一节 5G时代体育热点事件中网络情绪传播的影响因素追踪

无疑，传播技术的不断发展是促进体育热点事件网络情绪传播手段与方式更迭的重要因素。伴随着5G时代的到来，5G技术凭借其超大宽带、超高传输速率、超低时延、万物互联等特点，开启了沉浸式传播新纪元。在5G技术赋能的新环境下，体育热点事件中网络情绪传播也随之发生了巨大的变革。相较于传统的大众传播语境下，新闻媒体由于其专业、客观的内在要求，使得在新闻信息传播过程较少传递强烈的"情绪"，而5G技术助推下的网络新媒体平台彻底地瓦解了传统的信息传播模式，其不仅为大众进行体育网络情绪表达和传播提供"异托邦"式的拟态狂欢空间和渠道，而且形成了由情绪互动到行为互动的"情感共同体"[1]，进而促使大众的体育网络情绪呈现出从线下到线上、从个体到群体再到社会的不断传播扩散样态。从近几年的体育热点事件演化过程可以发现，大众体育网络情绪表达在影响网络体育舆论和体育舆情、体育热点事件的解决中甚至体育事业的改革与发展等方面都有着一

---

[1] 卞清、高波：《从"围观"到"行动"：情感驱策、微博互动与理性复归》，《新闻与传播研究》2012年第6期。

定的推动抑或阻碍功效。从体育网络情绪形成的内在逻辑来看,基于体育热点事件而产生的网络情绪生成、表达与传播,往往有其特定的情感驱动因素,体育热点事件中网络情绪之所以会产生一连串的正面或负面的传播效应,很大程度上是社会、文化、受众、网络等因素综合作用下的产物。

一 网络用户:体育网络情绪产生和表达的主体

体育网络情绪由现实中的情绪通过网络不断聚合而形成,而"网络用户"这一群体则是体育网络情绪产生和表达的主体。通俗而言,网络用户就是网民,泛指所有通过计算机和互联网进行网络活动的人,其通常数量众多、成分复杂、特征模糊,他们会经常通过网络获取信息,发表个人的观点来表达情绪。近年来,随着5G技术助推下的互联网技术不断迭代升级,极大地提升了互联网的普及率和覆盖率,致使我国网民人数呈现出逐年递增的态势。网民无论从群体基数还是活跃程度都将对体育热点事件中网络情绪的生成、表达和传播产生重要的影响。

第一,从个体的角度而言,网民认知结构影响网络情绪表达。网民个体的认知结构会直接影响到个人对于事件的价值判断,并通过网络情绪表达显现出来。一方面,网民的受教育水平一定程度上会影响到网民个体的认知结构。一般而言,受教育程度不同的网民个体对于体育热点事件的看法、态度可能会千差万别。值得关注的是,据中国互联网络信息中心《第47次中国互联网络发展状况统计报告》,截至2020年12月,初中、高中/中专/技校学历的网民群体占比分别为40.3%、20.6%;小学及以下网民群体占比由2020年3月的17.2%提升至19.3%。[①] 可见,当前我国网民的受教育程度依然有待进一步地提高,这很容易造成网民在网络空间内对同一体育热点事件形成不同的认知和解读,进而使得网民在体育热点事件中呈现出积极情绪、中立情绪和消极情绪杂糅的交融局面。另一方面,网民的现实身份也会影响到网民的认知结构,进而干扰体育网络情绪的表达和传播。从某种程度而言,网民在互联网拟态空间内进行的体育网络情绪表达实则是其现实身份和情

---

① 《中国互联网络发展状况统计报告》,2021年,中国互联网络信息中心。

绪在网络空间的延伸。因现实中网民的身份分属不同的阶层、组织和群体，导致其对于某一体育热点事件的网络情绪表达往往带有现实中的身份归属感、认知感和替代感，这也进一步促使了体育网络情绪传播的多样化，但大众的体育网络情绪表达并非是现实中网民情绪的简单复制，尤其是在5G技术赋能的"沉浸化"互联网空间内，网民现实中的情绪表达和传播正在被不断地解构和重构。此外，网民个体在年龄、职业等方面认知结构的不同也会产生不同的网络情绪表达，进而影响体育网络情绪的演变。

第二，从群体的角度而言，网民之间的群体认同对情绪体验与情绪表达具有一定的形塑作用。法国心理学家古斯塔夫·勒庞曾提到，无论组成群体的成员是谁，一旦卷入群体中，无论他们的生活模式、职业、性格和智慧是否相似，只要他们具有了一种群体意识，他们的感情和思想就会采取同一个方向，而且他们自觉的个性也会消失，异质性会被同质性吞没，无意识的品质会占据上风。[1] 加之在5G技术赋能的互联网"圈层文化"的影响下，当某一体育热点事件吸引到网民的眼球时，大众对于体育热点事件的网络情绪表达会很快连接成不同的阵营，并且在互联网裂变式传播的助推下，群体的情绪会迅速取代个体的情绪成为体育热点事件中的主导网络情绪，进而对体育网络舆情和体育热点事件健康发展造成干扰。恰如学者David曾提出的"情绪图式"[2]所认为的那样，群体成员会倾向于和具有相似的"情绪图式"的成员连接在一起，当群体成员感受到与其不一致的"情绪图式"时，个体会产生不适感，并试图从该群体中逃离，同时会寻找与其有相似"情绪图式"的成员建立和谐的群体关系。可见，群体中相似性的网民情绪选择不仅会影响到其他个体的情绪选择，也会造成网络群体情绪集聚现象，进而形成某一体育热点事件中的主导网络情绪表达。例如，在2020年"孙某兴奋剂判罚事件"中，一方面，共享的国家记忆推动网络情绪相互感染的速度加快。在"孙某兴奋剂判罚事件"中引起的爱国情感共鸣下，处于

---

[1] ［法］古斯塔夫·勒庞：《乌合之众：大众心理学研究》，冯克利译，中央编译出版社2014年版，第3—4页。

[2] David Scott Vail, "The Effects of Age, Years of Experience, And Type of Experience in the Teacher Selection Process," Education & Educational Research, Ph. D. University of Dayton, 2010.

网民群体中的个体很快失去理性、客观地判断，对于孙某判罚不公正的评论在网络平台上不断涌现，负面情绪表达迅速感染整个群体，将本应该由国家相关部门负责处理的争议事件变成网络平台上的一场情绪宣泄狂欢。另一方面，强大的网络"粉丝"群体助推体育网络情绪相互感染的力度。仅孙某在新浪微博"粉丝"的人数就高达三千多万，该事件判罚结果经官方公布后，网络"粉丝"群体的各种情绪短时间内在网络空间中集聚爆发，舆论哗然。

二 社会文化：体育网络情绪形成的土壤

通俗而言，社会文化是指人类社会历史实践过程中人类所创造的物质财富和精神财富的总和，其结构主要是由社会意识形态构成的。体育热点事件中的网络情绪作为大众现实中情绪的延伸，同时也是现实社会文化的一种表征形式，其生成、演化和传播自然离不开其所处的社会文化环境。诚如学者 Joseph 所认为的那样，个体情绪体验和表达不仅会受到现实生活中的价值体系和意识形态的影响，而且现实生活中的社会习俗、文化习惯、道德规范等因素对个体的情绪也具有一定的引导作用。[①] 从社会建构论的视角来看，体育网络情绪也是社会文化建构的结果，即社会文化对体育网络情绪的形成、表达和传播具有重要的推动作用。具体而言，就是社会文化中约定俗成的道德秩序和语言规则很大程度上影响着大众之间交往的体育网络情绪感知、体验和表达。比如社会文化中尊老爱幼、爱国敬业、助人为乐、遵纪守法等社会公德通常会对大众的体育网络情绪表达和传播起到积极的促进作用，不同文化和不同区域的语言表达方式也会影响大众之间进行体育网络情绪表达、分享和传播的效果，可能在一种文化中被鼓励的体育网络情绪在另一种文化中却被抵制，在一个阶段内被广泛关注和推崇的体育网络情绪也可能会随着社会环境、制度、文化的变迁而改变。当然，体育网络情绪也对社会文化具有形塑功效。比如，当一个人的体育网络情绪表达符合社会主流意识形态文化观念时，社会群体就会以正面、积极的情绪来鼓励、支持

---

① Joseph De Rivera, "Emotional Climate: Social Structure and Emotional Dynamics", *International Review of Studies on Emotions*, No. 2, January 1992, pp. 197-218.

这一行为；当一个人的体育网络情绪表达违背社会道德和社会主义核心价值观时，社会群体则会表现出愤怒、不满、谴责的负面情绪来约束当事人的行为，体育网络情绪就是以这种鼓励遵守社会道德行为和谴责社会道德失范行为的方式来不断巩固社会核心文化价值体系和观念在人们生活中的地位。

  可见，体育热点事件中网络情绪生成、表达与演进离不开其根植的社会土壤。体育网络情绪的传播不仅和国内的社会环境息息相关，而且也会受到国外的社会环境影响。就2020年"孙某兴奋剂判罚事件"中所引发的体育网络情绪传播而言，该事件能够在网络上迅速形成体育网络情绪并引发轩然大波，和其当时所处的国内外环境可谓一脉相连。从国内环境来看，一方面，该事件发生期间正处于我国新冠疫情防疫攻坚阶段，全国上下万众一心，国民的爱国情感空前强烈，而"孙某兴奋剂判罚事件"中所唤醒的国家记忆触及了我国国民的爱国主义情感，进而成为体育网络情绪爆发的导火线；另一方面，在社会群众日益增长的多种利益诉求和社会改革转型期各种矛盾不断激化和凸显的时代背景下，我国人民群众的社会情绪也发生着深刻的变化，负面社会情绪日趋泛滥。从某种程度上看，网民基础情绪是社会情绪的一部分，同时也受社会情绪的影响，网民在网络上的情绪表达正好反映出了网民批判现实、解构权威、追求公正的社会心态和社会情绪。孙某作为社会公众人物，在此次兴奋剂判罚事件中所表现出的不理智言行，以及被网民曝光的交通违法行为迅速地触发了社会大众的不满情绪，致使负面体育网络情绪的传播不断蔓延。从国际环境来看，中国正处于百年未有之大变局，该事件发生正值国外许多国家新冠疫情不断扩散阶段，部分西方国家借助疫情恶意制造谣言、发表不当言论来破坏中国的国家形象。在此背景下，任何领域的矛盾都会激起国民的情绪，而具有彰显国家荣誉和民族自豪感功能的体育领域，更容易唤醒国民的爱国情感。该事件判罚结果一经国际体育仲裁法庭裁决就迅速激发了国民的爱国情绪，造成体育网络情绪表达呈现较为一致的情绪反应，很容易造成体育网络情绪极化演变现象。

三　网络环境：体育网络情绪传播的场域

  众所周知，互联网作为一种新兴媒介在中国兴起于20世纪90年代

第五章　5G 时代体育热点事件中网络情绪传播的影响因素与归因

中期。近年来，随着互联网技术对社会的不断介入，其所带来的结果已不仅仅是前者对于后者的搬演，更使得网络成为人们生活的重要组成部分。尤其是在 5G 技术赋能下，互联网技术与大数据、云计算、人工智能等新技术不断融合，不仅改变了现实的整体架构，而且引发了传播格局的巨大变革。在 5G 技术赋能下的互联网，凭借高速率、低时延、广覆盖等优势，真正打破了传播的物理空间，不仅为体育热点事件的相关信息提供了更加便捷的传播和发酵渠道，同时也为网民创造了更为宽松的情绪表达环境。与此同时，伴随着习近平总书记在中共中央政治局第十二次集体学习时所提出的建设"全程媒体、全息媒体、全员媒体、全效媒体"的重要指示，在当前"四全媒体"建设中，大众参与用户生产和传播信息已成为一种新常态。加之互联网越来越凸显出其作为公共媒介的独特性，使互联网逐渐成为体育网络情绪生成和传播集聚中心与表达阵地。由此可见，网络技术的发展与体育网络情绪传播之间有着千丝万缕的联系，某种意义上来说，网络技术的发展对于体育网络情绪传播起到了巨大的推动作用。换言之，体育网络情绪是在互联网技术驱动下的情感共振。

第一，5G 技术赋能下的互联网，凭借其及时互动的优势使得"海内存知己、天涯若比邻"的美好理想成为现实。网民在网络创设的"拟态环境"中，不断加强与他人的交流与沟通，并逐渐形成有共同兴趣爱好、观点的群体。在群体认同的作用下，网民的体育网络情绪表达日趋同质化。可见，5G 技术赋能下的互联网空间，为体育网络情绪传播提供了充足的空间和渠道的同时，也会容易产生非理性的体育网络情绪宣泄。相较于传统的线下传播，网络的穿透性更强，更容易促进信息传播的迅速聚合，更容易放大社会矛盾，激发围观网民的情绪共振，进而在网络空间内催生群情激愤的现象。此外，体育网络情绪在互联网拟态空间内传播还会产生一种"长尾效应"，即体育热点事件发展过程中往往会产生一种与之相类似的事件不断被挖掘和汇聚的现象，一旦负面事件信息不断累积，极易造成网民的负面情绪迅速扩散态势，从而给体育热点事件的健康发展造成影响。例如，"孙某兴奋剂判罚事件"一经互联网传播，相关的一系列历史事件会被迅速挖掘，诸如平昌冬奥会短道速滑女子 3000 米接力判罚事件被迅速推上"热搜"，由此引发网民对于体育"黑幕"、社会不公平现象等相关问题的不满情绪,容易造成网络情绪传播的极化现象。

第二,在5G技术赋能的网络所创设的"拟态狂欢"环境中,公众的参与性大大提高,不再只是少数被动地接受信息,受众可以自由发表或支持"少数"意见,若此"少数意见"被更多网民接受,很可能形成"反沉默的螺旋"效应,最终形成多方意见和多种体育网络情绪的杂糅,进而促发社会心态的变化。众所周知,"沉默的螺旋"之所以会形成,其潜在的前提就是人们在"害怕被孤立"心理的影响下,进而所造成的舆论占优势一方会越来越强,而处于劣势的一方会无限沉默下去。然而,在5G技术赋能的互联网环境下,网络所创设的虚拟社区里,大众可以随心所欲地发表意见、宣泄体育网络情绪。同时在网络匿名化的助力下,大众心中"被社会孤立"的恐惧感得到了一定的消除,进而使受众可以较少受到占据优势的体育网络情绪表达的约束。一旦少数人表达的体育网络情绪引发大众共鸣,就可能会发展成为与多数体育网络情绪表达不相上下甚至超越多数体育网络情绪表达的态势,从而形成"反沉默的螺旋"效应。

总体而言,5G技术赋能的互联网,不仅为体育热点事件中网络情绪快速传播营造了便捷的场域环境,同时也为非理性化的体育网络情绪表达提供了滋生的场所。尤其是在5G技术赋能的网络新媒体影响下,大众的体育网络情绪表达多元又冗杂,某种程度而言,大众的体育网络情绪表达往往可能不是基于个体的自主理解与判断,而是在网络传播环境中社会氛围作用下的繁杂过程。

四 意见领袖:体育网络情绪走向的引导者

在传播学中,意见领袖是指活跃在人际传播网络中,经常为他人提供信息、观点或建议并对他人施加个人影响的人物,同时意见领袖作为媒介信息和影响的中继和过滤环节,对于大众传播效果产生着重要的影响。[①] 根据卡兹和拉扎斯菲尔德在《个人影响》和罗杰斯在《创新与普及》中的概括,意见领袖具有以下四个方面的特征。(1)与被影响者

---

① 郭庆光:《传播学教程》,中国人民大学出版社2011年版,第189页。

第五章　5G 时代体育热点事件中网络情绪传播的影响因素与归因

一般处于平等关系而非上下级的关系。换言之，意见领袖未必是大人物，也可能是我们生活中所熟悉的人，如亲友、同事等。（2）意见领袖并不集中于特定的群体或阶层，而是均匀地分布于社会上任何群体和阶层中。（3）意见领袖的影响一般分为"单一型"和"综合型"。（4）意见领袖社交范围广，拥有较多的信息渠道，对大众传播的接触频率高、接触量大。① 可见，大众传播如果想取得良好的效果，必须得重视意见领袖的存在。体育热点事件中网络情绪传播作为大众传播的重要组成部分，其在传播过程中必然离不开意见领袖的影响。具体而言，在体育热点事件中，意见领袖可作为控制网络舆情走向的主导力量，对于网络情绪的表达与演进具有重要的推动作用。

近年来，随着 5G 时代的来临，在 5G 技术赋能下，网络新媒体的种类和功能与日俱增，这不仅给大众提供了更加广阔的展示平台，同时也为意见领袖的生成创设了良好环境。借力 5G 技术赋能的互联网平台，各种网红、各类权威专家、各样网络媒体、种种明星等意见领袖如雪片一般纷至沓来，并充斥在体育热点事件的传播之中。现阶段，意见领袖在体育热点事件中发挥作用的途径和方式越加多样化，除了事件爆料、表达自己的观点、引导网络情绪，越来越多的意见领袖开始发起动员，甚至号召网民从线上走到线下，积极促进现实生活中问题的解决。在开放的微博环境下，意见领袖掌握着话语的、舆论的主动权，是促使网络情绪生成的关键。② 例如，在 2020 年"孙某兴奋剂判罚事件"中，主流媒体、官方机构及与之相关的公众人物共同构成了体育网络情绪发展的意见领袖，并在很大程度上影响了大众的体育网络情绪表达和演进。从此次事件中的网络情绪表达与演进的唤醒阶段来看，作为意见领袖的官方机构——国际体育仲裁法庭（CAS）对于网络情绪的唤醒起到了"导火线"的作用，在其公布判罚结果后迅速点燃了网民情绪表达的火焰，造成网民情绪表达参与度不断扩大。然而，当进入该事件中的网络情绪表达与演进的爆发阶段，作为意见领袖的官方机构、体育明星（如中国泳协、游泳明星霍顿），对于网络情绪的爆发更是起到了"催

---

① 郭庆光：《传播学教程》，中国人民大学出版社 2011 年版，第 189 页。
② 张佩芳：《微博环境下网络情绪在舆情事件中的表现——以"江歌案"为例》，《西部广播电视》2018 年第 11 期。

化剂"的功效。从官方机构来看,由于其往往以国家形象、国家利益为本位,对外传播信息通常站在国家需要的立场发表观点和评论,中国游泳协会等机构能够第一时间做出支持孙某的回应,对于调动网民爱国情绪的表达具有重要的作用。从体育明星来看,受游泳明星霍顿发文抨击孙某微博的影响,网民愤怒的情绪迅速在网络呈裂变式扩散,致使网络负面情绪在爆发阶段占据主导地位。随后,在进入该事件中网络情绪表达与演进的持续阶段,作为意见领袖的主流媒体,如《检察日报》《人民日报》等,对于持续阶段的网络情绪表达起到了"调和剂"的功能。随着主流媒体对于"孙某兴奋剂判罚事件"具体细节的揭示,促使网络情绪表达在持续阶段逐渐向客观、理性发展。最后,进入该事件中网络情绪表达与演进的消退期,由于网络情绪表达在此阶段已形成理智性和冷静性的稳定特征,意见领袖对于此阶段的网络情绪表达影响力相对较弱。

由此可以看出,意见领袖在5G时代背景下的体育网络情绪传播过程中,对于体育热点事件中网络情绪的发展走向,体育网络舆情的调控,甚至是体育热点事件的健康发展都起着重要的推动作用;但需要警惕的是,在体育热点事件中网络情绪传播过程中,要提高自身对于意见领袖发布的极端意见和虚假信息的风险防范意识,以防止体育网络情绪表达出现极化传播现象,进而给体育热点事件健康发展和体育改革与治理造成干扰。

第二节 5G时代体育热点事件中网络情绪传播的归因分析

5G技术的狂飙突进,为体育网络情绪传播提供诸多便利的同时,也催生出了一系列诸如"极化传播效应"、滋生网络谣言等方面的危机,给体育热点事件的健康发展、体育事业的改革与治理及社会的稳定与发展都造成了一定的干扰。那么,为何在5G时代背景下体育网络情绪能够传播如此迅速,为何能够带来如此多的传播危害,其传播背后有何内在规律,等等。这亟须我们把探索的触角深入体育网络情绪传播的

第五章　5G 时代体育热点事件中网络情绪传播的影响因素与归因

深层原因,通过对其内在本质的探知,来深度把脉其发展的规律,从而为后续提出针对性的引导策略提供帮助。

一　体育网络情绪:拟态狂欢式传播效能背后的社会文化表征

体育网络情绪是伴随着移动互联网的发展而逐渐形成的一个新概念,主要是指公众通过各类网络平台,基于个体的心理反应和自我认知,针对某一体育热点事件所做出的情感和意见的表达,对网络体育舆论的形成、体育舆情的发展具有重要的推动作用。无疑,从表象来看,互联网环境对于体育网络情绪的生成、表达和发展有着重要的影响。尤其是在当前 5G 技术赋能的智能互联网环境下,传播技术在大数据、物联网、人工智能等新技术的融合助推下发展迅猛,各种类型的社会化网络媒体层出不穷,传播平台建设也日臻完善,这不仅给受众带来了差异化和"沉浸式"的用户体验,而且给大众体育网络情绪自由地宣泄和传播创造了一个"拟态狂欢"的空间。所谓的拟态狂欢是借用李普曼的"拟态环境"以及巴赫金的"狂欢"两个概念而提出的新概念,是针对当下基于现实社会情绪网络化呈现的各种各样表达的娱乐文化样式,正日益成为人们文化与生活的重要组成部分而做的现实感悟和概念建构。其包括两层含义:一是拟态狂欢作为现代科技的虚拟狂欢效果;二是科技武装下人为的娱乐文本等所造成的虚拟狂欢实在。[1] 在 5G 技术赋能的智能网络传播时代,任何体育热点事件都可能引发一场疯狂的吐槽,网民以戏谑、讽刺、幽默和调侃等方式来表达心中的情绪,经常在互联网这个虚拟的空间内掀起一场场网络狂欢盛宴。这种网络狂欢盛宴与真正的狂欢节不同,它体现的是自由表达、娱乐化的狂欢精神。在这一过程中,狂欢性已成为体育网络情绪传播的表征。巴赫金的"狂欢理论"描绘的狂欢世界是一个与官方正统世界截然相反的世界,在这个"狂欢世界"里消除了一切等级、制度和规范,每个人都可以参与其中。网络的虚拟性、开放性、自由性等特征为大众提供了体育网络情绪狂欢的理想空间,在这个"拟态狂欢"空间里,人们消解了传统政治、文化中的等级观念,解除了各种制度对人的束缚和限制,可以对体育热

---

[1] 王庆军:《拟态狂欢:消费时代电视体育传播的范式》,《体育学刊》2011 年第 1 期。

点事件和社会文化进行吐槽和批判，网络赋予了"人人都有麦克风、人人都是通讯社"的主体自由感受。人们在这个相对自由的"狂欢世界"中获得了一定的话语权，通过犀利的语言来尽情释放自己内在蕴藏甚至压抑的情绪，致使体育网络情绪表达呈现出众语狂欢的景象。

那么，体育网络情绪从内在属性上来看，其实是情绪的一种独特表现形式，是大众内心现实情绪在网络上的投射。可见，体育网络情绪的形成与传播自然离不开所处的社会环境，也必将烙上社会文化的印记。故而，从社会学视角来看，体育网络情绪不仅是一种个体心理现象，更是一种复杂的社会文化表征，并从中可以折射出社会心态、社会矛盾等诸多社会问题。

首先，体育网络情绪背后折射出人们现实中各种社会压力和矛盾。在5G技术助推下，互联网技术的赋权给公众带来了表达的狂欢，当前的社会焦虑进一步催生了公众表达的欲望。加之现阶段体育热点事件频发，无形之中给大众提供了一个共识度高、沟通性强、娱乐性高、传播性广的情绪表达载体。体育网络情绪是后现代科技电子媒体发展的产物，在5G技术赋能所创设的"拟态狂欢"空间内，可以让个体长期压抑的情绪找到集体宣泄的窗口，避免某种精神疾病的产生，以便让个体更好地适应社会。当前，人们可以自由地在网络上利用搞笑、幽默、反讽等话语和图像的表达方式，借力体育热点事件，在娱乐中宣泄心中隐藏的情绪。体育网络情绪作为人们释放现实心理压力的相对合理的宣泄渠道，现已逐渐成为有效缓解社会压力和矛盾的方式之一。

其次，体育网络情绪背后折射出现代人的价值观危机。在5G技术赋能下，网络技术和社会媒介的变革，不仅给体育网络情绪传播提供了技术支持，而且为体育网络情绪表达提供了新的窗口，致使越来越多的人沉浸在体育网络情绪宣泄的"狂欢世界"中而不能自拔。一定程度而言，体育网络情绪已成为当下社会心态和社会情绪的表征。由于当今社会结构的复杂性以及社会利益的多元性，人们对于社会矛盾冲突的情绪反应各不相同。尤其在网络创造的"拟态狂欢"空间内，当人们遇到现实社会中出现的不公平、不公正、违反社会道德等现象时，体育网络情绪表达极易走上非理性之路，各种恶搞、戏谑、谩骂、抹黑等负面情绪会在网络平台迅速地传染和蔓延。这可能是网民体育网络情绪的一

第五章　5G 时代体育热点事件中网络情绪传播的影响因素与归因

时宣泄，但也从侧面折射出现代人价值观危机和过度追求娱乐的文化心理。恰如美国学者尼尔·波兹曼在其著作《娱乐至死》中所说的那样，通过电视和网络媒介一切都以娱乐的方式呈现，人类心甘情愿成为娱乐的附庸，最终成为娱乐至死的物种。例如，在 2020 年 "孙某兴奋剂判罚事件" 中，该事件经传统新闻媒体和网络媒体曝光后，短时间内引发了网民的大量转发、评论，紧接着在网络平台上呈现出体育网络情绪表达的狂欢景象，其中一些情绪表达是对于事件的理性分析，但更多的是对判罚不公正的质疑及对孙某黑暗历史的吐槽、抨击，这显示出大部分人的体育网络情绪表达缺乏正确的价值观立场，缺乏言论表达的责任意识。值得注意的是，如果这种现象投射到网络中，很容易形成网络群体事件，给社会舆论造成不良影响，但是对于一些反映教育、医疗、养老等社会现实问题的不公平的网络情绪，在一定程度上也会形成集体的社会声音，产生巨大的正面舆论效应，进而督促政府进行相关方面的改革，推进社会的良性运行。

最后，体育网络情绪背后隐藏着不容忽视的注意力经济。注意力经济的思想源头最早可以追溯到诺贝尔经济学奖获得者赫伯特·西蒙的研究。早在 20 世纪 70 年代，他就提出了信息丰富导致注意力资源短缺的思想。大约过了 20 年，"注意力经济"（the Economy of Attention）的概念才开始出现。近几年，随着网络的发展和信息的严重过剩，这一概念迅速在世界各地传播开来，目前注意力经济在西方已经成为一种社会思潮、一种学术流派、一种经济形态，其影响与日俱增。[①] 而对于 "注意力经济" 的概念和内涵，当前并未形成统一的认识。学者张雷将 "注意力经济" 定义为："指企业最大限度地吸引用户或消费者的注意力，通过培养潜在的消费群体，以期获得最大未来商业利益的一种特殊的经济模式。"[②] 可见，从本质上来看，注意力经济是发达经济学研究的一个领域，它是后工业化时期特别是高度信息化社会的经济现象。物质生活条件的不断满足必然导致人们对精神生活的追求，精神生活内容的丰富和水平的提高必然增加人们对注意

[①] 张雷：《媒介革命：西方注意力经济学派研究》，中国社会科学出版社 2009 年版，第 3 页。

[②] 张雷：《信息环境中的"注意力经济人"》，《当代传播》2009 年第 4 期。

力的需求。这种需求既包括对自身注意力的需求,也包括对社会与他人注意力的需求;即使是物质生产部门,在信息过剩的环境中如果不能有效地获得公众和社会的注意力,也会寸步难行。网络技术的发展,给注意力价值的开发和运用提供了广阔的空间,一个注意力全面开发的时代已经到来。[①] 随着5G技术赋能下网络移动化的狂飙突进,以微博、微信、微视为代表的网络新媒体平台如雨后春笋般涌现,使得每个网民都能成为信息的传播者和接受者,进而催生出新的经济产业链。如网上一系列吐槽、搞笑、幽默的体育网络情绪表达(语言、表情包和视频)由于能够迅速吸引大众的注意力而被商家或公司收编,然后再把其打包进行商品化销售,从而获得一定的经济效益。现在,各种各样的"网红经济""粉丝经济"层出不穷,网红对于某个体育明星或某个商品的体育网络情绪表达可能会引发大量"粉丝"参与类似情绪传播,极易演化成线下的实际购买行为,进而使得体育网络情绪形成强大的商业变现能力。

二 社会文化建构:体育网络情绪形成的基础

情绪作为一种常见的心理现象,它无时无刻不在影响着人们的生活,同时也深深地打上了社会建构的烙印。虽然社会建构论的观点在社会科学研究中由来已久,但作为情绪研究中的一种独特的理论观点形成相对较晚,直到20世纪80年代中期,伴随着Harré的《情绪的社会建构》[②]与Kenneth的《人的社会建构》[③]的发表,其从社会文化角度来阐释情绪的社会功能、特征和结构,为情绪社会建构论奠定了理论基础。从社会建构论的视角来看,人的情绪虽然以生物性反应为基础,但主要是社会建构的结果。[④] 可见,社会建构论并不否认情绪的生理属性,其主要是立足情绪的认知功能和文化特征,重点强调社会文化对于情绪形成、表达和传播的影响,认为情绪主要是一种社会文化建构,是

[①] 张雷:《注意力经济学》,浙江大学出版社2002年版,第1页。
[②] Harré Rom, *The Social Construction of Emotion*, New York: Basil Blackwell, 1986, pp.1-14.
[③] Kenneth J. Gergen, "The Social Constructionist Movement in Modern Psychology", *American Psychologist*, Vol.40, No.3, March 1985, pp.266-275.
[④] 隋岩、李燕:《论网络语言对个体情绪社会化传播的作用》,《国际新闻界》2020年第1期。

在人际交往互动中话语建构的产物。① 从社会建构论观点来看，情绪不能脱离其所经历、体验和表达的社会文化意义而存在，文化和语言是建构情绪的重要手段。具体而言，社会文化中那些约定俗成的规章制度、道德伦理、语言规则、价值观念等在很大程度上影响着主体间交往的情绪表达、分享与传播。互联网的兴盛勃兴了大众文化的快速发展，其中网络语言作为大众文化繁荣的产物，对于情绪抑或网络情绪的建构和传播有着重要的促进作用。而体育网络情绪作为互联网时代下的衍生物，正是个体情绪借助语言（特别是网络语言）在互联网空间进行表达的体现和延伸，其产生虽然以个体生物性反应为基础，但主要是社会建构的结果，因为尽管个体是体育网络情绪的所在地，但社会脉络决定了谁在何时、何地、以何种基础、以何种方式体验到哪些情绪。②

从情绪的社会建构论中可以看出，体育网络情绪也是社会文化建构的结果。正如同情绪所具有的双重功能一样，既是精心的社会仪式和实践的作用对象，同时也能够作为符号指示我们是谁，指示我们处理自我认同的其他事物。③ 所以，体育网络情绪的社会文化建构也是双向的。一方面，社会文化中约定俗成的习惯、规章制度、价值观念、道德秩序等被用于选择和组织该群体的社会心理过程，通过支持或限定特定的日常活动影响着群体中交往主体的体育网络情绪表达、感知和体验。从整个过程来看，作为个体心理现象的体育网络情绪实际上是一种社会和文化共同作用的过程。体育网络情绪并非只是由个体生理本能所驱使，社会文化因素在很大程度上影响着情绪的生成、表达，并同时指引我们对体育网络情绪进行诠释和管理。由于社会文化的多样性和历史性，使得一种文化中被鼓励的体育网络情绪在另一种文化中可能被压制，在一段时期内主导的体育网络情绪可能随着社会环境、文化制度的变迁而逐渐消失。另一方面，体育网络情绪也在一定程度上建构着社会文化。从宏观层面而言，体育网络情绪作为社会文化价值观内化的载体，其表达和

---

① 隋岩、李燕：《论网络语言对个体情绪社会化传播的作用》，《国际新闻界》2020年第1期。
② 尹弘飚：《情绪的社会学解读》，《当代教育与文化》2013年第4期。
③ 隋岩、李燕：《论网络语言对个体情绪社会化传播的作用》，《国际新闻界》2020年第1期。

使用将对社会的宗教、制度、社会实践等文化体系产生重要的指引作用。在体育热点事件中，当一个人的体育网络情绪表达出现违背社会集体价值观或道德规则时，周围群体会表现出愤怒、仇恨等情绪来迫使当事人感到羞愧，进而约束自己的行为；而当一个人的体育网络情绪表达符合社会主流文化价值观时，周围群体会表现出鼓励和表扬的态度，以积极的体育网络情绪拥护这一行为。体育网络情绪通过这种鼓励遵守社会文化价值观行为、谴责社会文化价值观失范行为的方式来维护和巩固某一社会群体的文化价值体系在人们生活中的地位，从而形成对社会文化的建构。

此外，情绪的社会建构理论者认为个体情绪的演变主要是建构在社会实践的文化基础上。文化是一个宽泛的概念，英国文化研究学派代表人物雷蒙德·威廉斯把文化理解为一种表意系统，是能够交流、再生产、体验和发现一种社会秩序而必要的表意系统。而语言作为人类特有的交流传播手段，可谓是最高级的表意形式，在情绪的社会建构中具有重要的作用。[1] 美国心理学家 Lisa 也主张将情绪体验视为一种范畴化行为，具体而言，人们只有在将某一情感事件概念化后才能体验到情绪，并认为这种体验由个体的具体情绪知识所指导，而情绪知识通过语言进行传播和传承。[2] 某种程度而言，语言，尤其是网络语言驱动了人们体育网络情绪表达、体验和感知。首先，人们将体育热点事件概念化后，把想要表达的情绪通过将其意义内隐于语言在互联网上进行传播。其次，网络语言是伴随互联网的发展而出现的一种特殊语言形态，现已成为互联网时代特有的体育网络情绪表达载体。网络语言经常通过谐音、表情包、段子、表情符号、数字等方式来呈现丰富的情绪（如抱怨、讽刺、赞美、骄傲等），进而建立起体育网络情绪表征与相关概念之间的对应关系来指导人们的情绪体验行为。最后，体育网络情绪的表达、体验和感知事实上是一种话语实践。正如法国哲学家米歇尔·福柯提出的"话语即权力"一样，话语中隐含权力的关系，谁掌握了话语谁就能够

---

[1] 隋岩、李燕：《论网络语言对个体情绪社会化传播的作用》，《国际新闻界》2020年第1期。

[2] Lisa Feldman Barrett, "Solving the Emotion Paradox: Categorization and the Experience of Emotion", *Personality and Social Psychology Review*, Vol. 10, No. 1, January 2006, pp. 20-46.

建构"真理",它允许我们感受某些情绪而禁止其他情绪,从而塑造我们的情绪表达,同时我们也可以利用情绪创造社会或政治抵制。[1] 由此,体育网络情绪作为情绪的特殊表现形态,也同样成了话语操作的产物。一言以蔽之,语言不仅是表达体育网络情绪的载体,同时也是体育网络情绪认知的手段,其通过将一系列社会关系、文化观念变成话语操纵的产物,以此来完成对体育网络情绪的建构。

三 群体情感互动仪式:体育网络情绪传播的手段

诚如上文所述,社会建构论主张将体育网络情绪置于人们社会文化的交往实践中来考察,这不仅促使了体育网络情绪从个人内在的心理走向社会公共领域,而且助推了个人体育网络情绪传播不断扩展到与他人分享的互动传播过程。由此可见,体育网络情绪不仅是我们表达情感和传播思想的重要方式,同时也是传播内容的一部分。而任何信息一旦进入传播渠道,就不再受控于信息源,体育网络情绪的传播也不例外。某一个体的情绪一旦进入了网络传播空间,就可能沿着人们的社会关系网迅速蔓延和扩散,在人际交流互动中不断感染和传播。在这种互动仪式中,人们关注共同的事件,分享共同的网络情绪体验。

在人际交往互动中情感能量是重要的驱动因素,人们往往从共同关注的焦点、情绪、激情、共鸣和符号中获得情感能量回报。然而,当互动仪式需要投入更多的情感能量却又不能得到充分回报时,人们就会转向其他的获益更多的互动仪式。[2] 也就是说,人们在进行情绪表达、分享和互动时,会基于情感能量回报最大化的考虑而选择倾诉的对象。正如柯林斯提到的"互动仪式市场"中所阐述的那样,他认为不但有物质市场、婚姻市场等,还存在一个人们际遇互动的市场。即每个人将与谁、以何种仪式强度进行互动,取决于他或她所具有的际遇机会,以及他们能够互相提供什么来吸引对方加入互动仪式。[3] 在互动中,人们会

---

[1] 尹弘飚:《情绪的社会学解读》,《当代教育与文化》2013年第4期。
[2] [美]兰德尔·柯林斯:《互动仪式链》,林聚任、王鹏、宋丽君译,商务印书馆2009年版,第5页。
[3] [美]兰德尔·柯林斯:《互动仪式链》,林聚任、王鹏、宋丽君译,商务印书馆2009年版,第6页。

基于情感能量（时间、地位、权力等资源）进行估计，然后选择那些能够最大程度地增进他们情感利益的方式。

一般而言，人们都会选择与情感能量较高的人进行情感交流，因为情感能量较高的人和美国传播学家保罗·拉扎斯菲尔德所提出的"意见领袖"一样具有强大的影响力，不仅能够对情感能量低的人产生影响，而且能够有能量去控制他们与他人之间发生境遇的情境，进而来影响人们之间情感或情绪互动的效果。因此，与情感能量高的人互动能够不断推进互动仪式的延伸，单一的互动仪式也会逐渐变成互动仪式链，进而使得人际交往互动中的个体体育网络情绪可以沿此仪式链在网络社会空间内传播，从而促进体育网络情绪的生成和演变。由此，个体体育网络情绪借助语言在网络社会空间内传播，实质上是一场以情绪理解为内核的群体情感互动仪式。尤其是在 5G 技术赋能的移动互联技术推动下，大众传播已迈入了"人人都有麦克风、人人都是通讯社"的网络群体传播时代。网络群体传播打破了情感互动仪式对物理空间身体集聚的要求，同时也为人们创造了与高情感能量主体建立情感关系、扩大社会网络的机会，即使人们不在同一场所，也能够通过网络群体传播进行情感互动。个体体育网络情绪借助 5G 技术赋能下网络群体传播的优势，可以快速地在网络空间中形成情感互动仪式，进而实现体育网络情绪的快速生成和传播。由此不难理解，在"孙某兴奋剂判罚事件"中，网民的个人爱国情绪在网络"大 V"、主流媒体等意见领袖的影响下为何能够在 5G 技术赋能的互联网时代传播得越来越快。

由此来看，5G 时代体育网络情绪传播从本质上来说是社会文化建构的结果，具体而言，体育网络情绪实质上是一种拟态狂欢式传播效能背后的社会文化表征，不仅折射出人们现实中的各种社会压力和矛盾、价值观危机，而且背后还隐藏着不容忽视的注意力经济。而体育网络情绪传播实际上是一场以情绪理解为内核的群体情感互动仪式，语言（尤其是网络语言）是其传播的重要手段。与此同时，在 5G 技术赋能的互联网和新媒体助推下而形成的中国媒介体育空间，已日益成为大众参与公共表达的重要途径。

因此，在 5G 时代背景下，我们不仅要理性审视体育网络情绪传播的演化规律及其带来的负面化、极端化传播效应，而且也要明晰其产生

第五章 5G 时代体育热点事件中网络情绪传播的影响因素与归因

和传播背后的深层社会文化根源。然而，体育网络情绪是互联网时代的产物，面对 5G 时代体育网络情绪传播给社会、国家所带来的影响，我们该如何化"危"为"机"，怎样用最小的代价来打开体育网络情绪这个潘多拉魔盒，从而获得最大的收益，进而推动体育热点事件健康发展，助力网络强国和体育强国建设呢？这迫切需要我们对其进行科学化的引导和治理。那么，当前在 5G 时代背景下，治理体育网络情绪传播会有哪些便利条件，又会遇到何种困难？由此，在提出具体的体育网络情绪传播治理策略之前，还需对当下治理体育网络情绪的机遇和挑战进行总体审视，以期为接下来提出时代化、本土化和可操作化的体育网络情绪引导路径提供服务。

第六章
5G时代治理体育热点事件中网络情绪传播的机遇与挑战

信息技术是人类发展的重要力量，现代通信技术的不断更迭不仅引发了体育传播媒介格局的巨大变革，也对体育热点事件中网络情绪传播的生态产生重要影响。自20世纪七八十年代，在电子科学技术的助推下，电视和互联网以摧枯拉朽之势迅速席卷全球，不仅使得体育热点事件传播方式和手段发生了变革，而且也使得体育热点事件不断"媒介化"。从奥运会到世界杯，从NBA到网球大满贯赛，从"孙某兴奋剂判罚事件"到"莫某事件"，一场场媒介视觉盛宴和一件件媒介化体育热点事件，不断带动大众情绪。正如英国媒介文化学者格雷姆·伯顿在其著作《媒体与社会：批判的视角》中所言："体育是一个充满了各种人物、明星和神话的世界，是一种时尚、一种商品、一种社会活动、一种精神产品等。"① 尤其在商品消费文化理念的驱使下，媒介不仅再现体育，而且生产体育明星、体育新闻、体育赛事等诸多体育热点事件，其为了吸引大众的眼球，通过采用猎奇、戏谑、幽默等方式来放大体育热点事件中的明星效应、暴力宣泄抑或性别能指等，以此来不断激发大众的成就欲望、竞争欲望和消费欲望，从而让大众心中的愤怒、愉快、惊恐、忧伤、激动等情绪可以尽情地释放。可见，媒介在信息技术的驱动下，正在不断改变大众对于体育热点事件的认知，也在不断促进体育网络情绪的传播。

---

① [英]格雷姆·伯顿：《媒体与社会：批判的视角》，史安斌主译，清华大学出版社2007年版，第341页。

第六章　5G时代治理体育热点事件中网络情绪传播的机遇与挑战

如前文所述，5G时代将引发传播媒介生态格局的巨大变革，将实现"万物皆媒、万物互联"的传播新时代。那么，5G时代背景下，体育网络情绪传播究竟会发生哪些变化，又会给我们治理它产生怎样的影响？这将是本章探讨的主要议题。

第一节　5G时代体育热点事件中网络情绪传播的时代特质

从1G到4G，信息技术的发展不仅推动了媒介技术不断变革，也使得人类信息传播与沟通的便捷性不断提高。随着5G时代的到来，在5G技术赋能下，互联网的信息传播形态将会彻底改变，核心网和无线接入网将达到全能程度。[1] 美国韦里孙通信公司首席执行官Hans Vestberg认为，与3G、4G截然不同，5G是一种"量子跃迁"。5G时代的信息的量子传输将会使城市建设、新闻传播、体育赛事直播等实现智能化和自动化。在5G时代背景下，万物将实现智能互联互通，其不仅会推动体育网络情绪传播场景和媒介生态环境的变迁，而且也将为体育网络情绪传播的呈现形式带来新的时代特质。

一　沉浸式传播：体育网络情绪传播效果的提质增效

（一）"沉浸式传播"的内涵阐释

"沉浸"一词最早是在20世纪70年代作为心理学的概念"Flow"提出的。其后，"沉浸"概念的应用和发展在经历了虚拟现实、遥在互动后，开始进入传播学的研究视角。[2] 从传播学视角来看，"沉浸"是指传播接受者在特定时空下的一种信息接收状态，主要是基于"会心"的一种"专注"神情，所表现出的是一种深度信息体验。[3] 而所谓的"沉浸式传播"源于美国心理学家米哈里·契克森米哈赖（M. Csikszentmihalyi）

---

[1] 刘建明：《5G对社会与传媒业的历史性颠覆》，《新闻爱好者》2019年第3期。
[2] 李沁：《沉浸传播：第三媒介时代的传播范式》，清华大学出版社2013年版，第14页。
[3] 雷晓艳、胡建秋、程洁：《沉浸式传播：5G时代体育赛事传播新范式》，《当代传播》2020年第6期。

在1975年提出的沉浸理论,他认为:"人依照心理驱动力去做自己想做的事,沉浸体验即为意识动机的外显。"[①] 近年来,随着通信技术与应用终端的不断融合,各国都开始对"沉浸式传播"给予了较多的关注。2009年4月在中国台北举行的第34届ICASSP会议(the 34th International Conference on Acoustics, Speech and Signal Processing)中的沉浸传播论坛是这样描述"沉浸传播"(Immersive Communication)的:"随着现代传播技术的来临,物理距离已不再是实时互动的障碍。但是现有的技术还不尽善尽美:移动网络通常缺乏视频组件;宽带连接很少提供沉浸体验;高端远程呈现解决方案昂贵且有制约。"因此,有强烈需求要研究和发展先进技术和工具,将沉浸传播带进电话会议以便人们可以跨越地理分隔实现互动合作。这一要求对于多重规矩有深刻理解认同。[②] 清华大学教授熊澄宇曾指出:"随着交互式媒体的发展,移动媒体出现,以及未来物联网的革新,我们将沉浸在一个媒体萦绕的环境下,新媒体技术越来越成为人们不可或缺的工具,一种新型的传播方式——虚拟遥在和沉浸式传播将随之到来。"[③] 他所指的沉浸式传播,是基于移动互联网络和先进的便携式终端,进而形成的一个无处不在、无时不有、无所不能的传播平台。

我国学者李沁在借鉴前人研究的基础上将"沉浸传播"定义为一种全新的信息传播方式,它是以人为中心、以连接了所有媒介形态的人类大环境为媒介而实现的无时不在、无处不在、无所不能的传播。它是使一个人完全专注的也完全专注于个人的动态定制的传播过程。它所实现的理想传播效果是让人看不到、摸不到、觉不到的超越时空的泛在体验,并指出这个定义包括以下十一个方面的含义。

(1)所有媒介和技术都化为背景,嵌入我们周围的环境中,并互相连接在一起。

(2)以环境或空间作为媒介。这个环境是人类生存的整个大环境,也可说是一切皆媒介。

[①] 景娟娟:《国外沉浸体验研究述评》,《心理技术与应用》2015年第3期。
[②] 李沁:《沉浸传播:第三媒介时代的传播范式》,清华大学出版社2013年版,第20页。
[③] 熊澄宇:《对新媒体未来的思考》,《现代传播(中国传媒大学学报)》2011年第12期。

第六章 5G时代治理体育热点事件中网络情绪传播的机遇与挑战

（3）内容包括所有以前的媒介，以及未来将要出现的媒介。这是一个开放的包容万事万物的体系。

（4）这个媒介空间是物质与精神、真实与虚拟的共存和融合。媒介界面消失，媒介无形且无边界，媒介与环境融合。

（5）以人为中心，人完全在其中。从"隐形人"到无形无象之人，人与媒介互化为彼此。人既是传播主体，也是传播的内容。

（6）人可以物化为媒介，媒介也可以人化，融入人的媒介或融入媒介的人——"生物媒介"出现。

（7）这是一个动态的传播过程，不断对所传播的对象进行定位，即时调整信息内容。如基于移动位置的服务LBS，可以用GPS等定位所在位置，搜索信息库后发出即时新讯息。

（8）云计算让随时随地的泛在成为可能，由于云计算数据存储脱离单个具体硬件，进一步打破了物与物、空间与空间的边界。

（9）虚拟世界是现实世界的一部分，现实世界也是虚拟世界的一部分。

（10）沉浸传播的效果特征"3In"：看不到（Invisible），摸不到（Intangable），觉不到（Insensible）。

（11）人际传播—大众传播—分众传播—泛众传播。泛众有"无众"的含义，但又不同于原始的"无众"。"泛众"是基于"泛在"连接的全面个性化超精准定制。在"泛众传播"中，一切信息以"我"为中心，所以它也不是分众，是完全的一对一的个性化信息服务。[①]

总体而言，"沉浸式传播"是一种具有革命性的全新传播方式，它是伴随传播技术的快速发展和媒介形态的多元化升级以及虚拟与现实环境的不断融合，进而产生的一种人与媒介和环境的全方位融合的传播方式和形态。

（二）5G时代下的沉浸式传播对体育网络情绪传播的影响

1. 重构了体育网络情绪传播的空间

5G时代背景下，5G技术凭借其超大宽带、超低时延、万物互联等

[①] 李沁：《沉浸传播：第三媒介时代的传播范式》，清华大学出版社2013年版，第43—44页。

优势，不断与云计算、大数据、物联网、人工智能等技术紧密融合，极大地促进了 VR（虚拟现实）、AR（增强现实）等技术的快速发展，进而推动了"沉浸式传播"的高质量发展。在 5G 技术赋能的泛在网络和虚拟现实等技术助推下，沉浸式传播的媒介形态将实现从软边缘向无边缘演进，传播方式将实现"遥在"与"泛在"共存，进而使得传播无处不在、无时不在，传播的空间无边无际，并将催生出万物皆媒的媒介样态。5G 技术赋能下的沉浸式传播将会重构体育网络情绪传播的空间。在 5G 技术赋能下，体育网络情绪传播将实现人、媒介、环境完全融合，互为彼此，产生一种从物质到精神多方面参与的沉浸传播状态。在 5G 技术赋能所创设的沉浸空间内，体育网络情绪传播将突破传统传播形态中时间维度和空间维度的束缚，让用户在模拟环境中难以辨别虚拟与现实的真假，从而让体育网络情绪传播实现物理空间、精神空间（虚拟空间）和智能空间（包含物理空间和虚拟空间在内的人类生存的全部）的有机融合，并形成一个泛在连接的传播大空间。生活在 5G 技术赋能所创设的沉浸空间内，大众可以随时随地利用各种媒介手段进行体育网络情绪的传播和创造。此外，大众在沉浸空间内进行体育网络情绪传播的同时，也不可避免地成为这个空间景观的一部分，让其无法置身事外，由此也会带上整个空间的文化记忆，从而也有利于大众对体育网络情绪传播的整体理解、审视与分享。

2. 增强了体育网络情绪传播的"在场"体验感

传播学者米歇尔·麦克卢汉提出："媒介即人的延伸"，媒介不仅延伸了人的感官，而且延伸了人的中枢神经。然而，在媒介演进的历史进程中，身体感官一直处于"分割"的状态，难以体会到沉浸感。即使在 4G 时代，虽然 4G 技术的应用给我们的生活带来了极大的便利，但因传输速率、数据计算量、设备终端等因素的制约，依然满足不了虚拟现实（VR）、增强现实（AR）、混合现实（MR）等技术的要求，致使其发展尚停留在初级的探索阶段，用户的体验效果也不是很理想。这也导致当前的体育网络情绪传播只是在网络创设的"拟态环境"中进行虚拟传播，难以让大众切身体验到体育网络情绪传播的"身临其境"之感。

然而，随着 5G 时代的来临，体育网络情绪传播的"在场"感将不

第六章　5G 时代治理体育热点事件中网络情绪传播的机遇与挑战

断提升。在 5G 技术赋能下，人机关系将逐渐摆脱二元分离，转向人机一体化，体育网络情绪传播的技术与传播主体的"离身"关系将逐渐演变为技术与主体的"具身"关系。一方面，在 5G 技术赋能下，通过借助 360 度全息信息显示、VR/AR/MR 视频直播、5G 传输+8K 转播等技术来创设虚拟现实中的体育热点事件，营造"虚实统一"的在场感，让大众可以"身临其境"体会到现场体育情绪，从而增强体育网络情绪传播的逼真性和时效性。另一方面，在 5G 技术赋能下，借力各种智能传感器、可穿戴设备、物联网将人的视觉、听觉、触觉、嗅觉、味觉等多种感官进行连接，促使实现直观之感不断向感官体验转化。在这种多种感官共振的沉浸模式下，让大众可以体会到由体育热点事件所引发的网络情绪的"亲身经历感"，从而增强体育网络情绪传播的沉浸之感，进而提升体育网络情绪传播的效能。

二　智能化传播：体育网络情绪传播方式的优化升级

5G 技术的商用开启了信息革命新纪元，让整个社会都不约而同地迈入了 5G 时代。5G 技术赋能不仅推动了移动通信技术的快速发展，也带动了网络技术应用场景的不断变革。在 5G 时代背景下，5G 技术与云计算、大数据、人工智能、虚拟现实等技术融合度日益增加，共同驱动了人类社会从信息时代跨入智能时代。随着 5G 技术的不断普及和应用，人工智能在传播领域的应用得到了快速的突破和升级，从而也推动了人类从互动传播时代走向智能化传播时代。毋庸置疑，5G 已逐渐成为时代的主题，5G 时代的来临以及由 5G 技术所带来的智能化传播将会给体育网络情绪传播的方式带来深刻变革，并将促使体育网络情绪传播呈现出新的趋向。

首先，在 5G 技术赋能下，体育网络情绪传播的方式将呈现出精准化和实时化的趋势。在 5G 技术驱动下，人工智能已经在体育热点事件中不断普及和应用，并取得了较好的运用成效，如在里约奥运会上，《华盛顿邮报》就派出了专业的机器人团队进行体育新闻写作和报道，利用人工智能机器人回答用户赛事相关内容和问题，为运动员提供点餐和购物等智能服务。可见，5G 技术驱动下的人工智能，不仅实现了与用户之间的互动对话，而且延伸了个人突破身体所处物理时空的局限在

· 179 ·

任意场景中进行体育网络情绪传播的信息处理的能力，从而促进了大众体育网络情绪传播的时效性。此外，5G 技术与大数据、云计算、人工智能等技术的协同应用，可以根据用户的体育习惯、体育需求、行为偏好进行智能筛选，通过多元化的终端向用户进行点对点的个性化和精准化的体育热点事件信息传输，从而让大众及时了解体育热点事件最新进展，借助各类网络新媒体平台实时进行体育网络情绪的分享、交流和传播。

其次，在 5G 技术赋能下，体育网络情绪传播的方式将呈现出可视化的趋势。在 5G 技术助推下，以微博、微信为代表的新媒体平台已成为体育网络情绪传播的重要载体。5G 技术赋能的网络新媒体"拟态空间"，不仅向大众开放，而且也为体育网络情绪传播的"广场式"效应提供了便利通道。在 5G 技术赋能的新媒体助推的"广场式"传播效应影响下，体育网络情绪传播的信息在任何节点都有可能被广泛传播和扩散，且其传播效果也可以通过不同场域中网民的发帖量、评论数和点赞数等可视化数据来呈现。这意味着，大众的体育网络情绪传播的规模、走向、数量等指标可以被其他网民迅速感知。相较于 4G 时代，体育网络情绪传播的可视化程度在 5G 技术赋能下将会更加多元化和精准化，如新浪微博利用机器运算推出的热门微博、各种网络舆情监测软件和平台等。通过对微博、微信等新媒体平台上数据指标（微博热搜 24 小时榜单，论坛上的评论量、转发量、点赞数、热度权重等）的量化可以有效促进体育网络情绪传播的可视化程度，进而为体育网络情绪传播的发展趋向提供"风向标"和"晴雨表"。

最后，在 5G 技术赋能下，体育网络情绪传播的方式将呈现出可塑性越来越强的趋势。在 5G 技术助推的新媒体语境下，由于体育网络情绪传播的可视化程度越来越强，能够实时动态展现大众体育网络情绪传播的数量、规模、走向等，这样的"可视化"使得体育网络情绪传播过程清晰可辨，推动体育热点事件的进展，也使得参与个体的意见和态度感知更为直观。在体育网络情绪传播可视化不断提高的助推下，各参与主体可以根据体育网络情绪发展的形势采取更加有针对性的行动策略，但值得警惕的是，在体育网络情绪传播"可视化"的表层下，可能会隐藏越来越多的"隐形脚本"和"幕后推手"，进而导致体育网络情绪传播的形态由自发为主逐渐转向以人为和技术操控为主的局面。当前，在5G技术赋能的新媒体网络平台上，各参与主体为促成大规模的围观、吐槽等效果，发表负面体育网络情绪制造舆论，已然成为5G技术赋能的新媒体语境中的全新景观，从而来形塑和操控体育网络情绪传播与发展。如2008年北京奥运会"刘某退赛事件"，网络媒体不断发布所谓的"黑幕"来吸引大众的眼球和激发大众的体育网络情绪表达，以此来达到网络媒体在该体育热点事件传播中的主导位置。

由此可见，在5G技术赋能的智能化传播时代，体育网络情绪传播已从固定空间到移动空间、从单一空间到多维空间、从现实空间到虚拟空间、从自然空间到智能空间，网络新媒体正在作为信息传播网络中的一个智能节点，充分利用自身在信息资源聚合的专业能力，形成强大的辐射范围，助推体育网络情绪传播的广度和深度。体育网络情绪传播的方式也呈现出精准化、实时化、可视化、可塑化等特征，不断推动体育网络情绪传播的智能化进程。

三 场景化传播：体育网络情绪传播环境的营造技术

"场景"一词最早是电影和戏剧中的用语，是指在一定的时间、空间（主要是空间）内发生的一定的任务行动或因人物关系所构成的具体生活画面。[①] 美国社会学家欧文·戈夫曼在其著作《日常生活中的自我呈现》中把我们的日常生活分为"前台"和"后台"两个场景，每个人在不同的场景中所表现出来的角色和行为各不相同，"场景"在一定程度上制约着每个人所承担的角色和行为。美国传播学家约书亚·梅罗维茨在其著作《消失的地域：电子媒介对社会行为的影响》中提出了媒介、场景、行为三者互动关系的原理，并将社会场景看成是"信息系统"，认为地点和媒介一起为人们构筑了交往模式和社会信息传播模式。[②] 而另外的两位美国学者罗伯特·斯考伯和谢尔·伊斯雷尔在其合著的《即将到来的场景时代》中预言，在未来25年互联网将进入新的

[①] 许加彪、李亘:《5G技术特征、传播场景和媒介环境学审视》，《当代传播》2020年第4期。

[②] [美]约书亚·梅罗维茨:《消失的地域：电子媒介对社会行为的影响》，肖志军译，清华大学出版社2002年版，第34页。

场景时代,并提出互联网时代的"场景"是基于移动设备、传感器、大数据、社交媒体和定位系统提供的应用技术以及彼此联动营造的一种"在场感"①。随着5G时代的来临,在5G技术赋能下,物联网和智联网得到了快速的升级和发展,在此背景下,人和物都可以是互联网的接入端,场景将成为用户进行现实连接和心理连接的桥梁,未来传播将实现"万物互联"的场景化传播。所谓的"场景化传播"不仅是一种超越时空概念的拟态化、沉浸式传播,而且是一种在特定情境下的个性化、定制化传播。在5G技术赋能的场景化传播环境下,体育网络情绪传播已经从内容主导的模式转向场景为先的发展趋势,体育网络情绪的场景化传播也将呈现出信息社会的新特质。

(一)体育网络情绪传播的时间场景和空间场景融合度将不断提高

众所周知,体育网络情绪传播离不开其所处的社会空间和时间,时间场景和空间场景作为大众进行体育网络情绪传播的特定时空环境,不仅是大众进行体育网络情绪传播的条件,也是其进行体育网络情绪传播的重要内容。相较于4G时代,体育网络情绪传播的时间场景和空间场景虽然突破了时空的限制,但是由于受到网速、传播清晰度、媒介技术(如虚拟现实技术等)的制约,4G时代下的体育网络情绪传播的时间场景和空间场景的融合程度还不够高。而随着5G时代的来临,在5G技术赋能下,大数据、智能感应、移动终端设备、社交媒体、定位系统、云计算等技术得到了快速的迭代升级,极大地提高了大众传播体育网络情绪的体验。在5G技术赋能所创设的"拟态空间"内,通过虚拟现实等技术为大众提供了一个现在、过去与未来融合,虚拟与现实同在的体育网络情绪传播的沉浸化空间。在这个超时空的空间内,由于虚拟在场和现实在场的空间和时间不断融合,虚拟体育热点事件全面地向现实体育热点事件全线渗透,使得大众可以随时随地游离于这两个空间,自由地跨越原有时空的樊篱进行体育网络情绪的分享、交流与传播。

(二)体育网络情绪传播的虚拟场景和现实场景将深度融合

毋庸讳言,体育网络情绪传播是基于现实中所发生的体育热点事

---

① [美]罗伯特·斯考伯、谢尔·伊斯雷尔:《即将到来的场景时代》,赵乾坤、周宝曜译,北京联合出版公司2014年版,第124页。

第六章　5G 时代治理体育热点事件中网络情绪传播的机遇与挑战

件，而后借助互联网平台在虚拟化环境中进行的体育网络情绪分享和沟通。随着 5G 技术的商用，5G 技术凭借其超大宽带、超低时延、万物互联等优势，为体育网络情绪传播创设了超时空的空间环境，促使现实空间与虚拟空间深度融合。在 5G 技术赋能下，5G+VR/AR/MR 等技术得到了快速的普及和应用，在这些虚拟现实技术的助推下，大众可以对体育赛事中的运动员的轨迹及其动作进行 360 度即时回放和切割，从而更加有力地规避了赛事中判罚不公、吹黑哨等现象的出现；也可以让大众从 3D 视角去观看比赛，体察运动员的身体状况、运动技巧；面对赛事中运动员出现的不适等突发状况，"身临其境"地感受赛场的氛围和观众的情绪；更能理性看待体育网络情绪而非随波逐流实施网络暴力，从而推动大众进行体育网络情绪的健康传播与交流。

（三）体育网络情绪传播的共性化场景和个性化场景更加均衡

所谓的体育网络情绪传播的共性化场景是指大众使用媒介传播体育网络情绪的基本需求或共同需求，如基本的网络平台、传播渠道、传播空间等。而体育网络情绪传播的个性化场景是指参与体育网络情绪传播的个体的喜爱、偏好等个性化需求，如虚拟现实技术、3D 全息投影、智能感应、8K 体育赛事直播等。4G 时代，大众进行体育网络情绪的传播基本上还是以满足共性化场景需求为主，借助微信、微博等新媒体客户端，了解体育热点事件相关信息并参与体育热点事件的讨论，进而分享和传播体育网络情绪。而随着大众对于体育网络情绪传播的多元化需求（如沉浸化体验、零时延互动、泛在化传播等）日益提高，4G 时代所创设的共性化场景已经满足不了当前大众开展体育网络情绪传播的个性化需求。不过，在 5G 技术赋能下，5G+VR、大数据、智能感应、云计算等技术在体育领域应用越来越广，智能机器人体育新闻写作，体育热点事件虚拟现实呈现，8K 体育赛事直播等业务已取得了较好的运用成效，如"5G 传输+8K 转播"在奥运会开幕式的使用，很大程度上丰富了观众的体育网络情绪的感知和体验。5G 时代的来临，不仅突破了体育网络情绪传播的时空限制，给大众带来了更多的沉浸化体验，而且极大地扩展了体育网络情绪传播的场景范围，最大限度地满足了大众参与体育网络情绪传播的共性和个性化需求，为体育网络情绪传播营造了多样化的场景环境，有力地助推了体育网络情绪传播的效能。

· 183 ·

诚然，美国学者罗伯特·斯考伯和谢尔·伊斯雷尔曾提出构成场景的五种技术力量：移动设备、大数据、社交媒体、传感器、定位系统，简称"场景五力"。① 而随着5G时代的到来，在5G技术赋能下，传统的"场景五力"得到了快速的迭代升级，逐渐构建出了能够支持VR/AR、物联网、人工智能在内的多元场景开发，从而为体育网络情绪传播创设了良好的环境。移动设备在5G技术赋能下已向智能穿戴设备发展，助力了体育网络情绪传播的智能场景构建；社交媒体在5G技术赋能下已向虚拟现实发展，提升了体育网络情绪传播的沉浸化体验；大数据在5G技术赋能下已向精细化发展，提高了体育网络情绪传播的精准化和时效化；传感器在5G技术赋能下已向万物皆媒发展，拓展了体育网络情绪传播的覆盖面；定位系统在5G技术赋能下已向高精度定位发展，助推了体育网络情绪传播的智慧化进程。

四 视觉化传播：体育网络情绪传播内容的美学呈现

毋庸置疑，体育作为一种主要以身体为表达方式的社会文化活动，具有鲜明的视觉性，一场场精彩夺目的体育比赛，一个个动如脱兔的射门动作，一次次美轮美奂的奥运会开幕式，以强大的视觉冲击力吸引着众人的眼球。在媒介技术的助推下，以奥运会、世界杯为代表的体育热点事件更是成为全球人民瞩目的焦点。自电视媒介诞生以来，媒介逐渐展露出对大众视觉感官的追求，其不仅再现现实体育热点事件，而且通过创设虚拟的视觉景观建构体育热点事件。进入互联网时代后，各种网络体育赛事直播、短视频、网络体育游戏、数据体育新闻报道等以摧枯拉朽之势将我们"包围"，让我们不禁发现体育已经进入了视觉化传播时代。正如学者周宪所言："我们正处于一个视像通货膨胀的'非常时期'，一个人类历史上从未有过的图像富裕过剩的时期。"② 而伴随体育热点事件所产生的网络情绪在"视觉化"传播影响下，其传播的内容也将呈现出较强的视觉体验感。尤其是5G技术赋能下，以VR/AR/MR、全景高清视频直播、短视频和传感器新闻等音视频符号生产为主

---

① ［美］罗伯特·斯考伯、谢尔·伊斯雷尔：《即将到来的场景时代》，赵乾坤、周宝曜译，北京联合出版公司2014年版，第11页。
② 周宪：《反思视觉文化》，《江苏社会科学》2001年第5期。

第六章　5G 时代治理体育热点事件中网络情绪传播的机遇与挑战

导的视觉化传播，将成为体育热点事件传播的新常态，这也将进一步提升体育网络情绪传播内容的美学呈现效果。

　　通俗而言，视觉化传播是指组合有文字的图像，以及以文字为素材构成的图像等的传播。① 传统的视觉化传播是以印刷品、摄影、电影与电视等为媒体实现的，而随着计算机技术和通信技术的发展，尤其是在 5G 技术赋能下，视觉化传播在视觉内容的生产、管理和传播方式等方面都得到了极为充分的拓展，其中最为突出的是视觉信息的智能化，包括高清图像和视频信息的智能搜索、虚拟现实场景化建构、流媒体信息的 AI 辅助等。据 Fastdata 极数发布的《2020 年中国互联网发展趋势报告》数据，从 2016 年至 2020 年，中国用户每日启动短视频 App 次数从 1.2 亿次增长至 32 亿次。② 可见，视觉化传播已成为移动互联网未来发展的重点领域，在 5G 技术的超大宽带、超低时延等优势带动下，将会给视觉化传播带来新一轮的红利，并将助推视觉化传播全面向体育领域的深度渗透，同时也将给体育网络情绪传播带来新的体验。

　　一方面，体育网络情绪传播的呈现技术不断增强。相较于 4G 技术，5G 具有更高性能的传输技术和更低的时延，这对于体育赛事的高清直播、虚拟现实体育游戏、智能体育新闻写作等体育热点事件的高质量视觉化呈现提供了重要驱动力。在 5G 技术架构的服务网络下，移动 VR、体感交互、智能搜索、云计算、个人辅助 AI 等技术与体育热点事件的融合度不断提升。借力体育热点事件的高质量视觉化传播，大众可以实时地根据自身位置的移动对另一三维空间内的体育热点事件进行观察，"身临其境"地感受体育热点事件所发生的每一个细节（运动员技术动作、运动员即时表情、现场观众氛围等），进而让自身的体育网络情绪体验更加清晰和准确。而后在 5G 创设的"拟态狂欢"环境中，大众不仅可以实时分享和传播体育网络情绪，而且可以让大众通过 VR、AR、MR 等技术在虚拟化环境中实现"面对面"地体育网络情绪互动与交流。另一方面，体育网络情绪传播内容的方式日趋多元化和视觉化。4G 时代下体育网络情绪传播内容的方式主要是采用网络语言、表

---

① 魏文晴：《媒介的视觉化传播对信息传播的影响》，《改革与开放》2011 年第 4 期。
② 《2020 年中国互联网发展趋势报告》，2020 年，Fastdata 极数。

情符号、动画、漫画等来表达。而 5G 时代下体育网络情绪传播内容的呈现将会更加多元化和视觉化。在 5G 技术赋能下，体育网络情绪传播内容的形式不仅会采用传统的网络语言、二维动画、表情符号等来表达，而且会采用更具视觉冲击力的三维立体动画、VR 全息投影表情、智能化语音播报、智能传感器感应等方式来表达和传播。此外，在 5G 技术赋能下，利用大数据、云计算等技术对体育网络情绪传播内容中所产生图像、动画、语言等进行智能搜索，然后，结合体育网络情绪传播主体的兴趣、爱好及其圈层文化等指标进行分类并精准传送，从而最大限度地提高体育网络情绪传播的效率。

总体而言，5G 时代的来临，恰如其时地解决了 4G 时代下原本掣肘虚拟现实、增强现实视频发展的超大宽带的需求，不仅推动了体育网络情绪传播场景和媒介生态环境的变迁，而且促进了体育网络情绪的沉浸化传播、场景化传播、智能化传播和视觉化传播的快速发展。5G 时代背景下，体育网络情绪传播的方式将会从互动传播走向智能传播，传播的对象将从大众传播转向泛众传播。在 5G 技术赋能下，体育网络情绪传播将更加多元化、精准化、沉浸化、科技化和高效化。

第二节　5G 时代治理体育热点事件中网络情绪传播的显在机遇

从历史发展的视角来看，无论是钻木取火的远古时代，还是蒸汽机带来的大工业时代，抑或是当前电子科技推动的信息时代，科学技术的进步无疑是人类社会发展和进步的强大动力。近代传播史也清晰表明，科学技术的进步是现代传播发展及社会形态演进的必要条件和重要推动力。随着科学技术的快速发展，人与社会的依存越来越依赖于信息的传播，信息传播或情绪表达已成为人们现代生活不可或缺的重要元素。同时，在传播技术与体育的联姻下，以奥运会、世界杯为代表的体育热点事件已成为大众情绪表达、分享和互动的重要载体。然而，随着传统社会不断向现代社会和消费社会转变，由 5G 技术所引发的"后真相"时代使受众较少关注体育热点事件本身，而对于体育热点事件背后的绯

第六章　5G 时代治理体育热点事件中网络情绪传播的机遇与挑战

闻、流言以及公众的情绪反应却异常关注，并且大众的体育网络情绪表达和传播也日趋多样化、频繁化和复杂化。

为何体育网络情绪能够引起大众的关注？为何体育网络情绪在 5G 时代能够传播得如此迅速？毋庸置疑，通信技术的发展将发挥重要的驱动作用。诚然，随着 5G 时代的到来，5G 技术赋能不仅引发了传播媒介格局的巨大变革，而且也给我们治理体育网络情绪传播带来了前所未有的机遇。

一　从万物皆媒到媒融万物：体育网络情绪传播主体和范围的拓宽

著名传播学家麦克卢汉曾提出"过时的技术成为艺术"，而当技术处于高峰期的时候，我们基本上是看不见的。因为"一切技术都像高速旋转的风扇叶子，不小心的人可能会割破手指头"。[1] 从中可见，麦克卢汉描述新技术取代老技术的部分功能，并开始在幕后起作用时，技术运转的机制突然变得一清二楚，仿佛被推到了舞台中心。所谓"媒介即讯息"，同时意味着旧媒介成为新媒介高清晰度的内容。[2] 对于麦克卢汉所提出的"媒介即讯息"的意涵，我们还可以从通信技术的历史发展变革中来洞悉。从语言到文字和印刷，再到电报和互联网的信息传播与沟通，通信技术的每一次革命都给人类社会带来了巨大的变革。从 1G 到 4G，报纸、电视和广播等传统媒介逐渐被微博、微信等新媒体所取代，移动通信技术的不断发展引发了传播媒介生态的巨大变革。尤其是随着 5G 时代的到来，5G 技术凭借其高速度、低延时、泛在网、低功耗、万物互联、安全重构等核心优势，不断与大数据、云技术、物联网、人工智能等技术进行深度融合，为我们创设了一个"万物互联、万物皆媒"的智能传播时代。通俗而言，万物皆媒意味着物体媒介化、平台多样化，在深刻改变社会行为方式的同时，也颠覆性地改变着媒体生态。[3] 而万物互联意味着，只要需要，各种物体都可以联网，对这些物

---

[1] 李沁：《沉浸传播：第三媒介时代的传播范式》，清华大学出版社 2013 年版，第 39 页。
[2] 李沁：《沉浸传播：第三媒介时代的传播范式》，清华大学出版社 2013 年版，第 39 页。
[3] BILI-BILI 商业动态：《从"万物皆媒"到"媒融万物"跃升，数字新媒体如何华丽转身？》，搜狐网，2020 年 10 月 19 日，https://www.sohu.com/a/425659658_120478947。

· 187 ·

体的控制也就变得更为直接、直观。① 在 5G 技术赋能下,任何物体都可能成为移动设备和媒介,并且在 5G 服务网络下不仅能够实现人与人之间的互联,还可以实现人与物、物与物之间的互联。简言之,5G 的超大宽带、超低时延、泛在网等技术将引领万物皆终端、万物皆媒介的变革。

一定程度而言,体育网络情绪传播的主体是指体育网络情绪传播过程中进行话语表达和实践的社会公众。传播学家麦克卢汉曾提出"重归部落化"的观点,认为传者和受者双方的身份将逐渐模糊或合二为一。② 虽然这个观点看似是在描述由新媒介所构造的"数字乌托邦",但在 5G 赋能的智能互联网传播时代得到了充分的实现。随着 5G 时代的来临,在 5G 技术赋能互联网所创设的"万物互联、万物皆媒"的空间内,传者和受者都可以沉浸在这个无限的网络连接中,两者在其互联的节点上都可以形成自己的"部落"。在此背景影响下,体育网络情绪传播的主体与客体之间的传播活动可以实现双向互动和传播,大众既可以是体育网络情绪传播的主体,亦可以充当体育网络情绪传播的客体,二者之间的界限日益模糊,传播的形态也呈现出"泛主体化和去主体化"的特点。

首先,5G 时代的来临,打破了传统的时空界限,突破了传播的门槛限制,呈现出"万物皆媒、万物互联"的景象,催生出了"人人都能生产信息和传播信息"的智能互联网群体传播时代。在 5G 技术助推下,体育网络情绪传播的主体将进一步被赋权,每个人都可以通过移动客户端,运用各种 GIF 动图、视频、文字、动画、音频等文本形式,随时随地自主表达、分享和交流对于体育热点事件的态度和情绪。加上由 5G 技术驱动的全媒体,凭借其超强的互动性、及时性、低时延等优势,可以高效实现用户跨区域对话,使得"海内存知己、天涯若比邻"的美好理想成为现实,进而来充分调动全民参与体育网络情绪传播的积极性。

其次,随着 5G 技术的不断普及和发展,人工智能在传播领域得到

---

① 彭兰:《万物皆媒——新一轮技术驱动的泛媒化趋势》,《编辑之友》2016 年第 3 期。
② 曹素贞、张金桐:《5G 技术赋能:媒介生态变迁与传播图景重塑》,《当代传播》2020 年第 2 期。

广泛应用。人工智能技术的更新迭代，使得传统的人机互动逐渐走向人机合一、人机耦合新层次，这将进一步延伸个人在任意场景中进行信息发布、信息处理和信息交流的能力。在5G技术赋能下，人机功能将进一步高度智能化和一体化，其不仅能在万物互联中进行智能交互，而且还可以进行智能决策和自主发布对于事物的认知。由此可见，体育网络情绪的传播主体和受众将在5G时代得到进一步扩展，传受者将超越以人为衡量指标的全员传播，扩展至机器和物的传播，从而形成不同的虚拟"实体"和"客体"。恰如麦克卢汉曾提出的"媒介即人的延伸"观点一样，5G技术赋能下的泛在网及其连接的媒介体系，可以看作所有媒介的集大成者，不仅包含之前所有的文字、图片、音频、podcast、视频互动等内容，而且包含虚拟世界及现实世界中的人。[1] 这无疑也将进一步拓展体育网络情绪传播主体的范围，同时也将给我们治理体育网络情绪传播提供更加广阔的监测面和监测手段，助推治理的全面性。

二 从人机互动到场景重构：体育网络情绪传播通道和体验的延展

"场景"一词如前文所述是源于影视与戏剧用语，指在一定的时间、空间（主要是空间）内发生的一定的任务行动或因人物关系所构成的具体生活画面。[2] 社会学家戈夫曼、美国学者罗伯特·斯考伯和谢尔·伊斯雷尔等都基于差异化的视角对"场景"的内涵进行了阐释，并指出当前我们已经进入了一个场景化的传播时代。传统互联网时代，"场景"主要是基于移动设备、传感器、社交媒体和定位系统提供的应用技术以及彼此联动营造的一种"在场感"。在5G技术赋能下的智能互联网时代，场景化服务得到了极大提升，其中场景定制也是5G区别于4G的主要特征。从本质上来看，5G时代下的场景可看作数字时代的场景，实质上是一种媒介化社会的景象，其是以媒介与环境的融合作为时空动力，以感官的"超真实"制造作为主体性动力，以"场景"技术体系作为技术性动力，以消费体系、资本体系作为经济动力，四种动

---

[1] 李沁：《沉浸传播：第三媒介时代的传播范式》，清华大学出版社2013年版，第50页。

[2] 许加彪、李亘：《5G技术特征、传播场景和媒介环境学审视》，《当代传播》2020年第4期。

力集合形成一种深度的社会结构，一起推动了"媒介化社会"的到来，"场景时代"就是媒介化社会的未来趋势性存在。① 而5G时代下的场景传播既是一种突破时空限制的虚拟化、体验式传播，又是一种强调用户需求的个性化、精准化传播。5G时代下的传播场景呈现出时间场景和空间场景更加均衡，静态场景和动态场景多维扩张，虚拟场景和现实场景交互融合，共性场景和个性场景的辩证统一的构造特征。②

  5G技术赋能所创设的"智能化"传播场景延展了体育网络情绪传播的渠道。5G技术助推了物联网和智联网的发展，人或物都可以是互联网的接入端，未来场景将成为用户现实连接、信息连接和心理连接的纽带；③ 未来的传播场景既可以是共性化场景，也可以是个性化场景。④ 这在一定程度上打破了由传统的移动客户端传播体育网络情绪的单一化局面，体育网络情绪传播不再局限于手机、IPAD等渠道，更多的智能终端（如可穿戴的体育设备、智能手表和手环、移动传感器等）都将成为大众随时随地获取和传播体育网络情绪的渠道。大众可以根据自身的体育兴趣通过智能传感器选择信息浏览、观点发表和情绪分享，这无疑将给大众提供更加便捷的发声渠道去探讨具有争议的体育事件或问题并及时宣泄心中的情绪，进而助力体育网络情绪传播的实效性。

  简言之，在5G时代背景下，体育网络情绪传播的场景突破了传统的由罗伯特·斯考伯和谢尔·伊斯雷尔提出的"场景五力"（移动设备、社交媒体、大数据、传感器和定位系统）的边界，重构为以智能可穿戴设备、虚拟现实社交、微数据、智能物体、高精度室内定位为特征的新场景，并呈现出智能化、便捷化、沉浸化等特征。这不仅丰富了体育网络情绪传播的场景形式，而且扩展了体育网络情绪传播的渠道和体验，同时也为我们治理当前体育网络情绪传播提供了更加便利的通道和更多的监测源，助推其治理的智能性和高效性。但值得警惕的是，在

---

  ① 阎峰：《场景即生活世界：媒介化社会视野中的场景传播研究》，上海交通大学出版社2018年版，第2页。

  ② 许加彪、李亘：《5G技术特征、传播场景和媒介环境学审视》，《当代传播》2020年第4期。

  ③ 曹素贞、张金桐：《5G技术赋能：媒介生态变迁与传播图景重塑》，《当代传播》2020年第2期。

  ④ 刘磊：《媒介环境学视角下短视频传播的场景规则》，《当代传播》2019年第4期。

5G技术赋能所创设的"沉浸化"场景空间中,大众虽然获得了更多的传播体育网络情绪的通道和体验,但在"圈层化"的影响下,大众的某种负面体育网络情绪极有可能在社群中快速聚集和传播,进而给我们治理体育网络情绪传播带来阻碍。

三 从文字传播到视觉冲击:体育网络情绪传播形式和实效的增强

我国著名视觉文化传播学家周宪曾在其《视觉文化的转向》中提出,历史地说,人的视觉是不断发展、不断延伸的,可视性要求与视觉快感欲望不断攀升,导致了新的视觉花样层出不穷。就宏观而言,哈勃望远镜把人的视觉带到了太空,延伸了人的视觉,使今天的科学家看到了古人无法看到的宇宙奇观。从微观角度说,显微镜把人的视觉带入了肉眼无法观察的事物分子结构,打开了一幅全新的微观视觉图景。从空间上看,数字技术和因特网的出现,使图像传输变得十分便捷,哪怕是远在世界的另一端的图像,也可以瞬间传递到眼前的屏幕上;视频技术的进步使远在天边的人可以近在咫尺地交流。技术的发展把世界变成了"地球村",空间的距离障碍在视觉技术高度发展的条件下早已被超越。[①] 从时间上来说,传输技术的发展极大地提高了信息传递的速度。电视(尤其是卫星电视)的出现使图像全球实时传播成为可能,无论是奥运会的比赛,还是NBA篮球赛,都可以及时、便捷地呈现在全世界人们的眼前。诚如麦克卢汉所言,媒介即人的延伸;卫星电视把我们的目光带向了世界各地,高清电视提高了眼睛对视像的分辨和要求。可见,当前我们已经进入了一个视觉传播时代,而速度无疑是视觉传播时代的重要标志,因为只有那些可迅速高效传递的图像信息才能快速吸引大众的眼球,满足人们日益增长的视觉需求。

毋庸置疑,视觉技术的快速变革离不开通信技术的发展,以电视为代表的传统媒介铸就了奥林匹克运动的神话,把奥运会、世界杯等体育热点事件拉入千家万户的荧屏上,极大地提高了人们关注体育运动赛事和体育热点问题的兴趣。

如今,随着5G时代的来临,大众关注体育事件和信息的方式已由

---

① 周宪:《视觉文化的转向》,北京大学出版社2016年版,第12—13页。

电视媒介转向智能互联网平台。5G 技术赋能的智能互联网平台，为大众创设了一个虚拟现实的体验环境，给大众带来了一个前所未有的视觉经验模式，使人们在感官水平上觉得自己好像真的处于一个现实情景所呈现出的世界之中。用波德里亚的话来说，虚拟现实即"超现实"，展现了一个更高级的阶段，在这个范围内，它消除了现实的东西与想象的东西之间的对立。非现实的东西不再留存于梦幻或超越之物中，它就在现实的幻觉相似物之中。①

在 5G 技术赋能下，以 VR、AR、MR、360 度全景高清视频直播、短视频和传感器新闻等为主导的视觉化传播将成为大众了解体育热点事件和信息、参与体育事件讨论和体育网络情绪传播的新方式。当前由于体育热点事件频发而引发的体育网络情绪越来越多，传统体育事件和信息的获取方式已难以满足大众的个性化需求，如当前媒体报道的体育新闻大多以文字和图片呈现，且多数集中在奥运会、世界杯、NBA、大满贯赛事等方面，而对于富有国家和民族特色的赛事活动（如中国武术、韩国跆拳道等）宣传较为乏力，这在一定程度上不仅会影响大众获取体育事件信息的广度，而且会影响其参与体育事件和问题讨论的深度，进而影响到大众的体育网络情绪的理性和真实表达与传播。5G 技术赋能下的视频，凭借互联网移动客户端，吸纳 VR、AR、AI（人工智能）等多样化视觉呈现形式，利用微博、微视、抖音、快手、QQ 等多种播放渠道，全天候、全时段、多场景的直播体育赛事和报道体育事件，以最大化满足大众及时了解和观看体育赛事，参与体育热点问题讨论，实时分享体育热点问题的看法和态度等多方面需求，从而为丰富体育网络情绪的传播形式，增强体育网络情绪传播的实效性提供了支持，同时也为当下治理体育网络情绪传播提供了更加直观的视角，从而提升其治理的准确性。

四 从内容把关到数据监控：体育网络情绪传播精准和效能的提升

"大数据"一词由英文"Big Date"翻译而来，首次出现是在 1998

---

① Poster Mark ed., *Jean Baudrillard: Selected Writings*, Stanford: Stanford University Press, 1988, p.145.

第六章 5G 时代治理体育热点事件中网络情绪传播的机遇与挑战

年 Science 刊载的"A Handler for Big Date"文章中。正式推广"大数据"这一词的是美国的 Nature 杂志。2008 年 9 月，Nature 杂志发表了一份以"大数据"为主题的专刊，之后"大数据"研究迅速成为科学和创新领域的前沿话题。[①] 2011 年，美国著名咨询公司麦肯锡首次提出了"大数据"的概念，将大数据界定为无法在一定时间内用常规软件进行抓取、管理和处理的数据集。[②] 自 2012 年以来，"大数据"一词普及度越来越高，人们经常用它来描述和定义信息爆炸时代产生的海量数据。现如今，我们已被这样的数据集包围，并且逐渐被淹没。然而对于大数据本身就是一个比较抽象的概念，当前对于大数据的定义都运用比较有代表性的 4V 定义，即认为大数据需满足 4 个特点：规模性（Volume）、多样性（Variety）、高速性（Velocity）和价值性（Value）。[③] 伴随着互联网等新媒体的快速发展和大数据的狂飙突进，大数据已经超越了传统意义上的"规模海量性和多样性"的认知，逐渐发展成一种资源、一种产业、一种战略。[④] 大数据作为一场技术革命，已经在深刻地改变着我们的生活、工作和思维方式。

随着 5G 时代的到来，在 5G 技术助推下，大数据产业取得了快速的发展。在 5G 网络的 eMBB（增强型移动宽带）、uRLLC（高可靠低时延连接）、mMTC（海量物联）三大应用场景驱动下，进一步增强了大数据的 4V 特性，5G 开始进入社会各行业并被广泛应用，使得大数据的价值不断凸显。在 5G 技术助推下，人们不仅可以实时观看丰富多彩的高清体育赛事直播，而且可以进行多样化场景的体育网络情绪分享、传播与交流。然而，随之带来的是传播信息数据的流量呈指数级增长。由此也催生出了"流量经济"，如媒体、网红等为了提高自身的知名度和经济效益，以体育热点事件为载体制造各种"噱头"来吸引粉丝流量

[①] 张锋、阎智力：《拥抱大数据：大数据时代中国高端体育智库建设研究》，《武汉体育学院学报》2019 年第 8 期。

[②] 顾小清、薛耀锋、孙妍妍：《大数据时代的教育决策研究：数据的力量与模拟的优势》，《中国电化教育》2016 年第 1 期。

[③] 刘驰、胡柏青、谢一等编著：《大数据治理与安全：从理论到开源实践》，机械工业出版社 2017 年版，第 2—4 页。

[④] 杜孝珍：《论大数据环境与公共决策系统的互动演进》，《新疆师范大学学报（哲学社会科学版）》2019 年第 3 期。

的现象比比皆是。在"流量经济"的影响下，不同类型的体育粉丝群体都会在内部"圈层化"的社群中分享和传播群体内部主流的体育网络情绪。然而，在体育网络情绪传播过程中，媒体在资本逐利驱使下，为了能够吸引大众的眼球经常会在体育报道中加入主观情感因素，在体育报道的词语或镜头中刻意攻击某个人或某个团体，以激发受众情感并使其产生共鸣，进而使体育网络情绪走向极化传播，这极易造成体育热点事件的恶性发展，影响社会稳定和进步。如网络媒体对女性运动员的报道存在明显的性别差异，报道中经常把镜头集中在运动员某一部位，极力放大运动员的性感魅力，并将报道的议题引向运动员的私生活，抑或在报道的时候将比赛的失误和运动员的不公平待遇归咎于政府"黑幕"，等等，以此来博取大众的关注，加之网络"把关人"的缺失和网络身份的"隐身性"特点，极易造成体育网络情绪表达同质化的倾向，进而影响体育网络情绪传播的正面效能的发挥。

  不过，随着 5G 时代的来临，大数据在 5G 技术赋能下，将如同人类社会的基础资源水和电一样，其凭借规模性、多样性、高速性和价值性等方面的优势，[①] 当前已在社会舆情分析领域取得了较好的运用成效。[②] 这将有助于提升体育热点事件中网络情绪传播的监控质量和治理效率。首先，5G 技术赋能的大数据监控可以有效提升体育网络情绪传播的精准度。5G 时代，体育网络情绪发布的门槛更低，情绪传播的速度会更快，各种真实和虚假的体育网络情绪在社交网络上可能随时会产生爆炸式的传播。利用 5G 技术赋能的大数据分析技术可以有效打破传统的体育网络情绪"事后监管"的方式，通过大数据舆情监测系统对大众在社交网络上的体育网络情绪传播的信息进行多渠道（论坛、微博、贴吧、门户网站等）爬取，并分析其背后隐含的意义，进而对特定的体育热点事件进行"事前预测"。此外，在体育网络情绪传播中亦可做到实时跟踪并动态监测舆论场中的大众情绪走向，这不仅有助于提升体育网络情绪传播的精准度，而且可以给政府和体育相关职能部门科学治理网络体育舆情提供数据支撑。其次，5G

  [①] 张莉：《数据治理与数据安全》，人民邮电出版社 2019 年版，第 42 页。
  [②] 李正茂、王晓云、张同须等：《5G+：5G 如何改变社会》，中信出版集团 2019 年版，第 168 页。

技术赋能的大数据监控可以有效提升体育网络情绪传播的效能。借助5G高速通信网络，可利用基于大数据技术和互联网技术的深度算法技术（深度算法技术可充分利用网络爬虫收集用户数据，判断分析用户既有认知、态度以及偏好，使信息分发精准化，缓解受众注意力碎片化与网络平台信息海量之间的矛盾）①，对体育网络情绪传播主体的兴趣、爱好、行为等方面的内容进行搜索、筛选和分析，进而建立以大数据为支撑的体育网络情绪演化监测模型。当前，这种体育网络情绪演化监测模型的建立已经有了较好的借鉴基础，如学者兰月新等通过定性分析大数据环境下网民情绪特征和分类，构建网民情绪演化机理的微分方程模型，通过计算模型平衡点及其稳定性条件研究网民情绪竞争场景以及通过回归分析对网民情绪演化趋势预测。② 这一模型的建立可以极大地提高体育网络情绪传播的监督水平和治理效率，从而有效提升大众对体育网络情绪进行理性传播的效能，进而助力体育热点事件的健康发展。

第三节　5G时代治理体育热点事件中网络情绪传播的潜在挑战

一　碎片化和情绪化加重：体育网络情绪传播的不确定性有所增加

人类的传播，从传播特征看，大致经历了"原始传播—单向传播—互动传播"的发展历程；从传播对象看，大致经历了"人际传播—大众传播—分众传播"的发展历程。③ 然而，随着5G时代的来临，在5G技术赋能下，人类的传播格局已从互动传播转向智能传播，从分众传播转向泛众传播。在5G技术赋能的新媒体助推下，信息传播者与接受者之间的界限已被打破，社会大众不仅是信息的传播者，而且也是信息的

---

① 张爱军、师琦：《人工智能与网络社会情绪的规制》，《理论与改革》2019年第4期。
② 兰月新、夏一雪、刘冰月、高扬、李增：《面向舆情大数据的网民情绪演化机理及趋势预测研究》，《情报杂志》2017年第36期。
③ 李沁：《沉浸传播：第三媒介时代的传播范式》，清华大学出版社2013年版，第37页。

接受者，信息传播已实现产销一体化。英国传播学家丹尼斯·麦奎尔也曾提出"受众并不是消极被动的接受者"的观点，认为他们是积极的参与者，甚至可以说，是整个信息传播活动最活跃的决定性因素。① 可见，作为受众的社会大众对于情绪传播抑或舆论传播将会产生重要的影响。

所谓的体育网络情绪传播的不确定性是指偏离体育网络情绪健康传播的轨道。诚然，5G技术凭借其强大的移动通信能力以及"万物互联、万物皆媒"的特性，推动了各类网络传播平台（如百度贴吧、论坛、豆瓣、微视等）的快速迭代升级，并促使网络传播平台逐步走向多元化和分散化的格局。由此也导致在5G时代下，大众的体育网络情绪表达将更加碎片化和情绪化，进而造成虚假信息过载、负面情绪肆意蔓延等现象时有发生，从而导致体育网络情绪传播的发展演变越来越难以预估和把控，不确定性日益增加。首先，大众的体育网络情绪表达方式更加碎片化极易造成虚假信息杂糅，进而增加体育网络情绪传播的不确定性。5G技术赋能打破了传统体育网络情绪传播形式单一化，受众处于被动的局面，实现了自我传播、人际传播、群体传播、组织传播和大众传播模式的融合。在5G环境下，社会大众拥有更加多元的发声渠道，且社会大众作为体育网络情绪传播者的主动性越来越强。虽然，5G技术赋能下的网络媒体凭借其多向传播和扁平化的特性，为体育网络情绪传播提供了便捷的途径，但同时也导致了"众声喧哗"的局面。如果出现两种对立的体育网络情绪时，由于网络进入的"低门槛"和"把关人"的缺失，加之海量信息呈现无序且支离破碎，极易造成真假信息杂糅，从而给大众造成错误的引导，在一定程度上会形成体育网络情绪的负面传播。如2020年"张某家暴事件"，事件曝光后在网上迅速引起轩然大波，无数网友通过微博、微信、贴吧等多种新媒体平台对张某进行口诛笔伐并快速产生"蝴蝶效应"，然而在张某回应家暴具体细节后，部分网友的抨击情绪又发生了180度转向，但形成的体育网络情绪负面效应已对运动员声

---

① ［英］丹尼斯·麦奎尔：《受众分析》，刘燕南、李颖、杨振荣译，中国人民大学出版社2006年版，第90页。

第六章　5G时代治理体育热点事件中网络情绪传播的机遇与挑战

誉造成了严重影响。

其次，大众的体育网络情绪表达内容更加碎片化极易造成曲解原意，进而增加体育网络情绪传播的不确定性。5G时代下，以微博、微信代表的数字媒体已成为大众进行体育网络情绪表达的重要平台。然而，数字媒体固有的技术特征决定了信息和言论表达的碎片化呈现，如在微博平台上发表文字的上限要求是140字，微信单条语音和即时视频拍摄也都有时间的限制，这使得社会大众在网上发表关于体育热点事件和问题的看法时难以全面表达自己的观点和宣泄心中的情绪，这在一定程度上，不仅会造成体育网络情绪传播内容的碎片化表达，而且会引起大众对于部分体育网络情绪表达原意的误读和曲解，进而导致体育网络情绪的非理性传播，从而给体育网络情绪传播的治理造成干扰。

最后，体育网络情绪表达更加情绪化极易引发舆论风潮，进而增加体育网络情绪传播的不确定性。随着消费社会和新媒体时代的到来，在5G技术赋能下，体育网络移动化传播的狂飙突进对体育网络情绪传播带来了颠覆性的影响。由现代媒体所引发的"后真相"时代，使得大众对于体育热点事件本身并无过多关注，而对于体育热点事件背后的八卦新闻及其受众的情绪反应却越发关注。相较于4G技术，5G信息传播更加便捷、高速、无处不在。在5G环境下，大众的参与性和互动性急遽加强，体育网络情绪传播的风险也随之增加。尤其是当前我国正处于百年未有之大变局中，社会矛盾突出，体育热点事件频发，社会不稳定因素明显增加。任何一个涉及大众敏感点的体育热点事件或问题，都可能会使网民情绪在瞬间引爆、扩散和传播。加之网民个体可能会受到分散化和圈层化信息传播的影响，抑或受到网络媒体、全息媒体等新兴媒体的感知性和沉浸性体验的影响，抑或受到"意见领袖"观点和立场态度的诱导，以上均可能造成年轻网民的"回音室效应"，进而引发潜在的累积性的社会情绪，造成大众借力体育热点事件进行更为激烈的情绪化表达的风潮，从而导致群体危机事件的发生，影响社会稳定与发展。如2019年的"莫某事件"，网民在爱国情感的助推下，迅速在网络上形成了对事件相关人员的声讨和指责的舆论风潮，甚至还造成了网民线下退票等一系列的抵制行为。

· 197 ·

二 逐利化和"殖民化"加大：体育网络情绪传播的理性思考有待加强

通俗而言，逐利的含义是指求取好处，追逐利润。[①] 马克思认为，资本积累过程就是资本榨取劳动者剩余价值过程。可见，资本的天性就是逐利。随着经济全球化的不断推进，资本的逐利化也呈现出不断增大的趋势。尤其是在 5G 技术赋能下，资本已全面介入媒介传播领域，其不仅引发了传播媒介的变革，丰富了体育网络情绪传播的信息资源，同时也成为导致体育网络情绪传播乱象的重要因素。众所周知，在传统媒体时代，由于资源和权力的集中性，媒体对传播内容有着严格的把关；然而，5G 时代的来临，在 5G 技术赋能下的网络媒体摆脱了"把关人"的控制，引领大众传播走向智能互联网群体传播时代。

一方面，在资本逐利加大的驱使下，网络媒体与商业联姻使得大众不再沉迷于体育热点事件或问题本身，而是把目光投向各种体育明星的八卦新闻、广告代言和体育热点事件的"黑幕"以及事件背后的大众情绪反应。网络媒体为了满足大众的猎奇心理与商业沆瀣一气，追求关注度和商业利润最大化，经常采用标题效应、体育名人效应、标签化解读、视觉冲击以及动漫、视频等多种媒介元素，无底线地对体育热点事件和问题进行夸大其词的报道，抑或利用 5G 技术赋能的大数据、人工智能等技术来精准匹配大众的个性化体育需求的方式来吸引大众眼球，引发社会关注，从而来左右体育网络情绪传播的走向，以此来实现资本价值的目标追求。尤其是当一些体育热点事件被曝出运动员违背职业道德、贪污腐败时，会立即唤醒大众心中的负面情绪，在 5G 技术和网络媒体的助推下，大众的这种负面体育网络情绪会迅速呈现出"广场效应"，致使负面体育网络情绪快速发酵升级，这不仅会影响到运动员形象，而且会降低体育相关部门的公信度，引发社会不安。如 2020 年"孙某兴奋剂判罚事件"中，网络媒体为了博取公众眼球，在报道的标题上采用了"妈宝""失信""无知"等标签化的词语来提高大众点击率以实现资本价值的目标追求，导致网上出现大范围的愤怒、辱骂等非

[①] 吴术燕：《"逐利"的训释问题探析》，《桂林师范高等专科学校学报》2021 年第 9 期。

第六章 5G 时代治理体育热点事件中网络情绪传播的机遇与挑战

理性的体育网络情绪。

另一方面，随着传统文化不断向视觉文化转变，尤其是在 5G 技术和网络媒体的推波助澜下，视觉消费已成为大众生活的重要组成部分，从奥运会到世界杯，从锦标赛到洲际赛，从 NBA 到 UFC，等等，一场场体育视觉盛宴，已在不知不觉中渗透到我们每个人的生活空间。不过，在 5G 技术赋能的视觉消费社会中，只要大众使用网络，就不可能逃出广告信息和娱乐新闻的时空"侵犯"。在大数据、物联网、人工智能等技术的助力下，各种体育广告信息和体育新闻都能够高效率地精准化、智能化投放给大众，使得大众时刻处于商业因素包围中，致使大众的时空被不断剥夺和侵犯，进而使得媒介公共空间"殖民化"愈演愈烈。这种对大众的时空剥夺和意志侵犯，将进一步导致互联网公共空间的异化，也就是传播学家哈贝马斯所忧虑的媒介空间"殖民化"的问题。[1] 而所谓的"殖民化"是指媒介公共空间被商业因素侵袭，成为一个被商业因素裹挟的娱乐消费领域。[2] 在这种被商业因素裹挟下的"殖民化"空间内，大众沉浸在各种娱乐化和场景化的拟态环境中而欲罢不能，其一方面容易造成大众将更多的注意力转移到消费信息或八卦体育新闻或受众的情绪反应等上面来；另一方面会逐渐消解大众的判断能力、反思能力，这不仅会导致大众产生越来越强的媒介依赖，而且也会影响大众对于体育热点事件评价的准确性和客观性，进而产生非理性的体育网络情绪。可见，技术与资本的联姻，在实现对媒介空间"殖民化"和商业逐利加大的同时，容易造成大众产生形态各异的体育网络情绪，进而影响体育网络舆论的健康发展，给国家监管和治理网络体育舆情带来阻碍。

三　泛在化和沉浸化加强：体育网络情绪传播的伦理风险日趋显现

无疑，时空与体验是传播效果得以实现的两个重要维度。[3] 随着 5G

---

[1] ［德］哈贝马斯：《公共领域的结构转型》，曹卫东、王晓珏、刘北城、宋伟杰译，学林出版社 1999 年版，第 183 页。

[2] 曾琼：《泛在与沉浸：5G 时代广告传播的时空创造与体验重构》，《湖南师范大学社会科学学报》2020 年第 4 期。

[3] 曾琼：《泛在与沉浸：5G 时代广告传播的时空创造与体验重构》，《湖南师范大学社会科学学报》2020 年第 4 期。

· 199 ·

时代的来临，5G凭借其技术力量助推了体育传播的泛在化和沉浸化，给大众营造了超时空的话语表达空间和视觉体验。所谓的泛在化是指信息传播将真正突破时空界限而无处不在、无时不在。①而沉浸化是指传播接受者在特定时空下所表现出的一种完全处于某种境界或思想活动中的深度信息体验。②借力5G技术赋能，虚拟现实由实体的物理体验变成网络上的虚拟世界，网络和移动通信可以使人随时随地进入"遥在"状态。此时的"遥在"具有两层含义，具体如下。其一是指借助新兴的"遥在"技术，而实现无时不在。"遥在"技术是综合利用计算机三维成像、虚拟现实和电子全息等，把远处的现实环境移到近前并实行干预的技术，从而使人进入一个奇妙而有现实感的三维世界，到达一个"不是真境胜似真境"的境界。其二是指移动通信意义上的"遥在"，借助通信手段达到无所不在。③ 5G赋能的"遥在"技术虽然为体育网络情绪传播提供了"泛在"时空和"沉浸"体验，但同时也给体育网络情绪传播带来了一定的伦理风险，影响社会健康发展。

  首先，智能媒体体育新闻报道伦理风险增加，助推了体育网络情绪的极化传播。5G技术的发展推动了AI（人工智能）技术的快速革新，并在体育新闻写作、体育赛事报道等多个领域取得了较好的应用效果。如在里约奥运会，《华盛顿邮报》就派出了专业的机器人团队进行报道并在Twitter上发布新闻，不需要经过人工干预，而且报道速度也更快。然而，虽然技术自动化、智能化带来了体育新闻生产和报道效率的提高，但其中所涌现出的人机矛盾等智能媒体伦理问题也给体育网络情绪传播带来了严重影响。一方面，由于机器对于网络平台上的数据不加甄别的抓取，AI驱动下的体育新闻写作可能会把一些虚假内容以及大众个人偏见带入体育新闻生产中，进而影响体育网络情绪的健康传播。另一方面，由于AI驱动下的体育新闻是基于大数据算法和新闻推荐而形成，容易造成一味迎合大众需求而忽视传统的价值观导向的不良内容传

---

① 曾琼：《泛在与沉浸：5G时代广告传播的时空创造与体验重构》，《湖南师范大学社会科学学报》2020年第4期。
② 曾琼：《泛在与沉浸：5G时代广告传播的时空创造与体验重构》，《湖南师范大学社会科学学报》2020年第4期。
③ 李沁：《沉浸传播：第三媒介时代的传播范式》，清华大学出版社2013年版，第19页。

第六章　5G 时代治理体育热点事件中网络情绪传播的机遇与挑战

播，造成体育网络情绪传播的低俗化倾向；加之算法新闻所带来的同质化体育新闻内容不断增多，容易使大众陷入"信息茧房"而导致认知能力和思考能力下降，进而对一些体育网络情绪不假思索而盲目跟风，极易造成体育网络情绪极化传播现象，从而给当下治理体育网络情绪传播造成阻碍。

其次，竞技体育的伦理风险提升，影响了体育网络情绪的客观性传播。不可否认，在 5G 时代，一方面，5G 技术与微型传感器、360 度合景采集、智慧场馆、虚拟赛事模拟等技术的不断融合，使得竞技体育的训练水平日趋科学化，但同时也催生出了竞技体育团队利用科技钻规则漏洞，以科技因素干扰赛事检测等竞技体育诚信缺失的伦理风险。这不仅会影响到竞技体育比赛的公正性，而且也会给大众评价竞技体育问题造成困扰，从而干扰体育网络情绪的客观发展。另一方面，在 5G 技术助推下，VR/AR/MR 技术在体育领域的大规模商用给体育用户带来了更强的沉浸感、扩张感和震撼感，在一定程度上拉近了大众互动和体验的距离，使得人们身陷虚拟竞技体育之中而乐不思蜀。然而，虚拟竞技体育的狂飙突进并不能让大众完全感受到现实运动员的主观能动性、创新性，这会降低大众对于竞技体育精神的理解和感知，进而给大众评价竞技体育事件和问题造成困扰，从而影响体育网络情绪的客观性传播。

最后，个人隐私暴露的风险提高，助推了体育网络情绪的非理性传播。5G 技术赋能下的体育媒体或信息平台，在大数据、云计算和网络切片等技术的支持下，一方面实现着体育广告和体育信息的精准投放以满足用户的个性化体育需求；另一方面，也在大众使用体育媒介中收集用户注册资料、网页浏览信息以及个人定位信息等，这无疑会增加用户个人隐私的暴露风险。一旦某些运动员个人隐私、裁判员"黑哨"等信息被网络平台爆料，很容易在网络平台上引发体育网络情绪的非理性传播，影响当下治理体育网络情绪传播的进程。

总而言之，随着 5G 时代的来临，在 5G 技术赋能下，体育网络情绪传播被赋予了沉浸化传播、场景化传播、视觉化传播和智能化传播的时代特质，并为我们治理体育网络情绪传播提供了万物皆媒和万物互联、视觉冲击、大数据监控、场景重构等显在机遇，但同时也给体育网络情绪传播带来了不确性不断增加、理性思考不断减少、伦理风险不断提升等方面的潜在治理挑战。在 5G 时代背景下，5G 技术赋能如同一把"双刃剑"，既给我们当下治理体育网络情绪传播提供了机遇，同时也带来了一定的挑战，如何趋利避害，以最小的代价来换取最大的收益，以推进体育网络情绪治理高质量发展，助力体育强国和网络强国战略目标的快速实现，是我们接下来需要探讨的现实问题。

第七章
5G时代体育热点事件中网络情绪引导与化解路径

前面的分析指向的一个事实就是，一定程度而言，体育热点事件中网络情绪作为公众心理的集中体现，因其表达的直接性和较强的感染力，现已成为网络体育舆情中最为活跃和易变的因子。同时，体育网络情绪作为洞察社情民意的窗口以及社会软控制的基本手段之一，对于公众正确认知体育本身、体育管理部门及运动员形象，甚至国家体育治理与改革都有着重要的影响。尤其是随着5G时代的来临，在5G技术赋能的移动互联网驱动下，体育网络情绪的生成、演变和传播的速度之快，波及的范围之广，产生的社会影响之大，已逐渐成为近年来影响体育热点事件发展走向的关键因素。特别是在当下，体育热点事件频发，大众的情绪表达异常活跃，加之在5G技术赋能的网络新媒体助推下，舆论格局发生了巨大的变化；体育热点事件发生后，舆论风起云涌，舆情蠢蠢欲动，过热的、极端化的网络情绪表达时常形成网络体育危机事件，影响社会公共安全。由此，对体育网络情绪进行科学引导极具现实必要性。然而，面对体育网络情绪本体的易变性、阶段性呈现以及发生的猝然性、不确定性、易感染性等特征，在5G时代背景下，如何借力5G技术赋能，基于大数据、区块链、人工智能等新技术，运用量化的方法，发挥数字化舆情管理的优长，探索出一条科学、高效、本土化的体育网络情绪引导之路，以此来达到用最小的代价来获取最大的收益之功效，进而促进政府和体育相关职能部门高质量治理体育舆情，助力网络强国和体育强国战略目标的快速实现，已成为摆在我们面前亟须解决的现实问题。

第一节 体育热点事件中网络情绪
引导的理论模型构建

体育热点事件中网络情绪引导实质上是舆情管理的重要一脉。更具体一点来说，体育网络情绪作为网络舆情的重要反映，其引导也是网络舆情管理的重要构成部分。网络舆情是随着互联网的不断发展而逐渐产生的概念，其内涵是由舆情概念演化而来，是指通过互联网表达和传播的、公众对自己关心或与自身利益紧密相关的各种公共事务所持有的多种情绪、态度和意见交错的总和。[①] 由于我国自20世纪90年代才正式接入国际互联网，2005年开始才有网络舆情研究的文献出现，这一事实造成了我国网络舆情管理起步较晚，同时也导致了网络舆情的测量和监控水平与西方发达国家相比，存在明显的差异。某种程度上来说，在很长的一段时间内，中国的网络舆情管理都是在学习和模仿西方发达国家做法中进步。体育网络情绪引导作为网络舆情管理体系中较为活跃和不可控的变量，现已成为研究网络舆情监控与管理的重要对象，对其进行科学引导，无疑将会提升网络舆情管理的效能。

此前的网络情绪引导模型的构建主要有两种方式，具体如下。一种是基于单一学科理论视角进行的线性化构建模式。例如，有学者基于生命周期演化理论视角，根据网络情绪的阶段性演化过程构建引导模型；[②] 有学者基于计算机仿真视角，以突发事件网络信息传播过程中网民群体的情绪传播机制为基础，构建了网民群体间的情绪传播和引导的仿真模型；[③] 有学者基于系统动力学的视角，以情绪刺激动力源的演化为基础，构建了群体情绪定量预警与监控模型；[④] 还有学者基于心理学和社会学视角，以网络情绪形成的个体、群体和社会三个维度构建了多

[①] 刘毅：《略论网络舆情的概念、特点、表达与传播》，《理论界》2007年第1期。
[②] 唐超：《网络情绪演进的实证研究》，《情报杂志》2012年第10期。
[③] 赵卫东、赵旭东、戴伟辉：《突发事件的网络情绪传播机制及仿真研究》，《系统工程理论与实践》2015年第10期。
[④] 王雷、方平、姜媛：《基于系统动力学的群体情绪传播模型》，《心理科学》2014年第3期。

第七章 5G 时代体育热点事件中网络情绪引导与化解路径

层次的网络情绪引导模型。[①] 另一种是基于较为微观的视角来构建网络情绪引导模型。例如，有学者从情境修复视角下构建了个体网络情绪引导模型;[②] 有学者基于负面情绪、网络谣言等消极情绪视角构建了网络情绪引导模型;[③] 有学者基于微博、微信中的舆情话题视角构建了网络情绪引导模型;[④] 还有学者基于政府管理视角来构建网络情绪引导模型[⑤]; 等等。前期学者的研究成果为本书中的体育网络情绪引导理论模型的构建奠定了一定的基础。然而，随着体育全球化的不断推进，在互联网媒介技术与体育联姻的现状下，极大地助推了体育网络情绪的狂飙突进。因体育网络情绪自身的复杂性、多变性、主观性、难测量性等特点，加之在网络环境开放性、易传播性、自由性等因素助推下，使得体育网络情绪引导模型的构建难度不断增加。

不过，随着 5G 时代的来临，在 5G 技术赋能下，大数据、区块链、云计算、人工智能等新技术的快速迭代升级，为体育网络情绪的测量、监控和引导提供了新思路和新视角。基于此，本书试图构建一个以区块链、大数据技术为基础，充分发挥数字化舆情管理的优势，并引入现代风险管理理论对体育网络情绪的事前预判、事中监测和事后评估进行调控的体育网络情绪引导模型。希冀通过该模型的建立在体育网络情绪监测、分析、筛选、甄别、及时调控和处理等多个层面上弥补传统体育舆情管理粗放化、主观化、系统化等方面的不足，使得体育舆情管理更加科学、精细、便利和高效。同时也为体育网络舆情引导提供一个新的切入点和现实着力点，在政府及体育职能部门高效管理体育网络舆情过程中发挥智囊作用。

[①] 周莉:《突发事件中的网络情绪研究》，武汉大学出版社 2018 年版，第 142—148 页。

[②] Danielle M. Lottridge, Mark Chignell, Aleksandra Jovicic, "Affective Interaction Understanding, Evaluating, and Designing for Human Emotion", Reviews of Human Factors & Er-gonomics, Vol. 7, No. 1, January 2011, pp. 197-217.

[③] 刘志明、刘鲁:《面向突发事件的民众负面情绪生命周期模型》,《管理工程学报》2013 年第 1 期。

[④] 李青、朱恒民、杨东超:《微博网络中舆情话题传播演化模型》,《现代图书情报技术》2013 年第 12 期。

[⑤] 高航:《政府舆情应对能力系统动力学建模与仿真研究》,《情报科学》2016 年第 2 期。

一　宏观层面：构建基于区块链的体育网络情绪信息联合治理平台框架

（一）区块链的内涵与特征

区块链（Block Chain）概念最早由比特币鼻祖中本聪于2008年在其发表的论文《比特币：一种点对点式的电子现金系统》中提出。区块链是比特币等虚拟电子货币的底层技术和基础架构，由于其具有的去中心化和分布式存储的技术特征迅速成为金融领域乃至全社会的热词，并同时引发了世界各国各领域的广泛关注。[①] 随后，加拿大经济学家唐塔普斯科特在与亚力克斯·塔普斯科特合著的《区块链革命：比特币底层技术如何改变货币、商业和世界》中认为，区块链是一个由不同节点共同参与的分布式数据库系统，是开放式的账簿（ledger）系统；它是由一串按照密码学方法产生的数据块或数据包组成，即区块（block），对每一个区块数据信息都自动加盖时间戳，从而计算出一个数据加密数值，即哈希值（hash）。每一个区块都包含上一个区块的哈希值，从创始区块（genesis block）开始链接（chain）到当前区域，从而形成区块链。[②] 学者朱富金认为区块链技术是一种新型的分布式账本技术，它可以在互不信任的环境下实现去信任中介的可信交易。[③] 此外，《2016中国区块链技术和应用发展白皮书》中将区块链表述为："分布式数据存储、点对点传输、共识机制、加密算法等计算机技术在互联网时代的创新应用模式，是继大型机、个人电脑、互联网之后计算模式的颠覆式创新，很可能在全球范围内引起一场新的技术革命。"[④] 具体而言，区块链是使用加密算法产生的一系列相互关联的数据块，每一个数据块都有自动加盖的"时间戳"，并借此从创始区块开始前后链接，形成了点对点的"分布式账本"，且账本上的所有

[①] 唐俊：《万物皆媒：5G时代传媒应用与发展路径》，复旦大学出版社2021年版，第141页。

[②] [加] 唐塔普斯科特、亚力克斯·塔普斯科特：《区块链革命：比特币底层技术如何改变货币、商业和世界》，凯尔、孙铭、周沁园译，中信出版集团2016年版，第11页。

[③] 朱富金、王筱：《区块链技术在网络舆情领域的应用》，《青年记者》2021年第2期。

[④] 《2016中国区块链技术和应用发展白皮书》，2016年，工信部。

交易及相关信息都可以验证追溯。① 由此可见，区块链技术实质上是一种通信协议，是在信息不对称的情况下，不需要第三方担保就可以通过互联网大数据的加密算法创设的节点成立节点信任机制，任何机构和个人都可以作为节点参与创设信任机制，并且创设的区块都必须在全网公示，任何节点参与人都清晰可见。

从以上学者对于"区块链"的概念和内涵阐释中可以看出，区块链技术一般具有以下几个方面的特征。（1）分布式、去中心化。区块链技术可以通过分布式点对点结构，由系统内的各个节点实现自我验证、自我管理，不存在中心服务器，但每个节点都有服务器的功能，能够实现数据分布记录、存储和更新。（2）难以篡改、可追溯。在区块链中的每个区块都带有"时间戳"来进行时间标记，可以追溯交易全过程，并且区块链中的所有信息在被系统审核后添加成为新的区块后，会被永久加密和储存，同时信息也将不能随意更改。（3）安全可靠。区块链运用了加密技术，用户是匿名的，基于密钥来证明账目的归属，在数字签名和哈希算法等技术的保障下，可以使信息传输更加安全可靠，同时个人隐私也能够得到有效保护。此外，由于区块链的"去中心化"特性，使得即使有某个节点遭受攻击或停止工作，也不会影响整个系统的运行。（4）公开透明。区块链是一种开源技术，除了私有信息被加密外，其他数据均对所有用户开放，系统中信息整体上公开透明。（5）自治性和匿名性。区块链中所有数据的发布和传输都是在匿名状态下完成的，而且整个区块链是以共识机制原则为技术基础，任何一个人的干预行为都不可能起到限制作用。无疑，区块链的这些特点将会颠覆传统各行各业的运营模式，对网络舆情的监测、优化网络生态环境和秩序也会带来重大影响。

当前，区块链技术已广泛应用于金融、医疗、军事、通信、教育等领域，并取得了一定的成效。尤其是在 5G 技术赋能下，区块链技术的应用范围将会进一步拓展。首先，在 5G 技术的超大宽带和超高速率助推下，将会进一步夯实区块链技术的应用基础，使信息交易和

---

① 唐俊：《万物皆媒：5G 时代传媒应用与发展路径》，复旦大学出版社 2021 年版，第 141 页。

传播更为高效、稳定。其次，在5G技术的超低能耗和超低时延的助推下，将会大幅度降低区块链平台中因海量数据传输不同步而造成的系统被分割为多个链的影响，从而保证更多的用户参与"挖矿"。与此同时，区块链也会反推5G技术功能的实现。一方面，区块链技术中的"去中心化"特性可以有效弥补5G技术通信协议的一些短板，防止对数据的非法篡改，进而保护用户的利益。另一方面，区块链平台以各类通证作为激励，① 吸引参与者"挖矿"，下载并运行区块链节点软件，成为区块链中的一个记账节点。这种不断扩张的激励机制将推动更多的用户和设备的连接，进而推动"万物互联"的实现。② 由此可见，5G技术与区块链可实现相互赋能、共同融合发展，这不仅会颠覆传统的舆情监测运作模式，也会对体育网络情绪引导起到一定的推动功效。

（二）区块链在体育网络情绪引导中的应用价值

毋庸置疑，5G时代的来临，极大地助推了移动互联网的迭代升级，同时也加快了体育网络情绪的形成、发酵与演化，给体育网络情绪的监控带来了巨大的挑战。尤其是在5G技术赋能的社交平台催生的"后真相"时代，大众的体育网络情绪往往具有强情绪、弱信息的特征，对待体育热点事件的判断也相对缺乏客观理性的判断，在体育网络情绪传播过程中时常夹杂着对于体育热点事件大量的偏见和误读，加之人们面对急剧增长的海量信息缺乏鉴别真假信息的能力和手段，致使经常发生以讹传讹的现象，极易催生网络谣言、网络群体极化传播、操控网络体育舆论等危害效应，从而给体育网络情绪健康传播造成干扰。将区块链技术应用于体育网络情绪传播领域，一定程度上能够为体育网络情绪的监控、分析研判、引导处置等科学决策提供有力的技术支撑。

首先，借力5G技术赋能的区块链可以有效提升体育网络情绪引导精准性。一方面，基于区块链"去中心化"和数据难篡改的特征，

---

① 唐俊：《万物皆媒：5G时代传媒应用与发展路径》，复旦大学出版社2021年版，第147页。
② 唐俊：《万物皆媒：5G时代传媒应用与发展路径》，复旦大学出版社2021年版，第147页。

通过加盖"时间戳"的方式可以追踪体育网络情绪传播信息的来源，包括发布者信息、时间、发布的媒体平台、IP、传播路径等，从而实现信源认证。一旦出现负面或者极端化的体育网络情绪传播信息，可以准确追溯到信息的源头，并采取相应的化解措施，进而提高体育网络情绪引导的精准性。另一方面，基于区块链数据公开透明和安全可靠的特性，使用区块链技术发布体育网络情绪信息时，不仅可以在情绪信息传播过程中实现被加密，而且可以将情绪信息共享到众多计算机上，从而使得第三方机构很难对传播的体育网络情绪信息进行屏蔽、删除和修改，由此我们就可以准确跟踪体育网络情绪传播者，全面分析其演化的轨迹，从而更好地了解真实的社情民意，为精准引导体育网络情绪提供帮助。

其次，借力5G技术赋能的区块链可以有效提升体育网络情绪引导的效能。众所周知，传统的体育网络情绪分析主要是基于体育网络情绪的内容分析，常见的分析维度一般包括传播的原因、传播的范围、传播的手段、传播的影响等。而在5G技术赋能下的区块链为体育网络情绪分析、引导提供了全新的视角和分析方法。具体而言，利用区块链技术从体育网络情绪传播数据发生的源头、时间、参与度等关键节点的记录上来分析传播者（个体或者机构）对于体育热点事件真实的反应、态度，通过将体育网络情绪传播的信息进行数据化和可视化分析，进而挖掘出数据背后隐藏的"故事"，如体育网络情绪发展的趋势、可能产生的危害效应等。对体育网络情绪传播进展和结果做预案式推演，进而让体育网络情绪引导更有针对性。同时在区块链"去中心化"和难以篡改的特性下，可以让体育网络情绪引导者缩短情绪信息核查时间，并能够精准实现与体育网络情绪传播者的点对点沟通与交流，因地制宜、因人施策，根据大众需求制定相应的情绪引导策略，从而提高体育网络情绪引导的效率。

在5G技术助推下，未来的体育网络情绪引导将是一个动态发展的过程，需要从动态监测、动态研判、动态处置等多个维度来制定体育网络情绪引导的应对之策。在5G技术赋能的区块链价值互联的作用下，体育网络情绪引导将具有高度精准性，能够更加准确地把握传受者的心理，找到情绪引导的关键节点，并选用针对性的引导手段，进而使体育网络情绪引导更加科学和高效。

（三）基于区块链的体育网络情绪信息联合治理框架的构建

诚如上文所述，当前在5G技术赋能下，区块链技术的不断发展为体育网络情绪的监测和引导提供了有力的技术保障，而面对现阶段体育移动化的狂飙突进所带来的体育网络情绪生成、演化和传播快速性、猝然性等特征，单凭个人或者某个组织已经不足以应对体育网络情绪传播动态化、裂变化、极端化的特性，因此，亟须我们从宏观层面来构建一个基于区块链技术的体育网络情绪信息联合治理平台，进而从整体上来综合把控和引导体育网络情绪。

首先，建议由国家相关部门组成体育网络情绪引导小组，对基于区块链监控和引导体育网络情绪进行顶层设计，制定统一的媒体接入标准，自媒体、多媒体以及公媒体网络平台的运营商利用区块链技术结合已有的网络资源和大数据中心进行部署，建立"国家—省—市—县"为一体的跨地域、跨机构、跨公网的全国性体育网络情绪监控和引导的联合治理平台。一方面，在国家相关部门顶层设计框架的主导下，让自媒体、多媒体、公媒体平台在一定条件下建立各自的区块链并实现跨平台、跨链连接，最终实现全国媒体的区块链体育网络情绪监控与引导治理平台。另一方面，在构建国家级区块链网络的基础上，各个省、市、县做好平台数据对接，并提供所在辖区内的体育网络情绪传播相关数据的检索、查询、筛选等功能。

其次，在基于区块链技术的体育网络情绪信息联合治理平台中，在国家层面增设国家监控的关键节点。虽然当前的一些网络媒体平台也大多有负面体育网络情绪传播的发现机制，已然具备了一定的监管功能，但对于重大体育热点事件，如奥运会、世锦赛、全运会所引发的网络情绪群体极化传播的防控却做不到及时有效的监控和引导。由此，亟须将监管节点提升至国家层面，以应对重大体育热点事件所引发的网络情绪群体极化传播的引导和治理。具体实践过程中，在基于区块链的体育网络情绪信息联合治理平台中，分别建立国家级、省级、市级、县级监管节点，并让公安等司法机关分别占据不同层级的区块节点以建立固有的公正机制，对每个层级区块链中的自媒体服务的提供商及其运营平台，如微信、微博、微视、快手、今日头条等进行监管，实时监督链上的相关体育网络情绪传播信息,以避免区块链体育网络情绪信息联合治理平台上出现大范围不理智情绪的扩散行为。

毋庸置疑,基于区块链技术的体育网络情绪信息联合治理平台离不开国家相关机构的顶层设计和支持,尤其是面对当前5G时代下体育网络情绪传播的复杂性和非线性特征,政府相关部门在反应速度、权威信息的传播等方面的参与程度将会对体育网络情绪的引导有至关重要的作用。

二 中观层面:建立基于大数据的体育网络情绪监测体系

德国社会学家乌尔里希·贝克于20世纪80年代在风险社会理论中指出,现代工业社会技术不断发展的同时,也衍生出了大量难以预测和未知的风险,人类社会已经进入一个"风险社会"年代。[①] 当前这种风险已渗透到人类生活的各个方面。尤其是在5G技术赋能下,风险传播的速度、规模更是突破了时空的限制,给社会带来的影响可谓是急剧扩大。在5G时代背景下,由体育网络情绪传播所引发的诸多危害效应,给体育热点事件健康发展、体育改革与治理及社会和谐与稳定都造成了一定的影响。某种意义上来说,体育网络情绪传播所形成的危害效应其实也是风险社会的一个重要的表现形式。因而,从管理学的视角来看,对体育网络情绪传播的引导也可以视为对风险的应对与管理。现代风险管理理论认为,风险管理是应用一般的管理原则去管理一个组织的资源和活动,并以合理的成本尽可能地减少风险损失及其对所处环境的不利影响,一般包括风险识别、风险评估、风险控制、效果评价四个过程。[②] 可见,风险识别作为风险管理的基础和起点,要想进行风险管理首先得进行风险识别,如若不能准确地识别风险,就会失去切实处理风险的机会,自然也就不能有效地应对和处置风险。由此,在建立基于区块链技术的体育网络情绪信息联合治理平台基础上,中观层面上还需建立基于大数据的体育网络情绪监测体系,以实现对体育网络情绪传播风

[①] [英]巴巴拉·亚当、乌尔里希·贝克、约斯特·房龙编著:《风险社会及其超越:社会理论的关键议题》,赵延东、马缨等译,北京出版社2005年版,第1页。

[②] 王周伟主编:《风险管理》,机械工业出版社2017年版,第8页。

险的预防和控制。当然,基于大数据的体育网络情绪监测体系的建立和成功运行需要国家监管机构、自媒体用户、自媒体服务商的共同努力,在区块链体育网络信息联合治理平台上各司其职,各尽其力,共同发力。

首先,监管机构要做好自媒体服务商和平台的审核、录入工作。在具体的操作过程中,监管机构要明确体育网络情绪监测体系建立的必要性和重要性,对自媒体、公媒体等涉及的服务提供商的名单要及时录入区块链体育网络情绪信息联合治理平台系统中。而后,对平台上的所有自媒体、公媒体服务的提供商进行内部审查,并对平台上体育网络情绪传播的相关信息进行每日存储和收集。

其次,利用大数据技术建立体育网络情绪传播信息监控机制。在5G技术赋能下,大数据技术得到了快速的发展,并且凭借其规模性、多样性、高速性和价值性[①]等优势已在教育、医疗、新闻传播等领域取得了较好的应用成效。通过大数据技术建立体育网络情绪传播监测机制,有助于及时有效地识别、评估、预测、控制和引导体育网络情绪。其一,利用大数据的文本挖掘技术对区块链体育网络情绪信息联合治理平台上收集的每日数据建立体育网络情绪传播信息数据库,综合运用中文语义分析、关键词词频分析及机器学习等技术,对体育网络情绪传播信息进行聚类分析和积极、消极情绪识别。同时借鉴风险管理中的波动率建模的统计方法,将网民体育网络情绪传播的过程进行可视化建模、仿真分析,进而得到体育网络情绪传播图谱和实时曲线,利用算法指数对其发展走向和趋势进行预测。其二,根据预测结果和监管机构设置的传播范围阈值进行比对以此来确定体育网络情绪传播的影响力和破坏力。而后结合传播的影响力和破坏力程度来确定是否启动体育网络情绪引导应对策略进行自动提示,进而将提示信息发送给监管机构,让其采取相应的引导措施并通过区块链体育网络情绪信息联合治理平台及时发布和澄清体育事件真相,从而来降低负面体育网络情绪传播的风险。

---

① 刘驰、胡柏青、谢一等编著:《大数据治理与安全:从理论到开源实践》,机械工业出版社2017年版,第2—4页。

最后，在体育网络情绪监测体系中引入现代风险管理理论，将体育网络情绪引导前置，以此来减少负面、极端化体育网络情绪传播的概率。体育网络情绪作为人的心理活动的外在表现，有着深厚的社会心理底蕴，内嵌于人的认知和社会背景中，体育网络情绪引导必须从社会背景因素和人的认知着手。在体育网络情绪监测体系中将体育网络情绪引导前置于对网民的认知和社会背景的引导，通过模型建构形成量化的体育网络情绪引导决策支持系统。例如，可以借鉴学者Jennifer 和 Louise 在 2009 年基于突发事件而提出的社会—认知模型。[①]该模型描述了认知因素和背景因素对情绪造成的影响，通过公众对于突发事件的认知（事件发生的概率、事件的严重性、事件处理的效率、个人对事件的影响等）和社会背景因素（政府对事件的预防情况、具体职能部门的防备措施等）评估的结果来评定和预测公众的情绪反应。这一研究成果可以充分借鉴和应用到对体育网络情绪的前置引导上，以此来减小负面体育网络情绪传播的概率，从而助力体育网络情绪的健康传播。

三 微观层面：自媒体及其服务商借力区块链治理平台实时跟踪处理体育网络情绪

诚如前文所述，体育网络情绪传播一般要经历唤醒、爆发、持续和消退四个演化阶段。在宏观层面建立基于区块链技术的体育网络情绪信息联合治理平台框架和中观层面建立基于大数据的体育网络情绪监测体系的基础上，还需从微观的具体实践层面，结合体育网络情绪传播的演化周期，让自媒体及其服务商借力区块链联合治理平台实时跟踪处理体育网络情绪，以实现对体育网络情绪的科学、高效引导。

一是在体育网络情绪产生前的阶段，一方面，建立基于区块链的电子身份认证机制。在具体的实践操作过程中，让传播者在平台上建立个人的电子身份认证，将发布者身份信息上链，不仅可以保证体育

---

① Jennifer E. C. Lee, Louise Lemyre, "A Social-cognitive Perspective of Terrorism Risk Perception and Individual Response in Canada", *Risk A-nalysis*, Vol. 29, No. 9, September 2009, pp. 265–1280.

网络情绪发布者身份的真实性和唯一性,而且可以在体育网络情绪传播的中后期实时准确地追踪信息的源头。一定程度上,基于区块链平台建立的电子身份实名认证机制,可以有效防止体育网络情绪传播过程中的真实信息被篡改,给体育网络情绪精准引导节约了时间和成本,进而可以有效防止负面、极端化的体育网络情绪进一步蔓延和扩散。另一方面,对自媒体、多媒体以及网络媒体平台(如微博、微信、微视、QQ、快手等)的服务商要求使用区块链,以使其平台上发布的消息全部上链,确保体育网络情绪传播的信息一经上链就无法篡改且永远记录。同时,自媒体、多媒体及网络平台服务商自身也应不断完善平台的运行规则,对于发布负面、极端化体育网络情绪造成一定影响的且暂时不够报送司法机关的平台账号,可以从平台内部对其进行封号或者降低社会信用等级处理,从而为体育网络情绪传播和引导创设良好的内部平台环境。

二是在体育网络情绪的传播阶段,及时做好留证和证据存储工作。在体育网络情绪经自媒体平台在互联网空间内进行传播的过程中,利用区块链技术的优势,对于在平台上发布的所有体育网络情绪传播相关的信息(包括时间、地点、事件、表达方式、发布渠道等),专门设置一个存储区域对这些信息进行留存,这样就可以准确、透明地审视每个发布者所发布的体育网络情绪传播的整个轨迹。由此,对体育网络情绪传播的相关信息进行留证和证据存储,不仅可以对准备发布负面、极端化的体育网络情绪的公众起到一定的威慑作用,而且可以为后续体育网络情绪的科学引导提供全面的数据支撑。

三是在体育网络情绪的处理阶段,建立体育网络情绪传播奖惩机制。在体育网络情绪传播实践过程中,对于肆意传播负面、极端化体育网络情绪且给社会造成严重影响的个人用户交由司法机关进行处罚。对司法机关暂时不能介入的中间地带,可以借力区块链技术优势,在自媒体平台上引入个人征信度和积分机制进行奖惩。一旦个人用户在自媒体平台上发布负面、极端化的体育网络情绪,经由区块链技术平台上的监管机构评定后确认给社会造成影响的,平台就会降低该用户的个人征信等级(个人征信等级会影响到以后的体育创业资格申请、贷款额度、体育信用消费等)和平台积分(平台积分是区块链平台上通证的一种形式，相当于代币，可用于实际的体育产品购买、体育健身服务打折等实际价值），同时也会将该用户的不良记录留存在个人征信数据库中，以实现对其在今后平台上发表的体育网络情绪进行重点监管。而对于在平台上发表正面、积极、客观、正能量的体育网络情绪的用户，可以在平台上采用提高个人征信等级和增加平台积分的奖励措施，并在其今后的体育创业、体育购物等方面给予一定的政策优惠，以此来促进健康的体育网络情绪传播。同时，对于个人征信等级高的用户，使其今后在平台上发布的体育网络情绪更容易让其他网民相信，这也会对体育网络情绪的正面引导起到一定的促进作用。

四是在区块链体育网络情绪信息联合治理平台上，国家监管机构专门开设一个关于网络虚假消息、网络谣言的澄清和辟谣窗口。对于引起体育网络情绪的体育热点事件相关信息进行及时公布，对相关虚假信息及时澄清。公众在区块链上可以随时随地浏览、转发由国家监管机构发布的体育热点事件相关权威信息和辟谣信息，以此来减少由不实、虚假的体育热点事件相关信息所引发的负面、极端化体育网络情绪的传播概率，从而提升体育网络情绪引导的实效性。

综上，结合体育网络情绪生成和传播的演化规律，在 5G 时代背景下，基于区块链、大数据技术，从宏观层面、中观层面和微观层面三个维度，我们可以尝试构建基于区块链和大数据技术的体育热点事件中网络情绪引导理论模型（如图 7-1 所示）。该模型主要以体育热点事件为网络情绪的生成背景，以 5G 技术赋能下的区块链技术、大数据技术为基础，从宏观层面基于区块链的体育网络情绪信息联合治理框架的顶层设计，到中观层面基于大数据的体育网络情绪监测体系的构建，再到微观层面自媒体及其服务商借力区块链治理平台实时跟踪处理体育网络情绪，从治理平台理论架构到现实的具体操作实践，从上到下、从内到外地把体育网络情绪的传播演化过程贯穿其中，并针对其不同的传播演化阶段采取多样的预防和引导措施，期冀构建出一条科学化、合理化、系统化的体育网络情绪监控与引导模型。

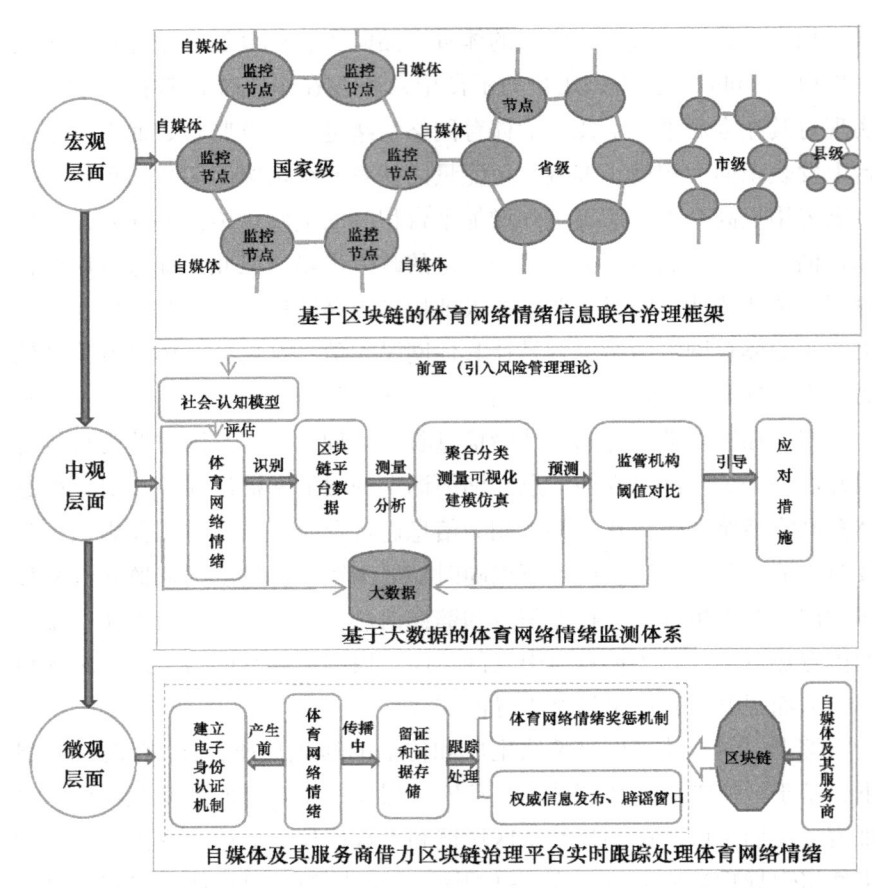

图 7-1　基于区块链和大数据的体育热点事件中体育网络情绪引导理论模型

第二节　体育热点事件中网络情绪引导的域外经验借鉴

作为一种普遍的心理现象，体育网络情绪时时刻刻存在于我们的社会之中，对我们生活的影响日趋增加。尤其是在当前 5G 时代给体育网络情绪传播带来的机遇与挑战并存的环境下，该从哪些维度、哪些视角对其进行科学化、高效化引导已成为助力新时代网络强国和体育强国建设亟须解决的重要课题。然而，众所周知，体育网络情绪是伴随互联网

第七章　5G 时代体育热点事件中网络情绪引导与化解路径

的发展和体育全球化的不断推进而逐渐形成的概念，同时体育网络情绪又是形成体育网络舆情和网络舆情的重要催化剂。对体育网络情绪引导也是网络舆情管理的重要构成部分。由于我国接入国际互联网较晚，与西方发达国家相比，对于体育网络舆情和网络舆情的管理也相对滞后。由此，我们可以借鉴国外体育网络情绪或网络情绪或网络舆情引导和管理的相关经验，以期获得"他山之石"，进而达到"可以攻玉"的功效。不过，诚如在本书的第一章第三节"与本书相关的文献综述"部分所述，当前国外对于体育网络情绪的研究主要以微观定量分析为主，比如对某一场比赛中球迷在社交软件的评论分析，对于体育网络情绪引导的研究却较为缺乏。与此同时，国外对于网络情绪的研究也主要集中在对网络情绪的测量、分析和建模等微观方面，对于网络情绪的引导研究也相应地以精准的网络情绪采集作为其进行合理引导和调节的基础，主要采取提高网民认知能力和素养，强化网络把关人作用，加强网络用户情感调适等措施来对其进行引导。总体而言，国外在体育网络情绪和网络情绪引导方面，虽然提出的引导策略涉及了宏观和微观层面，但所提出的引导策略在系统性、完整性、前沿性方面稍显薄弱。反观国外关于网络舆情引导和管理的成果却很丰硕，其不仅有宏观方面的引导规划，而且有微观方面的操作实践。当前，西方发达国家在网络舆情引导与管理的典型经验主要是基于网络法律制度、网络行政制度和网络行业制度三个层面来构建网络舆情治理的复合型制度系统。① 故而，我们将重点从国外网络舆情引导和管理的经验中进行借鉴，希冀为接下来提出本土化的体育网络情绪引导对策提供帮助。

一　重视政府主导作用，加强网络空间立法

毋庸讳言，无论是体育网络情绪引导还是网络舆情的引导和管理都是一个综合性的系统工程，受制于各个主体和构成要素，想要优化配置各方面的要素资源，从顶层设计上加强法律体系的建设可能是最有效的管控手段。某种意义上来说，法律凭借其自身所具有的强制性和权威性，对于网络舆情的引导和管控可以起到一定的保障和规范作用。近年

---

① 柳思思、肖洋：《制度设计视角下国外网络舆情治理》，《唯实》2016 年第 5 期。

来，伴随着互联网技术的狂飙突进，西方发达国家都在不断加强和完善自身的法律体系建设，以应对不断变化的网络舆情发展。就美国而言，作为互联网的诞生地，美国政府针对自己的国情，不断加强顶层设计，先后制定了一系列的法律法规来加强网络空间治理。从1968年制定的《窃听法》开始，到1986年通过的《电子通信隐私法》，1996年通过的《电信法》，再到2003年出台的《网络安全国家战略》，2012年提出的《网络用户隐私权利法案》，等等，美国政府在1955—2005年间制定了130多项与互联网相关的法律来约束和管控网民上网行为以及媒介运营商的网络行为。同时，在美国的各个州也会制定符合本州实际状况的网络管理体制。① 由此可以看出，美国政府制定的相关互联网法律法规既有宏观的整体规范，也有微观层面的具体规定。此外，德国也是较早通过专门立法对网络危害性言论、网络服务提供者进行规制的国家。如1997年通过的《通信和传播服务法》，2002年出台的《联邦数据保护法》，2017年出台的《电信媒体法》，2020年通过的《信息技术安全法》，等等。这些互联网法律法规的制定，对于有效管控网络舆情起到了很好的促进作用。

　　此外，法国也先后颁布和实施了一系列互联网治理方面的法律和法规，如1997年提出的《互联网宪法（草案）》，2004年通过的《关于数字经济中的信任的法律》，2006年通过的《信息社会法案》，2009年出台的《HADOPI互联网法案》，2019年通过的《仇恨言论法案》，等等，这些法律分别就互联网公共交流、数字安全、服务商责任、电子商务、网络言论等方面做出了具体的规定，这对消除网络安全隐患、预防网络舆情风险无疑起到了巨大的推动作用。再有俄罗斯在《俄罗斯联邦宪法》中将信息安全纳入国家安全管理范围，在此基础上相继出台了《俄罗斯国家安全构想》《信息技术和信息保护法》《关键数据基础设施法》《博客法》《俄联邦通信法》《俄联邦计算机软件和数据库法律保护法》《主权互联网法》等法律文件作为网络安全、信息安全的政策指导，并且形成了较为完备的多层级信息安全法律体系。其中，在2015年全球就有60个国家制定并公布各自的网络安全战略规划。由此我们

---

① 王静静：《美国网络立法的现状及特点》，《传媒》2006年第7期。

不难发现，发达国家都从国家的立法层面来规范、约束和整治互联网环境和网络行为，这对于有效预防和调控网络舆情及营造健康的网络空间氛围和秩序意蕴深远。

二 鼓励加强行业自律，强调多元协同治理

从经济学的视角看，无论是体育网络情绪引导与管理，还是网络舆情引导与管理，都可视为资源优化配置的一个过程。而作为资源优化配置的"看不见的手"——市场、"看得见的手"——政府是实现网络舆情科学化、高效化引导的重要推动力。从当前西方发达国家在网络舆情治理方面的实践过程来看，诚如上文所述，西方发达国家大多从政府层面为网络舆情、网络空间治理制定了一系列的法律和法规，在推进网络舆情和网络空间治理中发挥了重要的作用。然而，由于网络舆情的特殊性和复杂性，使得有些问题不能单纯地靠政府制定的法律措施来解决，还需要发挥市场这只看不见的手的软性调控作用。当前，国外在网络舆情引导和管理中，除了不断加强政府层面的调控，还注重通过鼓励网络行业自律和用户自律来共同推进网络舆情的治理。如美国提出的网络舆情引导和管理的思路是"少干预、重自律"，提倡网络行业自律和网络用户自律，[1] 通过计算机协会和网络自律组织制定自身的行业规范，如《网络伦理八项要求》等，同时通过美国民权自由联盟、美国在线、民主与技术中心等民间组织，不断提升网络用户的科学价值观、传播观，进而促进互联网行业的健康发展。英国在网络舆情引导与管理上也特别注重发挥行业自律的作用。为此，英国相继成立了英国网络观察基金会、互联网服务商协会、网络内容分级协会等行业自律组织来参与网络空间治理。其中，英国网络观察基金会主要负责推进英国政府颁布的第一个互联网监管方面的行业规范《3R互联网安全规则》的执行；互联网服务商协会主要对其所在的100多家会员单位制定共同的网络行为准则；网络内容分级协会主要通过为网络用户提供免费的过滤软件、提供关键词和内容描述句以进行网络内容分级两方面的服务来参与网络环境的管理。此外，

---

[1] 薛瑞汉：《国外网络舆情管理和引导的主要经验及对我国的启示》，《中共福建省委党校学报》2012年第9期。

英国政府还与一些大企业联合建立互联网信息安全网站向网民提供相关服务,在互联网治理方面也发挥了重要的作用。① 加拿大政府在网络舆情引导与管理方面主要采取"自我规制"的措施,② 一方面通过相关法律来管控网络上的非法信息传播,另一方面则通过制定一些自律性的道德规范,加强大众互联网知识教育以应对网络上的攻击性信息传播。

目前,西方发达国家对于网络舆情的引导和管理已形成了以政府为主导,行业协会和组织积极参与,网络运营商和服务商协同配合,网民自律管理等一体化的多主体联合治理网络舆情模式。这种多主体联合治理模式一定程度上实现了政府、行业组织和协会、网络服务商和运营商三大主体之间的利益均衡,同时也满足了构建开放、自由、健康、和谐的网络社会需求。随着互联网空间法律法规的不断健全,国外网络舆情的引导和管理将更加注重加强行业自律,特别会借助一些行业组织和协会建立相应的网络运行规则和网络空间标准,政府管控将逐渐变成辅助治理措施。多主体协同治理模式将成为西方发达国家在网络舆情引导与管理中主流的发展模式。

三 优化网络技术升级,提升舆情分析效率

体育网络情绪抑或网络舆情都是伴随着互联网的不断发展而逐渐产生的,对其引导和管理都是建立在能够准确监测其发生的基础上,在整个网络舆情的引导和管理中,技术手段管控几乎成了全世界都在普遍采用的形式。尤其是面对当下互联网技术的不断迭代升级所引发的网络舆情日趋复杂和多变的态势下,西方发达国家都在不断加大对网络舆情监测、分析等技术方面的投入和创新研发,以此来应对不断变化的网络舆情。如美国、德国、英国、法国、加拿大等国家都制定和出台了一系列的网络空间治理的战略性文件,并将网络技术升级和网络安全纳入本国的发展战略中。当前,西方发达国家在网络舆情引导与管理上较多采用先进的网络监测和分类技术,来保障网络空间秩序的健康运行。如美国

---

① 钟忠编著:《中国互联网治理问题研究》,金城出版社2010年版,第13页。
② 薛瑞汉:《国外网络舆情管理和引导的主要经验及对我国的启示》,《中共福建省委党校学报》2012年第9期。

在网络舆情引导与管理中常用一款叫作 Cyber Patrol 的网络信息过滤软件，以实现对网络上不良信息的过滤、分类和筛选，从而为有效地采取针对性的舆情应对措施提供了支持。英国政府也利用"科波拉软件公司"开发出来的一套舆论监测分析软件，对网站、报纸等新闻媒体上发表的观点进行数据分析，以此为政府准确了解网络舆情走向并及时采取相应的引导措施提供帮助。[①] 可见，西方发达国家通过不断优化网络技术升级和创新应用，提升网络舆情分类和分析的效率，对助力政府科学化、高效化治理网络舆情，促进网络环境的规范化、良性化发展起到了一定的推动作用。

总体而言，国外在网络舆情引导与管理的思路上呈现出多元化的发展态势，既有像美国、法国那样采取政府与社会协同治理的模式，也有像加拿大那样采取以政府主导的监管治理模式，还有像英国那样在强化政府和社会组织合作治理的同时，也突出强化网络自治型治理模式。总体来看，在具体的网络舆情引导与管理的实践操作中，重视政府主导作用，加强网络空间立法，鼓励加强行业自律，强调多主体协同治理，优化网络技术升级，提升舆情分析效率是当前西方发达国家较为典型的网络舆情治理经验。

第三节　体育热点事件中网络情绪引导的化解路径

在体育强国和网络强国双重国家战略目标的指引下，新时代体育被赋予了新的内涵和使命，同时也对体育网络情绪治理提出了新要求。面对 5G 时代背景下体育网络情绪传播的机遇和挑战，如何在网络上以人民为中心，讲好体育故事，防止不良体育网络情绪传播，助力体育热点事件健康发展，取得人民对体育事业发展的信任和支持，推进体育事业改革与治理高质量发展尤为重要。诚如前文所述，体育网络情绪的生成

[①] 薛瑞汉：《国外网络舆情管理和引导的主要经验及对我国的启示》，《中共福建省委党校学报》2012 年第 9 期。

和演变是一个复杂的成长系统，同时具有独特的演化规律和特征，任何细微的引导措施和行为都可能会影响体育网络情绪的发展走向和体育热点事件的长效发展。因此，应立足于新时代中国特色社会主义思想对网络安全提出的现实要求，紧密结合 5G 时代背景和体育网络情绪传播规律，基于本章构建的基于区块链和大数据的体育热点事件中体育网络情绪引导理论模型，汲取国外网络舆情治理的先进经验，从制度、环境和实践三个层面来探索我国体育网络情绪引导的化解路径。

一 制度层面：强化顶层设计，建立健全体育网络情绪监测机制和引导体系

当前，随着 5G 技术赋能下的互联网的狂飙突进，体育网络情绪已逐渐成为影响网络空间安全、体育事业长效发展的较为活跃的因子。在 5G 技术助推下，体育热点事件中网络情绪发酵更快、传播更迅速，极易造成极化传播，引发舆论狂潮，影响社会和谐与稳定。然而，当前面对 5G 时代给体育网络情绪传播所带来的新挑战，我国在应对体育网络情绪传播方面依然存在对其监测机制不够灵敏，引导经验稍显不足等问题。因此，从制度层面这个"硬约束"来建立健全体育网络情绪监测机制和引导体系，对于促进体育网络舆情的长效发展显得尤为重要。

首先，强化顶层设计，加强法律体系建设，为建立完善的体育网络情绪监测机制和引导体系保驾护航。法律体系的不断完善对体育网络情绪监测机制和引导体系的构建具有保驾护航之功效，同时也是促进体育网络舆情健康发展、营造清朗的网络环境最为有效的管理手段。事实上，自我国 20 世纪 90 年代接入互联网以来，在互联网安全和治理方面相继制定和颁布了一系列法律和法规，如 1994 年颁布的《中华人民共和国计算机信息系统安全保护条例》，1997 年出台的《计算机信息网络国际联网安全保护管理办法》，2000 年出台的《互联网信息服务管理办法》，2007 年出台的《中华人民共和国突发事件应对法》，2009 年颁布的《通信网络安全防护管理办法》，2013 年通过的《电信和互联网用户个人信息保护规定》，2016 年颁布的《中华人民共和国网络安全法》，2018 年颁布的《中华人民共和国电子商务法》，2020 年通过的《网络

信息内容生态治理规定》，2021年出台的《关于加强互联网信息服务算法综合治理的指导意见》，等等。由此可见，我国在互联网空间治理方面基本上都是针对网络载体本身制定法律和法规，然而对于专门针对体育网络情绪或网络舆情出台的法律法规及其相关立法中的基础性条款和应用性条款相对缺乏，这与当前5G技术助推下的移动互联网蓬勃发展之势相比显得相对滞后。体育网络情绪治理相关法律法规的不健全，无疑会给体育网络情绪监测机制和引导体系的建立造成阻碍，同时也会给体育网络情绪引导的实践操作带来因缺乏相应的法律、法规依据而造成的不便。因此，当前亟须强化顶层设计，加强体育网络情绪治理方面的法律体系建设，为构建完善的体育网络情绪监测机制和引导体系提供坚实的保障。

一方面，借鉴西方发达国家管理经验，进行本土化改造和实践。面对当前5G技术赋能的"万物互联、万物皆媒"智能互联网传播时代，积极借鉴和学习美国、德国、法国等国家的网络舆情引导与管理方面的立法经验以及执法过程中的创新举措，不断加大体育网络情绪治理的时代性、前瞻性法律法规的创设，结合我国体育网络情绪引导的现实状况，构建出一套符合本国实际且能够涵盖体育网络情绪监测、监管和行为规制、传播数据安全等方面的法律法规体系。另一方面，政府应强化顶层设计，深入推进体育网络情绪治理体制改革，建立责、权、利清晰的体育网络情绪监管机构，加快形成政府监管、行业自律、公众监督的体育网络情绪传播制度，用法律法规来助力体育网络情绪监测机制和引导体系的构建。

其次，多策并举，不断完善我国体育网络情绪监测机制和引导体系。其一，建立健全我国对于体育网络情绪传播主体和网络媒体平台的电子身份认证机制。充分利用5G技术赋能下的区块链技术所具有的链上信息公开透明、可共享、可追踪、不能篡改等优势，构建常态化的体育网络情绪传播主体和网络媒体平台的电子身份认证制度，确保所有的体育网络情绪传播主体和平台信息可追踪溯源，进而来规范和约束传播主体和网络媒体服务商的行为。其二，建立健全体育网络情绪引导应急管理机制。通过联合宣传、广电、通信、公安、体育等多部门共同建立分工明确、责任清晰、资源共享的体育网络情绪引导应急管理制度，以应对突发性体育热点事件中网络情绪传播的复杂变化。其三，建立责权清晰的体育网络情绪监管机构。充分利用现有网络监管机构资源，进一步细化网络监管的职能，专门成立一个体育网络情绪监管机构，充分利用法律法规和行政手段来提高体育网络情绪引导的效能。其四，进一步细化网络治理中的立法条款。在现有网络治理相关立法的基础上，进一步明确网络情绪传播中关于肆意传播负面、极端化网络情绪行为的法律认定，廓清其惩处的范围、对象、手段、方式，进而为体育网络情绪引导提供清晰的法律依据。同时，还要进一步加大执法力度，将体育网络情绪引导的相关法律法规全面落实到实践中，不断提升法律法规的权威性，推进体育网络情绪引导体系的快速构建。

二 环境层面：转变思维理念，营造符合时代需求的体育网络情绪传播氛围

毋庸置疑，5G时代的来临极大地促进了互联网的快速革新，在5G技术赋能下，人类已逐渐迈向"万物互联和万物皆媒"的智能互联网传播时代，其不仅孕育了新的传播环境，不管是传播者还是受众和内容都发生了巨大的变化，同时也给体育网络情绪引导带来了新的挑战。在5G赋能的智能互联网所创设的新环境中，不仅要重视传播主体对于体育网络情绪传播环境的构建，而且要重视体育网络情绪传播环境对人的影响。创设和谐、健康的体育网络情绪传播生态环境对于体育网络情绪的引导具有重要的意义和价值。

（一）顺应互联网发展潮流，不断强化媒体公信力

习近平总书记在党的十九大报告中强调："高度重视传播手段建设和创新，提高新闻舆论传播力、引导力、影响力、公信力。"[1] 媒体公信力是媒体所具有的赢得公众信赖的职业品质与能力，是衡量媒体权威性、信誉度的重要标尺，也是新闻舆论传播力、引导力、影响力存在的基础。[2] 在当下体育热点事件中，强化媒体公信力，不仅有利于党和政府的

---

[1] 习近平：《决胜全面建成小康社会 夺取新时代中国特色社会主义伟大胜利——在中国共产党第十九次全国代表大会上的报告》，人民出版社2017年版，第42页。
[2] 张天清：《提升主流媒体公信力的几点思考》，《新闻战线》2018年第12期。

主流声音成为定盘星、压舱石，在众声喧哗中掌握话语权，而且有利于创设良好的体育网络情绪传播环境，促进正面网络情绪的引导。第一，强化"把关人"制度，提高网络媒体监管水平。新媒体、自媒体的快速发展，带来了传播方式的变革，同时也创造了众声喧哗的舆论新格局，开启了媒体全面参与人们生活的新时代。尤其是在5G技术助推的网络新媒体狂飙突进下，以微博和微信为代表的网络新媒体已成为体育网络情绪生成和传播的聚集地和发散地。网络媒体虽然为体育网络情绪表达提供了自由的空间，但也成了一些人造谣生事、情绪发泄的载体，进而造成体育网络情绪传播环境的混乱。因此，在体育网络情绪传播过程中需进一步强化"把关人"制度，政府、体育部门应与网络媒体运营方加强合作，对网络平台上发布的信息进行筛选和甄别，及时监控体育网络情绪发展态势，同时加强对网络平台工作人员的培训，提升网络平台"把关人"的监督和管理水平，及时筛选和剔除虚假体育信息。第二，提升体育新闻报道质量，重塑主流媒体品格。主流媒体是具有强大影响力、覆盖面、权威性以及公信力的传播载体。[1] 主流媒体在体育热点事件新闻报道中，应坚持从公众的诉求出发，通过强化信息的真实性和客观性，采取"三审三校"等制度，采用"两微一端"作为其网络传播形式，向公众提供有思想、有温度、有深度、有价值的体育新闻，进而提高主流媒体在网民心中的权威性和公信力，这对于体育网络情绪的理性传播具有重要的推动作用。第三，加强新媒体与传统媒体的融合，提高体育热点事件信息传播时效性。体育热点事件中网络情绪发展进程瞬息万变，应充分发挥传统媒体信源的权威性以及新媒体传播方式的便捷性和互动性优势，及时推送体育热点事件的相关信息，让主流的声音在更加广阔的舆论空间传播，避免因信息传播延迟而给网民带来焦虑的情绪。

（二）加强行业自律理念灌输，提升网络道德建设水准

5G技术赋能下的移动互联网，对人们精神文化生活的影响越来越大。当下，我国要创设良好的体育网络情绪引导环境，需要加强行业自律理念的灌输，需要网络平台服务商、经营者不断提高自身的责任心和监管职能，引导新媒体平台、网络移动客户端树立正确的行业社会责任

---

[1] 张天清：《提升主流媒体公信力的几点思考》，《新闻战线》2018年第12期。

理念，以此来不断提升网络道德建设的水准。首先，推进体育网络情绪相关行业协会的筹建工作，如适时成立网络舆情治理协会、网络情绪引导协会等。通过这些行业协会来联合制定网络空间的自律制度和规范，始终把国家和大众的利益放在首位，坚持为人民服务的原则，自觉遵守国家的法律法规，同时号召网民和网络平台服务商加强自身网络道德教育，大力弘扬体育精神和社会主义核心价值观，以积极向上的态度在网络空间内传播正能量，进而促进体育网络情绪引导环境的净化。其次，加强网络道德建设，推进体育网络情绪传播空间文明发展。作为体育网络情绪传播的主体，网民的网络道德水平在一定程度上会直接影响到体育网络情绪传播空间文明的构建，同时也会对营造良性的体育网络情绪引导环境造成干扰。由此，在当下加强网民的网络道德建设意义重大。在具体实践过程中，建立由政府部门主流媒体、学校和社会教育共同参与的网络体育道德培养体系。对政府部门主流媒体而言，可以在官方网站上增设"遵守网络道德"专题，让网民及时了解并学习网络道德的基本知识。对学校而言，可以结合新时代背景，在学校课程中增设网络道德教育课程，选取经典的网络道德案例，强化学生对于网络道德的理解。对于社会教育而言，可以在各大社区开展网络道德知识讲座，定期进行互动和交流，不断增强公众的网络道德自律意识，进而让其自觉抵制负面、极端化体育网络情绪传播。一言以蔽之，在5G时代背景下，不断加强行业自律理念灌输，提升网络道德建设水准，可以填补法律只能惩恶、不能劝善的弊端，可以推进体育网络情绪健康传播环境的创设，进而有效提升体育网络情绪引导的实效性。

（三）提升网民体育媒介素养，加强网络情绪管控能力

媒介素养是指人们在接触媒介的过程中表现出来的对媒介的一种认知、判断和理解，是对媒介信息的筛选、批判、质疑和利用的能力。[①]在体育热点事件中，网民作为体育网络情绪传播的主体，其媒介素养的高低直接关系到他们在网上评论的态度和行为，进而影响到体育网络情绪的生成和演变。据2019年凯迪数据研究中心发布的《中国网民网络媒介素养调查报告》数据，网民的媒介素养平均值为3.6分（最高5

---

① 朱晓瑾：《移动互联网时代网民媒介素养研究》，《新闻战线》2017年第8期。

分），属于中等水平，其中在新媒体使用维度上得分最高，而批判性理解的得分最低。① 这说明网民的媒介素养整体水平还有待加强，针对体育热点事件中网络情绪传播呈现出的"强情绪、弱信息"的特征以及网络情感态度的高唤醒和高参与性等特点，网民应该不断提高其体育媒介素养，加强情绪的管理和控制能力，进而营造出良好的体育网络情绪传播环境。首先，加强网民正确的体育价值观教育。政府和体育工作者可借力 5G 技术赋能的网络新媒体在全社会范围内积极报道体育典型事件，弘扬女排精神、奥运精神等体育核心价值观，从而在网络空间内引领正确的体育话语评论，助力体育网络情绪的健康传播。其次，提升网民对体育虚假信息的筛选和甄别能力，构建文明的体育网络情绪传播环境。面对 5G 时代体育热点事件传播中所产生的海量信息，作为传播者，要认真对待媒介的使用行为，提高自身对于虚假体育网络信息辨别的能力；作为接受者，要有选择地接受体育网络信息，避免受到不良体育信息的侵害。最后，加强意见领袖的培养。新媒体时代的意见领袖能够影响到网民的日常生活和行为。② 由此，在 5G 时代体育热点事件中，主流媒体应加强具有正能量的意见领袖（体育明星、体育权威专家等）的培养，借助媒体资源，打造网络平台的草根领袖、道德领袖、明星领袖等。通过 5G 技术赋能的各类公共网络平台为体育热点事件发声，传播正面体育网络情绪，帮助网民规范个人行为，提高网民体育媒介素养，打造健康合理的体育网络情绪传播空间。

三 实践层面：推进联动共治，构建多元化主体协同引导体育网络情绪模式

毋庸置疑，体育网络情绪引导是一个综合性的系统工程，尤其是伴随着 5G 时代的来临，在 5G 技术赋能的移动互联网影响下，体育网络情绪引导迎来了新的环境和新的挑战。单凭传统的以政府为主导的网络舆情治理模式已明显捉襟见肘且效果越发不明显，这种依靠政府的单向度管控模式已不能完全跟上当前 5G 时代背景下移动互联网的发展步

---

① 《中国网民网络媒介素养调查报告》，2019 年，凯迪数据研究中心。
② 孙钦泉：《新媒体环境下网民媒介素养培养路径》，《传媒》2019 年第 8 期。

伐。从西方发达国家对于网络舆情治理的相关经验来看，当前，西方发达国家在网络舆情治理已由过去的政府主导范式逐渐转向政府引导为主，多元主体协同参与治理的模式。这对当前我国体育网络情绪引导具有重要的借鉴价值。由此，在当下体育网络情绪引导的具体实践过程中，不仅要重视政府的引导作用，还要联合媒体、网民、平台运营商、行业组织等多元主体共同参与引导，多策并举，以此来提高体育网络情绪引导的科学性和实效性。

（一）重视政府引导角色，构建情绪监管机制

当今，随着5G技术赋能的移动互联技术的快速发展，网络新媒体已成为体育热点事件传播的重要平台，同时也成为不良体育网络情绪滋生的"土壤"。政府作为体育热点事件中网络情绪调控的重要参与者，应充分发挥其情绪引导作用。此外，面对当前我国应对网络体育舆论经验不足、体育舆论传播监测机制不够完善的现状，[①] 特别是体育热点事件中网络情绪发酵快、传播迅速，极易造成网络舆论哗然。张洁海曾提出，中国的舆论引导理论基础不是归因理论而是情绪理论，将政府视为公共事件中网民情绪演化的核心内容。[②] 因此，重视政府引导角色，加强其在网络情绪演化各阶段的渗透力，构建体育网络情绪监督管理机制，对于体育热点事件中网络情绪的正确引导尤为重要。首先，在体育网络情绪唤醒阶段，建立舆情预警机制。在5G技术助推下，运用大数据、区块链、云计算等现代化技术手段，对体育网络情绪相关指标数据进行监测和分析，掌握体育热点事件基本态势，仔细筛选出敏感性强、转载数量多的网络主帖，及时进行跟踪和引导。同时，政府在体育网络情绪唤醒阶段应该以积极主动的态度向网民提供及时、真实、准确、全面的事件信息，最大程度上降低网民个体在事件中的涉入感，减少信息不对称状态下网民情绪盲从的隐患。其次，建立疏导机制。在体育网络情绪的爆发阶段和持续阶段，政府应充分重视网民群体的情绪表达和意见反馈，与网民进行平等交流。通过官方媒体、政府新闻发言人客观报

[①] 俞鹏飞、王庆军、张铖：《网络体育舆论的构成形态、极化传播及其引导策略》，《沈阳体育学院学报》2019年第4期。

[②] 张结海、吴瑛：《重大事件舆论引导的中国路径——一种基于公众情绪色谱的模型构建》，《现代传播》2014年第8期。

道体育热点事件真相，深度报道体育热点事件，增加信息说服力，努力争夺体育网络情绪引导话语权。同时，充分发挥"意见领袖"的作用，通过邀请当事人、体育权威专家和网络"大V"在网络社交平台剖析体育热点事件真相，回应网民质疑，及时化解网络上的偏激、极端化的体育网络情绪，正确引导公众表达出自己的利益诉求。最后，建立反思和惩戒机制。在体育网络情绪消退阶段，网民体育网络情绪逐渐趋于理性和一致，维持稳定和恢复常态成为这一阶段政府情绪引导的关键。政府应对整个事件中所做的处置行为进行反思和总结，秉持着理性、客观的态度疏解网民负面体育网络情绪，同时对于恶意捏造事实而造成不良体育网络情绪蔓延的传播者，政府应进行严惩。

（二）不断强化媒体把关制度，提升体育受众隐私防范

5G技术赋能促进新媒体、自媒体的快速发展，带来传播方式的变革，同时也创造众声喧哗的体育网络情绪传播新格局，开启媒体全面参与人们生活的新时代。以微博、微信等为代表的网络新媒体成为体育网络情绪的"直通车"和"集散地"，尤其是随着5G技术助推下的智能机器人写作和体育新闻报道的不断普及和使用，对体育网络情绪的生成和发展影响越来越大。网络媒体虽然为体育网络情绪提供了自由的表达空间，但也成为一些人造谣生事、情绪发泄的载体，进而造成体育网络情绪传播环境的混乱。因此，在体育网络情绪引导过程中需进一步强化"把关人"制度，提升体育受众上网安全意识，以创设规范的体育网络情绪传播环境。首先，政府及相关职能部门应与网络媒体运营方加强合作，对5G技术赋能下的智能媒体平台上发布的信息进行筛选和甄别，及时监控体育网络情绪的发展态势，同时加强对平台工作人员的业务培训，让平台的"把关人"肩负"监管者"和"保洁员"双重责任，对体育信息发布做到及时监管。其次，培养"网红"意见领袖，精准应对负面体育网络情绪传播。面对5G技术赋能所带来的信息分发多元化、多极化以及体育网络情绪表达的感性化、娱乐化等特点，体育公司、体育协会等机构可以着力打造本部门、本行业的职工"网红"，让其成为部门和行业的"形象代言人"，以资深专业而又非官方的形式来及时回应和解读体育热点事件，从而来精准应对负面体育网络情绪传播。最后，在强化"把关人"制度的同时，还应通过加强网络安全知

识教育和学习来不断提高网民上网的安全防范意识，以减少运动员和体育工作人员个人隐私泄露的风险，避免因隐私泄露而造成体育网络情绪极化传播现象。

（三）创新内容生产形与式，提升体育受众注意力

受众作为体育热点事件的接收者，同时又作为体育网络情绪的生产者、传播者和实施者，对于体育网络情绪的传播进程和发展走向具有重要的推动作用。在5G时代，创新内容生产形式，不仅有助于提高体育热点事件报道的质量和视觉体验，提升体育受众注意力，而且能够弘扬社会正能量，促进体育网络情绪的积极传播，进而有效化解由资本逐利和媒介空间"殖民化"而引发的体育网络情绪传播的理性思考不断减少的局面。一方面，要强化创作优质体育作品，包括体育新闻、体育赛事、体育广告、体育电影等。通过5G技术赋能下的网络全媒体生产和宣传具有丰富内涵和弘扬社会正能量的体育产品，注重精耕细作，利用VR、AR、AI等多样化视觉呈现方式，给体育受众带来不同的视觉冲击和体验，以博取其更多的关注度，进而引导体育受众在欣赏优质体育作品过程中树立正确的体育网络情绪传播导向。另一方面，转变体育新闻或事件的话语表达方式，提高媒体亲和力和感染力，以增强媒体进行体育网络情绪引导的实效性。随着5G时代的到来，由新媒体所引发的"后真相"时代使得受众更多地依据自身的情绪来评价体育新闻或事件，情绪已成为影响体育热点事件发展走向的重要因子。可见，有效的体育网络情绪引导需要用情绪去打动人、感染人，如对于一些有争议的体育热点事件，媒体或主持人可以采用幽默化、戏剧化、亲民化的报道方式来传播官方的态度，以给微博、微信、抖音等网络社交媒体营造和谐的舆论氛围，在潜移默化中完成对体育受众的情绪引导。此外，在5G时代，为保证创新的体育内容和作品能够适应5G时代下信息传递的视频化、超视频化和全息化的发展潮流，亟须建立包括文字、视频、图片、VR影像等多种数据信息的多功能、智能化的全息化口径库，[①] 为创新体育内容的完美呈现奠定基础，从而来提高体育受众注意力，引导体育网络情绪良性发展。

---

① 阮璋琼：《5G时代舆情趋势分析及对策》，《中国广播电视学刊》2020年第1期。

（四）坚守体育伦理理念，提升体育文化认同

体育伦理是指体育领域中主体人的行为规范和观念，是一切体育运动中主体人在处理各种关系中所秉承的价值标准和规范。① 体育伦理通过道德观念的内在约束来维持和实施，不仅是一种内在的人格力量和信念，而且也是一种外在的习惯性强制力量。5G 时代下，5G 技术赋能引发了媒介传播格局的巨大变化，也给体育的表达形式、训练手段、生存环境等方面带来了"泛在化"和"沉浸化"体验，但同时也滋生出了竞技体育伦理风险，智能媒体体育新闻报道伦理风险，运动员个人隐私风险等多方面的问题，给体育网络情绪的健康传播带来了一定的干扰。坚守体育伦理，提高大众体育文化认同感，不仅可以给大众营造良好的体育网络情绪传播氛围，引导大众体育网络情绪回归体育本质，而且有助于规范网络传播秩序，促进体育网络情绪的理性传播。第一，加强大众对于体育伦理的涵化。首先，深度挖掘体育伦理所蕴含的民族责任感、民族精神、内外兼修、道德规范等理念，并将其融入学校的教育教学中，以加大体育伦理在学校的传承力度。其次，加大对体育伦理的宣传。通过编写体现体育伦理精神的教材，组织专业教师进行体育伦理理念系统培训，发挥体育授课教师的言传身教示范作用等形式来提升体育伦理的涵化力度，进而提升学生对于体育文化的认同度，树立正确的体育网络情绪传播导向。第二，弘扬游戏精神，回归体育真义。充分发挥5G 技术赋能下的全媒体传播优势，通过 5G+虚拟视频、超高清视频等多种线上线下相结合的方式，采取体育文化讲座、专题研讨等形式在全社会范围内弘扬游戏精神（游戏精神是融合着秩序、自由、美等人类精神元素的价值集合）②，将游戏精神与体育伦理所蕴含的合作、爱国、和谐等本体价值和功能进行嫁接，进而给大众创设良好的情绪传播氛围，引导大众体育网络情绪表达回归体育真义。

（五）重构体育事件意义，引导情绪理性传播

意义是语言存在之根本，意义创造是我们认识客观世界和改造客观

---

① 何平香、龚正伟：《中国体育伦理的国际叙事：问题、原因与策略》，《成都体育学院学报》2023 年第 4 期。

② 梅松：《追寻游戏精神的哲学探索》，《深圳特区报》2016 年 7 月 12 日第 B10 版。

世界的重要方式。① 我们对体育热点事件所使用的评价词语之意义是我们共同的社会文化经验的反映，也是我们共同的世界认知成就和信念的交流。体育网络情绪源于网民对于体育事件的认知和评价，某种程度而言，体育热点事件的意义呈现形态将直接影响到体育网络情绪的发展走向。在体育网络情绪引导过程中，重构体育事件意义不仅有助于消弭大众对体育热点事件的过度标签化解读，如裁判"消极腐败"、体育明星"肆意妄为"等，引导大众树立客观的评价心态，而且能够塑造个体认同感和社会认知，进而引发情感共鸣，促使体育网络情绪理性传播。第一，利用媒体通过情绪符号塑造个体认同感。体育网络情绪的形成是网民现实心理的社会文化表征，其传播过程其实是一种符号化的建构过程。在5G时代下，在体育热点事件引导过程中，利用媒体之间的万物互联优势，营造正面、积极的情绪传播氛围，让个体情绪通过符号化再现被赋予新的积极意义，在群体中不断传播，进而引发群体正面网络情绪共鸣，促使体育网络情绪健康发展。第二，通过媒体场景重构群体成员归属感。在体育热点事件引导过程中，不同的场景能够激发和唤醒网民心中不同的情绪表达，进而引发网友之间不同的情感共鸣和社交行为。有学者认为场景已成为网友情绪唤醒、交锋和传播的关键因素。② 由此，在5G时代下，我们可以借力5G技术赋能对体育热点事件的报道场景进行重构，从用户需求的场景出发，通过VR/AR/MR等技术创设虚拟场景，让大众在5G所创设的"沉浸式"拟态空间内成为体育热点事件的实地观察者，"身临其境"地感受体育热点事件发生的来龙去脉，并和其他网友进行虚拟面对面的情绪传递，从而来增强群体成员归属感，以促进体育网络情绪的客观表达。第三，通过公共议程设置促使体育网络情绪与现实对接。在5G时代背景下，充分发挥5G技术赋能下的新媒体优势，让体育热点事件的大众议程设置与媒体议程设置相互融合，相互促进，共同构建体育热点事件的积极意义，引领大众对体育热点事件进行客观评判，进而促进体育网络情绪理性传播。

---

① 张维鼎：《意义与认知范畴化》，四川大学出版社2007年版，第1页。
② 田维钢：《微博评论中的网民情绪传播机制及策略》，《当代传播》2019年第1期。

第八章
主要结论与未来研究展望

无疑，在5G移动通信技术的助推下，人类已逐渐迈向了"万物互联、万物皆媒"的智能互联网传播时代。在5G时代所创设的"沉浸化""泛在化""智能化"的"拟态空间"内，体育网络情绪正在以摧枯拉朽之势席卷我们生活的方方面面。当前，体育网络情绪不仅成为影响体育网络舆情和体育热点事件发展的重要因子，也成为人民监督体育工作、发表体育意见的重要方式以及社会软治理的重要手段，不断影响着我国体育事业的改革与发展。面对新技术、新环境、新平台、新体验、新格局，亟须思考和把脉体育网络情绪传播的新范式和新规律，在全新的媒介生态图景下深入审视体育网络情绪科学化、高效化引导问题。正如麦克卢汉曾提出，人们在面对新技术、新环境时，往往会依恋过去，因而"后视镜"会成为思考现在和未来的一种方式，即"我们通过后视镜看现在，我们倒退着走入未来"。[①] 莱文森又进一步解读说，如果不看"后视镜"无以知来自何方，但如果看后视镜的时间过长，"那么我们就会迎头撞上没有看见的、难以预料的后果"[②]。由此，对于5G时代背景下体育网络情绪传播的研究需借鉴历史，把握当下，放眼未来，做到历史、现实和未来的有机统一，方能推进体育网络情绪引导的长效发展。

---

① ［美］保罗·莱文森：《数字麦克卢汉——信息化新纪元指南》，何道宽译，社会科学文献出版社2001年版，第247页。

② ［美］保罗·莱文森：《数字麦克卢汉——信息化新纪元指南》，何道宽译，社会科学文献出版社2001年版，第251页。

第一节 研究结论

第一，5G时代的来临为网络情绪传播的内爆倾向提供了全新的媒介生态环境，在5G技术赋能下，不仅全媒体传播获得了重要的发展契机，而且体育网络情绪传播也获得了新动能。在5G时代所创设的拟态环境中，体育网络情绪传播在带来提高体育危机管理效能、提高大众体育话语权等"机"效应的同时，也带来了容易催生"群体极化"效应，引发舆论危机，滋生网络谣言，引发体育危机事件等诸多"危"效应。

第二，5G时代，体育热点事件中网络情绪的生成，从现实基础来看，是体育热点事件构成了体育网络情绪生成的客观前提；技术赋权为互联网创造了体育网络情绪宣泄的新空间。从实践动力来看，利益博弈构成了体育网络情绪生成的原动力，主体间性构成了体育网络情绪生成的推动力。从理论渊源来看，体育网络情绪的生成是心理学、社会学、传播学和教育学理论综合作用的产物。

第三，5G时代，体育热点事件中网络情绪同一般的社会热点事件网络情绪一样，在传播上具有明显的阶段性演化特征，但是其每个阶段的关键节点比一般的社会热点事件中网络情绪传播更加明晰，情感演化更加多元，情绪语言表达也更具特色。

第四，5G时代，体育热点事件中网络情绪传播"拟态狂欢"背后折射出人们各种现实社会的压力和矛盾，当代人价值观危机，商家注意力经济等诸多社会问题；体育热点事件中网络情绪主要是社会文化建构，群体情感互动仪式和中国媒介体育空间共同作用的结果，并同时受到网民因素、社会因素、网络环境等多种因素的影响。

第五，5G时代，体育网络情绪传播被赋予了沉浸化传播、场景化传播、视觉化传播和智能化传播的时代特质，并为我们治理体育网络情绪传播提供了万物皆媒和万物互联、视觉冲击、大数据监控、场景重构等显在机遇，但同时也给体育网络情绪传播带来了不确性不断增加、理性思考不断减少、伦理风险不断提升等方面的潜在治理挑战。

第六，5G时代，针对体育网络情绪传播的新环境、新规律、新挑战，构建了一个基于区块链、大数据等新技术的系统化体育网络情绪引导的理论模型。具体而言，宏观层面，构建基于区块链的体育网络情绪信息联合治理平台框架；中观层面，建立基于大数据的体育网络情绪监测体系；微观层面，自媒体及其服务商借力区块链治理平台实时跟踪处理体育网络情绪。

第七，5G时代，在借鉴西方国家重视政府主导作用，加强空间立法；鼓励加强行业自律，强调多元协同治理等网络舆情治理经验的基础上，提出了我国体育网络情绪引导的本土化解路径：制度层面，强化顶层设计，建立健全体育网络情绪监测机制和引导体系；环境层面，转变思维理念，营造符合时代需求的体育网络情绪传播氛围；实践层面，推进联动共治，构建多元化主体协同引导体育网络情绪模式。

第二节 研究展望

毋庸置疑，5G时代的来临，为我们创设了一个"万物互联、万物皆媒"的智能互联网传播时代。在5G技术赋能下，体育网络情绪传播在获得新平台、新环境等诸多机遇的同时，也面临新风险、新危害等一系列挑战。本书以体育热点事件为切入点，对5G时代下体育网络情绪传播问题进行了探索性研究，但受限于自身科研功底和学术能力，在诸如对不同类型体育热点事件中网络情绪的分析上还不够细致，对反映体育网络情绪的图像、动画、视频等文本剖析上还有待加强，对体育网络情绪传播规律研究中量化研究方面还稍显不足。为此，在体育强国和网络强国战略目标指引下，后续将进一步围绕"5G时代"这一大背景，从三个方面来不断优化和完善体育网络情绪传播相关研究，以更好地促进体育网络舆情治理的高质量发展。一是要进一步完善体育网络情绪的量化研究，通过问卷调查等量化研究的方法探析大众心理对体育网络情绪传播的看法和评价；二是要进一步加强和完善对不同类型体育热点事件中网络情绪的传播规律及引导路径的探究；三是要进一步加强对能够反映体育网络情绪的图像、动画和视频等内容的分析，以更加完整和全面地呈现体育网络情绪传播的特征和规律。

参考文献

一 中文著作

陈虹：《颠覆与重构：危机传播新论》，国家图书馆出版社 2019 年版。

陈开举：《话语权的文化学研究》，中山大学出版社 2012 年版。

陈力丹：《舆论学：舆论导向研究》，中国广播电视出版社 1999 年版。

陈先达、杨耕编著：《马克思主义哲学原理（第 5 版·数字教材版）》，中国人民大学出版社 2019 年版。

陈至立：《辞海（第七版）》，上海辞书出版社 2022 年版。

杜建刚：《服务补救中的情绪感染与面子研究》，南开大学出版社 2010 年版。

傅小兰主编：《情绪心理学》，华东师范大学出版社 2015 年版。

龚维敬：《垄断经济学》，上海人民出版社 2007 年版。

郭庆光：《传播学教程》，中国人民大学出版社 2011 年版。

姜玉洁、李茜、郭玉申编著：《促销策划（第二版）》，北京大学出版社 2011 年版。

李沁：《沉浸传播：第三媒介时代的传播范式》，清华大学出版社 2013 年版。

李晓妍：《临界点：5G 时代物联网产业发展趋势与机遇》，人民邮电出版社 2020 年版。

李正茂、王晓云、张同须等：《5G+：5G 如何改变社会》，中信出版集团 2019 年版。

刘驰、胡柏青、谢一等编著：《大数据治理与安全：从理论到开源实践》，机械工业出版社 2017 年版。

刘耕、苏郁等：《5G 赋能：行业应用与创新》，人民邮电出版社 2020 年版。

刘行芳、刘修兵、卢小波：《社会情绪的网络扩散及其治理》，武汉大学出版社 2017 年版。

柳振浩：《5G 时代：如何把握 5G 这个超级风口》，地震出版社 2020 年版。

罗国杰：《马克思主义伦理学》，人民出版社 1995 年版。

毛泽东：《毛泽东选集》第 1 卷，人民出版社 1991 年版。

齐港主编：《社会科学理论模型图典》，经济管理出版社 2012 年版。

任福兵：《网络社会危机传播原理》，华东理工大学出版社 2017 年版。

桑玉成：《利益分化的政治时代》，学林出版社 2002 年版。

邵鹏：《媒介记忆理论——人类一切记忆研究的核心和纽带》，浙江大学出版社 2016 年版。

史安斌：《危机传播与新闻发布》，南方日报出版社 2004 年版。

孙松林：《5G 时代：经济增长新引擎》，中信出版集团 2019 年版。

唐俊：《万物皆媒：5G 时代传媒应用与发展路径》，复旦大学出版社 2021 年版。

王建宙：《从 1G 到 5G：移动通信如何改变世界》，中信出版集团 2021 年版。

王周伟主编：《风险管理》，机械工业出版社 2017 年版。

吴兆雪、叶政等：《利益分化格局下我国主流意识形态建设研究》，合肥工业大学出版社 2015 年版。

习近平：《决胜全面建成小康社会　夺取新时代中国特色社会主义伟大胜利——在中国共产党第十九次全国代表大会上的报告》，人民出版社 2017 年版。

项立刚：《5G 机会：5G 将带来哪些机会，如何把握》，中国人民大学出版社 2020 年版。

项立刚：《5G 时代：什么是 5G，它将如何改变世界》，中国人民大学出版社 2019 年版。

严富昌：《网络谣言研究》，中国书籍出版社 2016 年版。

阎峰：《场景即生活世界：媒介化社会视野中的场景传播研究》，上海交通大学出版社 2018 年版。

杨红梅、孟楠：《5G 时代的网络安全》，人民邮电出版社 2021 年版。

俞香顺：《传媒·语言·社会》，新华出版社 2005 年版。

翟尤、谢呼：《5G 社会：从"见字如面"到"万物互联"》，电子工业出版社 2019 年版。

张雷：《媒介革命：西方注意力经济学派研究》，中国社会科学出版社 2009 年版。

张雷：《注意力经济学》，浙江大学出版社 2002 年版。

张莉主编：《数据治理与数据安全》，人民邮电出版社 2019 年版。

张维鼎：《意义与认知范畴化》，四川大学出版社 2007 年版。

张耀灿、郑永廷、吴潜涛、骆郁廷等：《现代思想政治教育学》，人民出版社 2006 年版。

章浩：《情绪流》，江苏人民出版社 2019 年版。

郑永年：《技术赋权：中国的互联网、国家与社会》，邱道隆译，东方出版社 2013 年版。

中国社会科学院语言研究所词典编辑室编：《现代汉语词典（第 7 版）》，商务印书馆 2016 年版。

钟忠编著：《中国互联网治理问题研究》，金城出版社 2010 年版。

周莉：《突发事件中的网络情绪研究》，武汉大学出版社 2018 年版。

周蔚华、徐发波主编：《网络舆情概论》，中国人民大学出版社 2015 年版。

周宪：《视觉文化的转向》，北京大学出版社 2016 年版。

二 中文译著

［澳］布雷特·哈金斯、大卫·罗维：《新媒体与体育传播》，张宏伟译，中国传媒大学出版社 2016 年版。

［德］哈贝马斯：《公共领域的结构转型》，曹卫东、王晓珏、刘北城、宋伟杰译，学林出版社 1999 年版。

［德］马丁·海德格尔：《海德格尔选集》，孙周兴译，上海三联书店 1996 年版。

［德］乌尔里奇·贝克：《风险社会》，何博闻译，译林出版社 2004

年版。

[德] 尤尔根·哈贝马斯：《交往行为理论》第 1 卷，曹卫东译，上海人民出版社 2018 年版。

[法] 古斯塔夫·勒庞：《乌合之众：大众心理研究》，冯克利译，中央编译出版社 2014 年版。

[法] 米歇尔·福柯：《词与物——人文科学考古学》，莫伟民译，上海三联书店 2001 年版。

[法] 皮埃尔·布尔迪厄：《言语意味着什么——语言交换的经济》，储思真、刘晖译，商务印书馆 2005 年版。

[法] 让·鲍德里亚：《大众：媒介社会的内爆》，张云鹏译，商务印书馆 2005 年版。

[法] 尚·布希亚：《拟仿物与仿像》，洪浚译，台湾时报文化出版企业股份有限公司 1998 年版。

[荷] 乌里尔·罗森塔尔、[美] 迈克尔·查尔斯、[荷] 保罗·特哈特：《应对危机——灾难、暴乱和恐怖行为管理》，赵凤萍译，河南人民出版社 2014 年版。

[加] 马歇尔·麦克卢汉：《理解媒介：论人的延伸》，何道宽译，译林出版社 2019 年版。

[加] 唐塔普斯科特、亚力克斯·塔普斯科特：《区块链革命：比特币底层技术如何改变货币、商业和世界》，凯尔、孙铭、周沁园译，中信出版集团 2016 年版。

[美] 保罗·莱文森：《数字麦克卢汉——信息化新纪元指南》，何道宽译，社会科学文献出版社 2001 年版。

[美] 戴维·迈尔斯：《社会心理学》，侯玉波、乐国安、张智勇译，人民邮电出版社 2016 年版。

[美] 哈罗德·拉斯韦尔：《社会传播的结构与功能》，何道宽译，中国传媒大学出版社 2015 年版。

[美] 凯瑟琳·弗恩-班克斯：《危机传播——基于经典案例的观点》，陈虹等译，复旦大学出版社 2013 年版。

[美] 凯斯·桑斯坦：《网络共和国：网络社会中的民主问题》，黄维明译，上海人民出版社 2003 年版。

［美］兰德尔·柯林斯：《互动仪式链》，林聚任、王鹏、宋丽君译，商务印书馆2009年版。

［美］罗伯特·斯考伯、谢尔·伊斯雷尔：《即将到来的场景时代》，赵乾坤、周宝曜译，北京联合出版公司2014年版。

［美］尼尔·波兹曼：《娱乐至死》，章艳译，中信出版集团2015年版。

［美］尼尔·波斯曼：《技术垄断——文化向技术投降》，何道宽译，中信出版集团2021年版。

［美］欧文·戈夫曼：《日常生活中的自我呈现》，冯钢译，北京大学出版社2008年版。

［美］沃尔特·李普曼：《公众舆论》，阎克文、江红译，上海世纪出版集团2006年版。

［美］约书亚·梅罗维茨：《消失的地域：电子媒介对社会行为的影响》，肖志军译，清华大学出版社2002年版。

［日］日本野村综合研究所：《5G重塑数字化未来》，闵海兰、陶培译，浙江大学出版社2020年版。

［日］龟井卓也：《5G时代——生活方式和商业模式的大变革》，田中景译，浙江人民出版社2019年版。

［英］巴巴拉·亚当、乌尔里希·贝克、约斯特·房龙编著：《风险社会及其超越：社会理论的关键议题》，赵延东、马缨等译，北京出版社2005年版。

［英］丹尼斯·麦奎尔：《受众分析》，刘燕南、李颖、杨振荣译，中国人民大学出版社2006年版。

［英］格雷姆·伯顿：《媒体与社会：批判的视角》，史安斌主译，清华大学出版社2007年版。

［英］马丁·李斯特、乔恩·多维、赛斯·吉丁斯、伊恩·格兰特、基兰·凯利：《新媒体批判导论》，吴炜华、付晓光译，复旦大学出版社2016年版。

三 中文论文

毕秋灵：《社会事件中的网络情绪表达：媒介框架的作用》，《东南传播》2019年第6期。

参考文献

卞清、高波：《从"围观"到"行动"：情感驱策、微博互动与理性复归》，《新闻与传播研究》2012年第6期。

曹素贞、张金桐：《5G技术赋能：媒介生态变迁与传播图景重塑》，《当代传播》2020年第2期。

陈敏玉、冯臻等：《高职院校学生学习动机和行为及其影响因素的实证研究》，《中国职业技术教育》2022年第6期。

陈莹：《社交媒体中个人情绪表达动机研究——基于武汉市大学生的实证分析》，《新媒体与社会》2016年第2期。

程莉婷、刘新玲：《突发事件中网络情绪型舆论引导研究》，《长春师范大学学报》2020年第11期。

丁晓蔚：《网民情绪分析及相应舆情风险管理研究——基于大数据热点事件》，《当代传播》2019年第6期。

董盟君：《区块链+版权保护：以人民在线的实践探索为例》，《新闻与写作》2020年第1期。

杜孝珍：《论大数据环境与公共决策系统的互动演进》，《新疆师范大学学报（哲学社会科学版）》2019年第3期。

费洪晓、康松林、朱小娟：《基于词频统计的中文分词的研究》，《计算机工程与应用》2005年第7期。

高航：《政府舆情应对能力系统动力学建模与仿真研究》，《情报科学》2016年第2期。

顾小清、薛耀锋、孙妍妍：《大数据时代的教育决策研究：数据的力量与模拟的优势》，《中国电化教育》2016年第1期。

郭庆祥：《析诗词、讲哲学——漫谈物质决定意识》，《邯郸大学学报》1996年第11期。

郭全中：《"区块链+"：重构传媒生态与未来格局》，《现代传播（中国传媒大学学报）》2020年第2期。

何婵娟：《网络社会中情绪型舆论及网络媒体疏导探究》，《新媒体研究》2020年第1期。

何平香、龚正伟：《中国体育伦理的国际叙事：问题、原因与策略》，《成都体育学院学报》2023年第4期。

何双秋、魏晨：《媒体在风险社会中的社会功能》，《传媒观察》2007年第 6 期。

何雨轩：《网络舆论中的公众情绪表达研究——以重庆公交坠江事件为例》，《中国新通信》2019 年第 4 期。

黄楠楠、周庆山：《网络热点事件应急科普传播用户利用效果实证分析》，《出版广角》2020 年第 14 期。

姜圣瑜：《5G 时代新闻传播的新变化》，《当代传播》2020 年第 6 期。

金云波、许远理：《网络异化对网络情绪传播的影响》，《重庆文理学院学报（社会科学版）》2011 年第 2 期。

景娟娟：《国外沉浸体验研究述评》，《心理技术与应用》2015 年第 3 期。

来向武、王朋进：《缘起、概念、对象：危机传播几个基本问题的辨析》，《国际新闻界》2013 年第 3 期。

兰月新、夏一雪、刘冰月、高杨、李增：《面向舆情大数据的网民情绪演化机理及趋势预测研究》，《情报杂志》2017 年第 36 期。

雷晓艳、胡建秋、程洁：《沉浸式传播：5G 时代体育赛事传播新范式》，《当代传播》2020 年第 6 期。

李良荣、余帆：《网络舆论中的"前 10 效应"——对网络舆论成因的一种解读》，《新闻记者》2013 年第 2 期。

李青、朱恒民、杨东超：《微博网络中舆情话题传播演化模型》，《现代图书情报技术》2013 年第 12 期。

梁立启、邓星华、粟霞：《话语权：全球化时代中国体育的诉求》，《北京体育大学学报》2014 年第 11 期。

梁立启、粟霞、邓星华、荆雯：《我国体育话语权的产生基础与有效发挥研究》，《武汉体育学院学报》2017 年第 7 期。

廖为建、李莉：《美国现代危机传播研究及其借鉴意义》，《广州大学学报（社会科学版）》2004 年第 8 期。

刘奥衍：《重大灾害事件中网络情绪传播的特点研究》，《西部广播电视》2019 年第 7 期。

刘宏亮、顾文清、王璇、高亮：《中国传统武术话语权危机与提升策略》，《武汉体育学院学报》2018 年第 12 期。

刘建明：《5G 对社会与传媒业的历史性颠覆》，《新闻爱好者》2019 年第 3 期。

刘磊：《媒介环境学视角下短视频传播的场景规则》，《当代传播》2019年第 4 期。

刘连发、王东：《大型体育赛事中群体性事件的触发成因与风险研究》，《体育与科学》2013 年第 6 期。

刘毅：《略论网络舆情的概念、特点、表达与传播》，《理论界》2007 年第 1 期。

刘志明、刘鲁：《面向突发事件的民众负面情绪生命周期模型》，《管理工程学报》2013 年第 1 期。

柳思思、肖洋：《制度设计视角下国外网络舆情治理》，《唯实》2016 年第 5 期。

卢兴：《体育热点事件微传播特质研究——基于微博传播关键节点的实证分析》，《上海体育学院学报》2016 年第 4 期。

卢兴、荆俊昌：《传播力建设视角下的社会热点事件新媒体传播研究》，《辽宁行政学院学报》2018 年第 2 期。

马秉楠、黄永峰、邓北星：《基于表情符的社交网络情绪词典构造》，《计算机工程与设计》2016 年第 5 期。

彭傲雪：《新网络时代大学生网络舆情的引导策略——"学生网络情绪化言论"引发的思考》，《记者摇篮》2020 年第 11 期。

彭兰：《万物皆媒——新一轮技术驱动的泛媒化趋势》，《编辑之友》2016 年第 3 期。

彭鹏：《网络情绪型舆论的调控》，《军事记者》2004 年第 7 期。

蒲毕文：《基于社会网络分析的体育赛事舆情传播实证研究》，《山东体育学院学报》2014 年第 6 期。

阮璋琼：《5G 时代舆情趋势分析及对策》，《中国广播电视学刊》2020年第 1 期。

宋伯勤：《关于"实践是检验真理的标准"理论的由来与判别》，《求索》1992 年第 12 期。

隋岩、李燕：《从谣言、流言的扩散机制看传播的风险》，《新闻大学》2012 年第 1 期。

隋岩、李燕：《论网络语言对个体情绪社会化传播的作用》，《国际新闻界》2020 年第 1 期。

孙国英：《正确对待网络语言及其影响》，《语文建设》2020 年第 12 期。

孙慧英、明超琼：《公共领域中热点事件的社会情感价值分析》，《现代传播（中国传媒大学学报）》2020 年第 7 期。

孙立明：《对网络情绪及情绪极化问题的思考》，《中央社会主义学院学报》2016 年第 1 期。

孙钦泉：《新媒体环境下网民媒介素养培养路径》，《传媒》2019 年第 8 期。

孙小龙、查建芳：《网络体育信息传播的构成形态、舆论极化与引导机制研究》，《体育与科学》2017 年第 1 期。

谭小荷：《基于区块链的新闻业：模式、影响与制约——以 Civil 为中心的考察》，《当代传播》2018 年第 4 期。

唐超：《网络情绪演进的实证研究》，《情报杂志》2012 年第 10 期。

唐超：《网络舆情与现实社会的"动员—认同"模式研究》，《情报探索》2013 年第 10 期。

田维钢：《微博评论中的网民情绪传播机制及策略》，《当代传播》2019 年第 1 期。

王健：《试论媒介技术逻辑影响下的网络情绪》，《重庆科技学院学报（社会科学版）》2012 年第 20 期。

王静静：《美国网络立法的现状及特点》，《传媒》2006 年第 7 期。

王雷、方平、姜媛：《基于系统动力学的群体情绪传播模型》，《心理科学》2014 年第 3 期。

王庆军：《拟态狂欢：消费时代电视体育传播的范式》，《体育学刊》2011 年第 1 期。

王诗堂：《现代中国社会转型期的利益分化与政治稳定》，《社科纵横》2012 年第 4 期。

王仕勇：《我国网络流行语折射的社会心理分析》，《探索》2016 年第 6 期。

王宛宜：《主体间性：理解教学主体的新视角》，《新课程研究（中旬刊）》2019 年第 10 期。

王先、万峰宇：《论利益分化对当前政治文化的影响》，《山东农业工程学院学报》2016 年第 2 期。

王潇、李文忠、杜建刚：《情绪感染理论研究述评》，《心理科学进展》2010 年第 8 期。

王晓晨、关硕、于文博、李芳：《体育赛事网络舆情的传播特征研究——基于 2019 年女排世界杯的文本情感分析》，《成都体育学院学报》2020 年第 5 期。

王炎龙、刘丽娟：《网络语言特征审视的多元思维路径》，《新闻界》2008 年第 12 期。

王智慧：《大型体育赛事举办过程中群体性事件触发机制与应对策略研究》，《西安体育学院学报》2013 年第 5 期。

魏文晴：《媒介的视觉化传播对信息传播的影响》，《改革与开放》2011 年第 4 期。

肖争艳、周欣锐、周仕君：《网络情绪能够影响股市羊群效应吗？》，《财经问题研究》2019 年第 9 期。

谢立中：《结构-制度分析，还是过程-事件分析？——从多元话语分析的视角看》，《中国农业大学学报（社会科学版）》2007 年第 4 期。

熊澄宇：《对新媒体未来的思考》，《现代传播（中国传媒大学学报）》2011 年第 12 期。

徐磊、王庆军：《机遇、挑战与应对：5G 时代网络体育舆论传播》，《体育文化导刊》2022 年第 1 期。

徐磊、王庆军：《体育热点事件中网络情绪表达的社会文化归因及其影响因素——以 2020 年孙某兴奋剂判罚事件为例》，《体育与科学》2021 年第 6 期。

徐磊、王庆军：《新媒体时代中华武术国际话语权研究》，《武汉体育学院学报》2020 年第 11 期。

徐志远：《试论思想政治教育学基本范畴的逻辑结构》，《上海交通大学学报（哲学社会科学版）》2002 年第 1 期。

徐志远、肖萍：《理论与实践：现代思想政治教育学的重要对偶范畴》，《探索》2011 年第 4 期。

许加彪、李亘：《5G 技术特征、传播场景和媒介环境学审视》，《当代传播》2020 年第 4 期。

许启发、伯仲璞、蒋翠侠：《基于分位数 Granger 因果的网络情绪与股市收益关系研究》，《管理科学》2017 年第 3 期。

薛可、许桂苹、赵袁军：《热点事件中的网络舆论：缘起、产生、内涵与层次研究》，《情报杂志》2018 年第 8 期。

薛瑞汉：《国外网络舆情管理和引导的主要经验及对我国的启示》，《中共福建省委党校学报》2012 年第 9 期。

闫东利：《网络热点事件的类别特征及其应对策略》，《河北学刊》2016 年第 3 期。

杨嵘均：《网络空间公民政治情绪宣泄的刺激因素与政治功能》，《学术月刊》2015 年第 3 期。

叶浩生：《第二次认知革命与社会建构论的产生》，《心理科学进展》2003 年第 1 期。

尹弘飚：《情绪的社会学解读》，《当代教育与文化》2013 年第 4 期。

俞鹏飞、王庆军、张铖：《网络体育舆论的构成形态、极化传播及其引导策略》，《沈阳体育学院学报》2019 年第 4 期。

喻国明：《5G 时代传媒发展的机遇和要义》，《新闻与写作》2019 年第 3 期。

喻国明：《5G 时代的传播发展：拐点、挑战、机遇与使命》，《传媒观察》2019 年第 7 期。

曾琼：《泛在与沉浸：5G 时代广告传播的时空创造与体验重构》，《湖南师范大学社会科学学报》2020 年第 4 期。

曾润喜：《网络舆情管控工作机制研究》，《图书情报工作》2009 年第 18 期。

张爱军、师琦：《人工智能与网络社会情绪的规制》，《理论与改革》2019 年第 4 期。

张安琪：《基于霍尔"编码与解码"理论对传播与接受主体的行为研究》，《新闻传播》2022 年第 10 期。

张锋、阎智力：《拥抱大数据：大数据时代中国高端体育智库建设研究》，《武汉体育学院学报》2019 年第 8 期。

张昊：《马克思主义的整体性：理论与实践的辩证统一》，《重庆科技学院学报（社会科学版）》2011 年第 19 期。

张结海、吴瑛：《重大事件舆论引导的中国路径——一种基于公众情绪色谱的模型构建》，《现代传播》2014 年第 8 期。

张雷：《信息环境中的"注意力经济人"》，《当代传播》2009 年第 4 期。

张佩芳：《微博环境下网络情绪在舆情事件中的表现——以"江歌案"为例》，《西部广播电视》2018 年第 11 期。

张奇勇、卢家楣：《情绪感染的概念与发生机制》，《心理科学进展》2013 年第 9 期。

张天清：《提升主流媒体公信力的几点思考》，《新闻战线》2018 年第 12 期。

张兴华：《大学生网络情绪宣泄分析与安全阀机制构建》，《科技资讯》2019 年第 17 期。

赵富丽、段桂敏、李家伟等：《新媒体视域下暴力袭医事件微博情绪特征与应对策略研究——以 7.12 天津暴力袭医事件为例》，《中国卫生事业管理》2020 年第 6 期。

赵万里、王菲：《网络事件、网络话语与公共领域的重建》，《兰州大学学报（社会科学版）》2009 年第 5 期。

赵卫东、赵旭东、戴伟辉：《突发事件的网络情绪传播机制及仿真研究》，《系统工程理论与实践》2015 年第 10 期。

郑宛莹：《从李天一事件谈媒体对于网络情绪型舆论的引导》，《现代传播（中国传媒大学学报）》2013 年第 12 期。

周莉、郝敏：《网络情绪引导：突发事件舆情管理的新路径》，《今传媒》2017 年第 6 期。

周莉、王子宇、谭天：《刺激与调节：公共政策对网络情绪的影响——股指震荡中的微博情绪分析》，《东南传播》2016 年第 12 期。

周明：《基于网络热点事件的情绪型舆论引导》，《知识经济》2015 年第 11 期。

周宪：《反思视觉文化》，《江苏社会科学》2001 年第 5 期。

周颖：《对抗遗忘：媒介记忆研究的现状、困境与未来趋势》，《浙江学刊》2017 年第 5 期。

朱富金、王筱：《区块链技术在网络舆情领域的应用》，《青年记者》

2021 年第 2 期。
朱晓瑾：《移动互联网时代网民媒介素养研究》，《新闻战线》2017 年第 8 期。
竺大力、赵晓琳：《5G 智能时代体育文化的媒介传播与数字审美新特质》，《体育与科学》2021 年第 1 期。
左广兵：《媒介传播时态下的"微政治"：基本认知与中国语境》，《行政与法》2012 年第 9 期。

四 学位论文

蔡璐：《突发事件中的网络情绪表达——以 2016 年武汉特大暴雨中的微博评论为例》，硕士学位论文，华中师范大学，2017 年。
陈晓东：《基于情感词典的中文微博情感倾向分析研究》，硕士学位论文，华中科技大学，2012 年。
陈玉萍：《体育旅游危机事件网络舆情诱发、演化与治理研究》，博士学位论文，上海体育学院，2021 年。
初晨：《投资者网络信息传播与情绪扩散的理论模型和实证分析》，博士学位论文，东北财经大学，2015 年。
崔砾尹：《网络危机传播的模式及应对机制研究》，硕士学位论文，山西大学，2012 年。
都彦霏：《基于微信公众号发布主体的网络舆论情绪呈现研究》，硕士学位论文，华东师范大学，2018 年。
冯长春：《体育赛事用户情绪传播特征初探——基于俄罗斯世界杯微博用户情绪挖掘的分析》，硕士学位论文，武汉体育学院，2019 年。
郭赫男：《我国大众传媒建构的"拟态环境"研究》，博士学位论文，四川大学，2006 年。
胡倩：《网络社会负面情绪中的媒体疏导功能研究》，硕士学位论文，湖南大学，2015 年。
黄慧玲：《网络情绪词的心理功能研究》，硕士学位论文，华中师范大学，2013 年。
计璐：《突发事件中网络情绪的引导研究》，硕士学位论文，黑龙江大学，2019 年。

季璐瑶：《愤怒与自我——网络空间愤怒表达研究》，硕士学位论文，南京师范大学，2019年。

贾银兰：《大学生网络情绪宣泄分析与引导研究》，硕士学位论文，华中师范大学，2013年。

赖凯声：《大众网络情绪与中国股市的相关性探究》，硕士学位论文，南开大学，2013年。

李奥：《新媒体视觉修辞对网络情绪的影响与干预》，硕士学位论文，南昌大学，2019年。

李聪：《问题疫苗事件微博传播中的情绪与表达》，硕士学位论文，武汉大学，2019年。

李潇健：《舆情事件中网民的情绪化表达研究》，硕士学位论文，黑龙江大学，2019年。

李一亨：《基于文本分析的我国游戏产业政策演进研究》，硕士学位论文，兰州大学，2017年。

林子瑶：《孟晚舟事件中的网络爱国主义情绪影响因素及表达分析》，硕士学位论文，厦门大学，2019年。

石颖：《对网络危机传播的基本思考》，硕士学位论文，吉林大学，2007年。

时宏：《青年网络情绪表达研究——基于网络集群行为的分析》，硕士学位论文，河南师范大学，2017年。

谭博：《突发事件下基于SIRS模型的网络情感传播研究》，硕士学位论文，杭州电子科技大学，2017年。

田刘琪：《涉案报道中的网络情绪表达研究》，硕士学位论文，中国政法大学，2020年。

王庆军：《消费时代的电视体育研究》，博士学位论文，南京师范大学，2015年。

王巍：《知乎舆论场中用户情绪呈现的实证研究》，硕士学位论文，华东师范大学，2017年。

王艳群：《网络危机传播研究》，硕士学位论文，华中师范大学，2015年。

吴培杰：《中学生网络极端情绪形成的扎根理论研究》，硕士学位论文，云南师范大学，2017 年。

曾越：《新浪微博体育热点事件报道的方式和互动技巧研究》，硕士学位论文，南京师范大学，2017 年。

张丹香：《情绪干预理论在大学生自杀危机干预中的运用》，硕士学位论文，合肥工业大学，2005 年。

赵澜：《环境群体性事件中微博用户情绪表达与传播研究——基于六起 PX 事件的微博情感分析》，硕士学位论文，华中农业大学，2018 年。

郑小萍：《"情绪"视角下"网络红人"传播策略研究》，硕士学位论文，江西师范大学，2019 年。

五 外文著作

Asif, Saad Z., *5G Mobile Communications: Concepts and Technologies*, CRC Press, 2018.

Averill, James R., *A Constructivist View of Emotion*, New York: Academic Press, 1980.

Bagwari, Ashish, *Advanced Wireless Sensing Techniques for 5G Networks*, CRC Press, 2018.

Carolyn, Kitch, *Pages from the Past: History and Memory in American Magazines*, Chapel Hill: The University of North Carolina Press, 2005.

Charles, Darwin, *The Expression of the Emotions in Man and Animals*, New York: Harper ColIins Publisher, 1956.

Claire, Armon Jones, *The Social Functions of Emotion*, New York: Basil Blackwell, 1986.

Eddie, Izzard, *Human Emotions*, New York: Plenum Press, 1977.

Foucault, Michel, *The Archaeology of Knowledge*, New York: Vintage Books, 1972.

Izard, Carroll E., *The Psychology of Emotions*, New York: Plenum Press, 1991.

Krishna, M. Bala, *Advances in Mobile Computing and Communications: Perspectives and Emerging Trends in 5G Networks*, CRC Press, 2016.

Mark, Postered, *Jean Baudrillard: Selected Writings*, Stanford: Stanford

University Press, 1988.

Rom Harré, *The Social Construction of Emotion*, New York: Basil Blackwell, 1986.

Venkataraman, Hrishikesh, Trestian, Ramona, *5G Radio Access Networks: Centralized RANCloud-RAN and Virtualization of Small Cells*, CRC Press, 2017.

Wang, Jefferson, Nazi, George, *The Future Home in the 5G Era: Next Generation Strategies for Hyper-connected Living*, Kogan Page, 2020.

六 外文论文

Anna, Chmiel, Julian, et al., "Collective Emotions and Their Influence Commu-nity Life", *Plos One*, Vol. 6, No. 7, July 2011.

Barrett, Lisa Feldman, "Solving the Emotion Paradox: Categorization and the Experience of Emotion", *Personality and Social Psychology Review*, Vol. 10, No. 1, January 2006.

Curci, Antonietta, Bellelli, Guglielmo, "Cognitive and Social Consequences of Exposure to Emotional Narratives: Two Studies on Secondary Social Sharing of Emotions", *Cognition and Emotion*, Vol. 18, No. 7, July 2004.

Dignath, David, Janczyk, Markus, Eder, Andreas B., "Phasic Valence and Arousaldo not Influence Post-conflict Adjustments in the Simon Task", *Acta Psychologica*, Vol. 174, No. 1, March 2017.

Dionne, Shelley D., Akaishi, et al., "Retrospective Relatedness Reconstrucion: Applications to Adaptive Social Networks and Social Sentiment", *Organizational Research Methods*, Vol. 15, No. 4, August 2012.

Dos Santos, Silvan Menezeset, et al., "'Tweeting' on the Paralympic Games Rio/2016: An Analysis of the Paralympic Sense from the Point of View of Internet Users", *Brazilian Journal of Education, Technology and Society*, Vol. 11, No. 1, January 2018.

Fabian, Wunderlich, Daniel, Memmert, "Innovative Approaches in Sports Science—Lexicon-based Sentiment Analysis as a Tool to Analyze Sports-

Related Twitter Communication", *Applied Sciences*, Vol. 10, No. 2, February 2020.

Fan, Minghui, Billings, Andrew C., et al., "Twitter-based BIRGing: Big Data Analysis of English National Team Fans During the 2018 FIFA World Cup", *Communication & Sport*, Vol. 8, No. 3, March 2020.

Fredrickson, Barbara L., "What Good are Positive Emotions?", *Review of General Psychology*, Vol. 2, No. 3, June 1998.

Gergen, Kenneth J., "The Social Constructionist Movement in Modern Psychology", *American Psychologist*, Vol. 40, No. 3, March 1985.

Han, Hee Jeong, "Narratives and Emotions on Immigrant Women Analyzing Comments from the Agora Internet Community (Daum Portal Site)", *Korean Journal of Communication & Information*, Vol. 45, No. 1, February 2016.

Hidalgo, Carmina Rodriguez, Tan, Ed S., Verlegh, Peeter, "The Social Sharing of Emotion (SSE) in Online Social Networks: A Case Study in Live Journal", *Compu-ters in Human Behavior*, Vol. 52, No. 11, September 2015.

Holyst, Janusz A., Czaplicka, Agnieszka, "Modeling of Internet Influence on Groupe Motion", *International Journal of Modern Physics C*, Vol. 23, No. 3, March 2012.

Iliycheva, Maria, "'Faithful until Death': Sports Fans and Nationalist Discourse in Bulgarian Internet Forums", *Polish Sociological Review*, No. 151, January 2005.

Iyer, Aarti, Leac, Colin Wayne, "Emotion in Inter-group Relation", *European Review of Social Psychology*, Vol. 19, No. 1, February 2008.

Javier, Serrano-Puche, "Internet and Emotions: New Trends in an Emerging Field of Research", *Comunicar*, Vol. 24, No. 46, January 2016.

Jessup, Leonard M., Connolly, Terry, Tansik, David, et al., "Toward Atheory of Automated Group Work", *Small Group Research*, Vol. 21, No. 3, June 2016.

Karabulut, Yigitcan, "Can Facebook Predict Stock Market Activity?", *Social Science Electronic Publishing*, No. 2, March 2012.

Katie, Davis, "Tensions of Identity in a Networked Era: Young People's Perspec-tives on the Risks and Rewards of Onlineself-expression", *New Media & Society*, Vol. 14, No. 14, July 2012.

Lee, Jennifer E. C., Lemyre, Louise, "A Social-cognitive Perspective of Terrorism Risk Perception and Individual Response in Canada", *Risk Analysis*, Vol. 29, No. 9, September 2009.

Lin Han, Qiu Lin, "Sharing Emotion on Facebook: Network Size, Density, And Individual Motivation", Chi12 Extended Abstracts on Human Factors in Computing Systems, ACM, May 5-10, 2012.

Loewenstein, George F., et al., "Risk as Feelings", *Psychological Bulletin*, Vol. 127, No. 2, April 2001.

Lottridge, Danielle M., Chignell, Mark, Jovicic, Aleksandra, "Affective Interaction Understanding, Evaluating, And Designing for Human Emotion", *Reviews of Human Factors & Er-gonomics*, Vol. 7, No. 1, August 2011.

Marik, Monika, Stegemann, Thomas, "Introducing a New Model of Emotion Dysregulation with Implications for Everyday use of Music and Music Therapy", *Musicae Scientiae*, Vol. 20, No. 1, February 2016.

Marina, Bagic Babac, Vedran, Podobnik, "A Sentiment Analysis of Who Participates, How and Why, at Social Media Sport Websites How Differently Men and Women Write about Football", *Online Information Review*, Vol. 40, No. 6, June 2016.

Mccarthy, Doyle, "Emotions are Social Things: An Essay in the Sociology of Emotions", *Social Perspectiveson Emotion*, No. 1, January 1989.

Molla, Alemu, Biadgie, Yenewondim, Sohn, Kyung-Ah, "Network-based Visualization of Opinion Miningand Sentiment Analysis on Twitter", International Conference on It Convergence and Security, IEEE, October 28-30, 2014.

Mun-Shik Suh, 김상희, 서용한, "Journal of Consumer Studies", *The*

Journal of Genetic Psychology, Vol. 12, No. 2, February 2002.

Park, Byung ki, Jeun, Sang-Taek, Eun, Sung-Soo, "The Effects of Consumption Emotion and Attitude of Internet Shopping Mall Users on Customer Satisfaction and Impulse Buying in China", *The Journal of International Trade & Commerce*, Vol. 12, No. 1, February 2016.

Rino, Rumiati, Enrico, Rubaltelli, Maurizio, Mistri, "Cognizione, Emozione E Neuroeconomia", *Sistemi Intelligenti*, No. 1, April 2002.

Rivera, Joseph De, "Emotional Climate: Social Structure and Emotional Dynamics", *International Review of Studies on Emotions*, No. 2, January 1992.

Robertson, Scott P., Douglas, Sara, et al., "Political Discourse Onsocial Networking Sites: Sentiment, in-group/out-group or Ientation Andrationality", *Information Polity*, Vol. 18, No. 2, April 2013.

Russell, James, et al., "Core Affect, Prototypical Emotionalepisodes, And Other Things Called Emotion: Dissecting the Elephant", *Journal of Personality & Social Psychology*, Vol. 76, No. 5, October 1999.

Savolainen, Reijo, "Expressing Emotions in Information Sharing: A Study of Online Discussion about Immigration", *Information Research*, Vol. 20, No. 1, March 2015.

Sobkowicz, Pawel, Sobkowicz, Antoni, "Two-year Study of Emotion and Communication Patterns in a Highly Polarized Political Discussion Forum", *Social Science Computer Review*, Vol. 30, No. 4, August 2012.

Spears, Russell, Lea, Martin, et al., "Computer-mediated Communication as a Channel for Social Resistance: The Strategic Side of Side", *Small Group Research*, Vol. 33, No. 5, May 2002.

Tsai, Jeanne L., "Ideal Affect Cultural Causes and Behavioral Consequences", *Perspectives on Psychological Science*, Vol. 2, No. 3, June 2010.

Vail, David Scott, "The Effects of Age, Years of Experience, And Type of Experience in the Teacherselection Process", *Education & Educational Research*, Ph. D. University of Dayton, 2010.

Vakali, Athena, Chatzakou, et al., "Harvesting Opinions and Emotions from Social Media Textual Resources", *IEEE Internet Computing*, Vol. 19, No. 4, August 2015.

Véronique, Christophe, Bernard, Rimé, "Exposure to the Social Sharing of Emotion: Emotional Impact, Listener Responses and Secondary Social Sharing", *European Journal of Social Psychology*, Vol. 27, No. 1, February 1997.

Véronique, Christophe, Gérald, Delelis, et al., "Motives for Secondary Social Sharing of Emotions", *Psychological Reports*, Vol. 103, No. 1, January 2008.

Winkielman, Piotr, Knutson, Brian, Paulus, Martin, et al., "Affective Influence on Judgments and Decisions: Moving towards Core Mechanism", *Review of General Psychology*, Vol. 11, No. 2, February 2007.

七 网络文献及其他

2020世界物联网大会：《中国5G用户占全球85%数量接近2亿》，https：//bai jiahao. baidu. com/s？id＝1686655676530077307&wfr＝spider&for＝pc，2021年8月30日。

BILI-BILI商业动态：《从"万物皆媒"到"媒融万物"跃升，数字新媒体如何华丽转身？》，搜狐网，2020年10月19日，https：//www.sohu. com/a/425659658_ 120478947。

《2016年中国互联网体育用户洞察报告》，2016年，艾瑞咨询。

《2016中国区块链技术和应用发展白皮书》，2016年，工信部。

《2018—2019中国体育产业发展及新兴业态融合分析报告》，2020年，艾媒咨询中心。

《2020年中国互联网发展趋势报告》，2020年，Fastdata极数。

《2020中国网络视听发展研究报告》，2020年，中国网络视听节目服务协会。

《中国互联网络发展状况统计报告》，2021年，中国互联网络信息中心。

《中国网民网络媒介素养调查报告》，2019年，凯迪数据研究中心。

范士明：《新媒体和中国的政治表达》，原创力文档知识共享平台，

2020年4月2日，https：//max.book118.com/html/2020/0402/7014050003002126.shtm。

梅松：《追寻游戏精神的哲学探索》，《深圳特区报》2016年7月12日第B10版。

《习近平主持中共中央政治局第十二次集体学习并发表重要讲话》，新华社，2019年1月25日，http：//www.gov.cn/xinwen/2019-01/25/content_5361197.htm。

熊超然：《官方公布孙某禁赛判决撤销原因：仲裁员存在偏见歧视》，观察者网，2021年1月16日，https：//baijiahao.baidu.com/s？id=1689006865530423173&wfr=spider&for=pc。